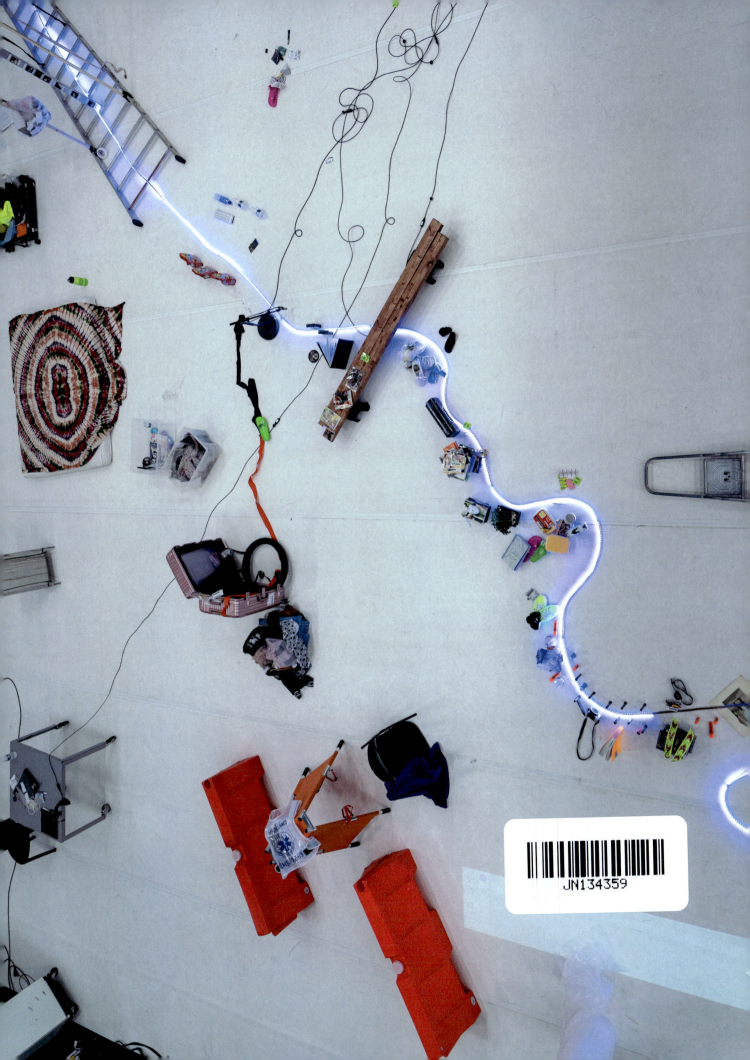

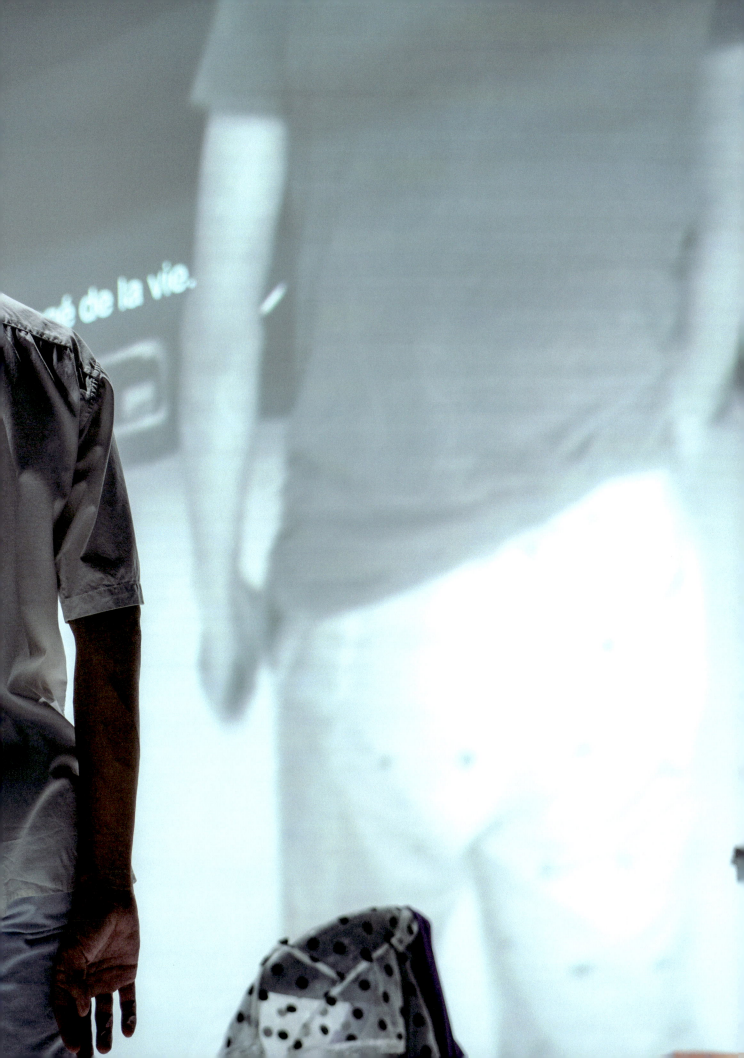

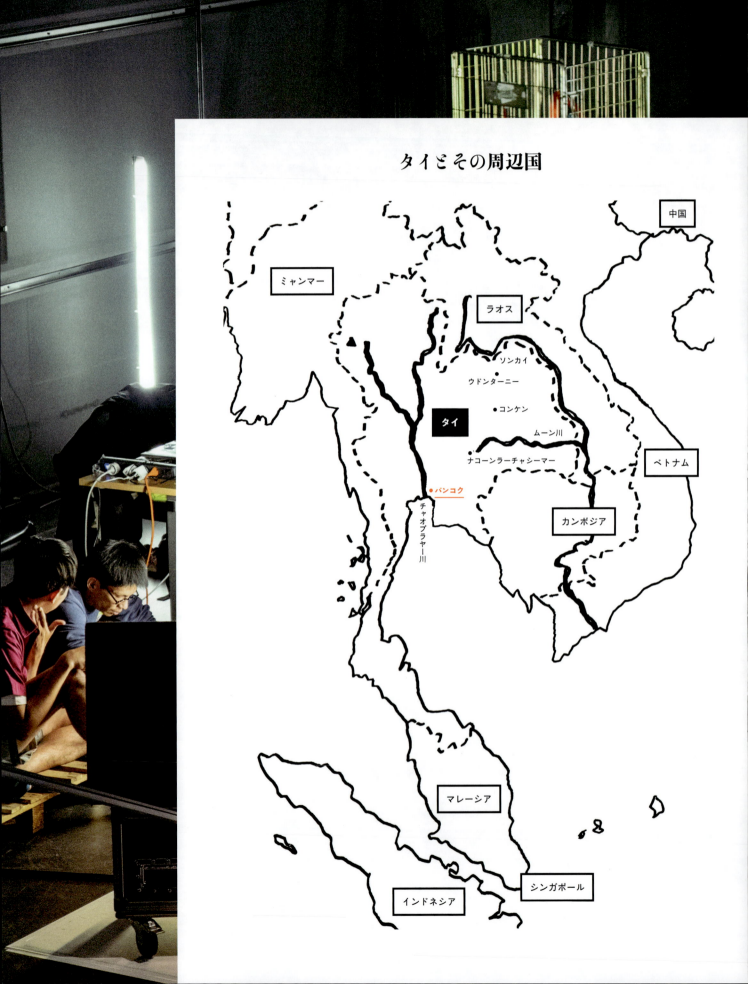

バンコク正式名称

クルンテープマハーナコーン
กรุงเทพมหานคร

アモーンラッタナコーシン
อมรรัตนโกสินทร์

マヒンタラーユッタヤー
มหินทรายุธยา

マハーディロックポップ
มหาดิลกภพ

ノッパラットラーチャタニーブーリーロム
นพรัตนราชธานีบุรีรมย์

ウドムラーチャニウェートマハーサターン
อุดมราชนิเวศน์มหาสถาน

アモーンピマーンアワターンサティット
อมรพิมานอวตารสถิต

サッカタッティヤウィッサヌカムプラシット
สักกะทัตติยวิษณุกรรมประสิทธิ์

雄大な天使の都　帝釈天の不壊の宝玉　戦なき平和な　偉大にして最上の土地　九つの宝玉のごとき心楽しき都　大王宮に富み　神が権化しておわす　帝釈天がヴィシュヴァカルマンをして　造りし都

［翻訳＝福冨渉］

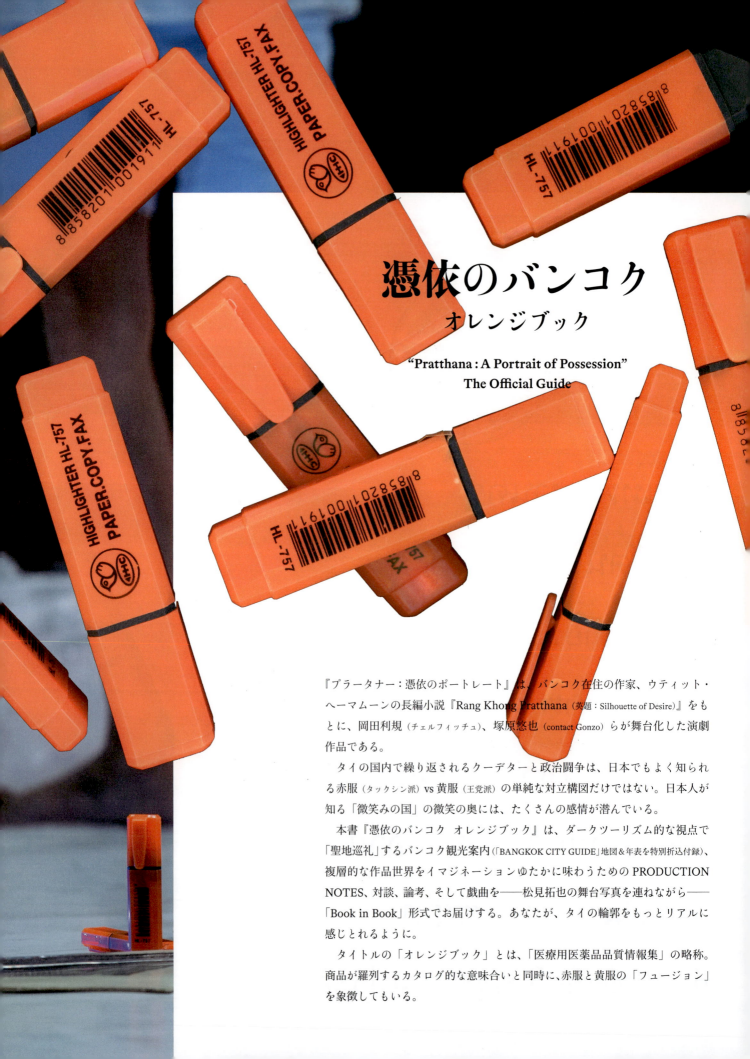

憑依のバンコク
オレンジブック

"Pratthana : A Portrait of Possession"
The Official Guide

『プラータナー：憑依のポートレート』は、バンコク在住の作家、ウティット・ヘーマムーンの長編小説『Rang Khong Pratthana（英題：Silhouette of Desire）』をもとに、岡田利規（チェルフィッチュ）、塚原悠也（contact Gonzo）らが舞台化した演劇作品である。

タイの国内で繰り返されるクーデターと政治闘争は、日本でもよく知られる赤服（タックシン派）vs 黄服（王党派）の単純な対立構図だけではない。日本人が知る「微笑みの国」の微笑の奥には、たくさんの感情が潜んでいる。

本書『憑依のバンコク オレンジブック』は、ダークツーリズム的な視点で「聖地巡礼」するバンコク観光案内（「BANGKOK CITY GUIDE」地図＆年表を特別折込付録）、複層的な作品世界をイマジネーションゆたかに味わうためのPRODUCTION NOTES、対談、論考、そして戯曲を──松見拓也の舞台写真を連ねながら──「Book in Book」形式でお届けする。あなたが、タイの輪郭をもっとリアルに感じとれるように。

タイトルの「オレンジブック」とは、「医療用医薬品品質情報集」の略称。商品が羅列するカタログ的な意味合いと同時に、赤服と黄服の「フュージョン」を象徴してもいる。

巻頭グラビア・舞台写真｜松見拓也

憑依のバンコク　オレンジガイドツアー……21
バンコクから、クルンテープへ｜ウティット・ヘーマムーン×森栄喜……24

BANGKOK CITY GUIDE……34
特別折込付録
　地図：わたしたちのおすすめスポット！
　年表：政治・芸術・プラータナーからたどるタイ・クロニクル1990→2016

PRODUCTION NOTES on stage……35
パフォーマーたち……36
第1幕……38
　[COLUMN] POLITICS｜福冨渉……56
　[COLUMN] ART｜德山拓一……57
　[COLUMN] POP-CULTURE｜木村和博……58
　[COLUMN] GEO-BODY｜井高久美子……59
第2幕……60
PRODUCTION NOTES backstage……80
　[COLUMN] 音響｜荒木優光……84
　[COLUMN] 照明｜ポーンパン・アーラヤウィーラシット……85
　[COLUMN] 演出助手｜ウィチャヤ・アータマート……94
　[COLUMN] 衣裳｜藤谷香子……96

対談｜岡田利規＋塚原悠也
バンコクでのコラボレーションに挑んだ二人の新境地……97

論考
文脈に関するオブセッション｜ダグマー・ヴァルザー……106
（自身の）持ち主になるための奮闘
　──政治的身体と現代タイのパフォーミングアーツ｜アミター・アムラナン……108
「インターカルチュラリズム」と「国際共同制作」
　──『プラータナー』を正しく歴史的に理解するために｜内野儀……113
「すべての人々よ、団結せよ」
　──タイのhiphopプロジェクト〈rad〉がアゲンストするものとは？｜福冨渉……122
媒介するコトバ
　──共同制作の新しいバイオロジー｜マッタナー・チャトゥラセンパイロート……127

戯曲『プラータナー：憑依のポートレート』
作＝岡田利規　原作＝ウティット・ヘーマムーン……129

創作記録……159

オレンジガイドツアー
憑依のバンコク

サイアム周辺で2010年のデモの痕跡を探すウティット

ウティット・ヘーマムーン｜モン
Uthis Haemamool

小説家／編集者／画家。1975年タイ中央部サラブリー県ケンコーイ生まれ。シラパコーン芸術大学絵画彫刻版画学部卒業。

「オレンジガイド」とは？
認知症ケアパスガイドのこと。症状に応じた対処法や公的機関の支援が列記されている。本書では、記憶や歴史の忘却を描く『プラータナー』の世界で迷わないためのガイドという意味を込めている。

バンコクという名称で知られるタイの首都を、
タイで生まれ育った人々は親しみを込めて
「クルンテープ」と呼ぶ。

その幾層もレイヤーが重なりあう、
ディープな歴史にこそ気づきたい観光客のために、
このツーリズムガイドが紹介するのは――
タイ国内で頻繁に勃発してきたクーデター、
民衆のエネルギーが渦巻く街頭デモ、
多くの人の血が流れた虐殺、
そして、
権力やジェンダーによって分断されし人々に
自由のための活力を与える、
芸術やポップ・カルチャー。

1990年代から現代までのバンコクの事件や出来事をたどり、
「カオシン」という青年の半生を描いた
『プラータナー：憑依のポートレート』の聖地巡礼として。

「憑依のバンコク　オレンジガイドツアー」に、ようこそ。

ラーマ8世橋の西岸に広がるラーマ8世公園。
先々代国王の像がチャオプラヤー川対岸を見つめている

ウィットウィシット・ヒランウォンクン｜ピッチ
Witwisit Hiranyawongkul / Pich

パフォーマー、俳優、歌手、ソングライター、文筆家。タイ映画『Love of Siam』主役として注目を集め、「PCHY」名義でタイや中国でアルバムをリリース。

森栄喜　Eiki Mori

1976年石川生まれ。2014年『intimacy』で、第39回木村伊兵衛写真賞を受賞。『tokyo boy alone』（2011年）、『Family Regained』（2017年）等の作品集のほか、同性婚をテーマにしたパフォーマンス『Wedding Politics』（2013-16年）がある。近年は、「フェスティバル/トーキョー19」で映像作品『Family Regained: The Picnic』を発表するなど、多角的な表現に挑んでいる。

文＝ウティット・ヘーマムーン
写真＝森栄喜

バンコクから、クルンテープへ

バンコクを造った、忘れられた天使たち

「天使が造りしごとき、統治の中心都市クルンテープ。寺院と宮殿が美しく輝く、タイの王都」。この標語は市民投票で最高得票数を獲得して、2012年から使用されている。

粉飾されたこの標語に対するたくさんの反論を否定することは、きっとできない。この街はあくまで「天使が造りしごとき」ものにすぎない。つまり、「まるで」、「いかにも」、天使たちが都をつくったみたいだ、ということだ。だが実際に街をつくったのは、235年以上前の「人」だった。寺院、宮殿、旧址、歴史的な運河、古くからのコミュニティがあった場所に、庶民、貧乏人、兵、故郷を追われたラーオ、ベトナム、カンボジア、モンの戦争捕虜が動員されて、クルンテープ（あるいはもとの名前でバンコク）をつくった。これらの人々は、街づくりの労働力の基礎として、重要な役割を果たした。もともといた場所を追いやられて、歴史から消された人々──過ぎ去った200年以上の歳月、最優秀の標語に50万バーツが賞金として与えられる瞬間（ポストカードやインスタグラムの投稿みたいな標語の作者になった後世の人々、首都の新たな記憶）──寺院、宮殿、旧址をきらきらと照らすスポットライトにふさわしい存在になるために、彼らは姿を変えた天使として顕現する。2秒のあいだだけ天使と呼ばれると、歴史のちりに蒸発して消えていく。

いや、彼らはどこにも消えていない──もしも歴史が記憶を持つならば──彼らは忘れられたのだ。もし街を身体にたとえるならば、彼らは服に隠された器官だ。その街らしさを示す外見や、表情ではない。寺院、宮殿、旧址、大通り、記念碑の立つ広場、100階にも届く現代的なビル、おしゃれなコミュニティモール、線路に沿って毎月のように生まれる豪華なコンドミニアム、高級百貨店が、現代の街の、清潔で光り輝く顔を見せる。いっぽうで、街づくりの歴史に現れていたさまざまな人々の姿が、いまでもまだ生き続ける。近隣諸国からの労働者が、都市に生まれるコンドミニアムのほとんどを建設している。イサーン、北部、南部といったさまざまな地方の人々が、生きるために、故郷の家族や子息への仕送りのために、収入を求めてバンコクにやってくる。このさまざまな命が集まって、街の「顔」をつくってもいる。彼らは街に命を与える血管であり、この街の脈動そのものであるのにもかかわらず、その存在も、価値も、認められはしない──もちろん、街が標語やポストカードの絵に見事な変化を遂げるときには、彼らは大通りから姿を消して、狭いソイ（小道）のなかに隠れ、道端をさまよう。終の住処を持たない者もいる。

一つの街には多くの顔が、さまざまな命が、さまざまな呼吸がある。僕自身も田舎で生まれ育ち、教育機会とよりよい未来を求めて街へと向かった。僕はそびえ立つ王宮❶の壁を眺めていた。僕のような田舎の青年は、そのなかにエメラルド寺院（ワット・プラケーオ）があることを知っていた。世界中の観光客が集う、大切な場所。ある街の大切な場所に、外の人間が走り寄るのは不思議ではない。けれども、なかの人間、そこに住む人間は、その大切な場所にあまり関心を寄せないし、そこではない他の場所で生活していることのほうが多い。観光客のために確保されている場所すらあって（僕たちの街は観光都市だったのを覚えているだろうか？）、なかの人間は他の場所へ押し出される。多くの場合、生計を立てて、それを人生の保険とするために。そしてデパー

❶ 王宮／平日も大勢の観光客で賑わう王宮内を歩く

　トを歩いてリラックスする。
　僕のような田舎からバンコクに出てきた人間は、さらに別のほうを向く。もっとひらけた王宮前広場（サナーム・ルアン）❷のほうを。そこに生きる人々のほうが、もっと地に足がついた生活をしている。下層階級の人々が水、清涼飲料水やフルーツジュースを売る場所。トウモロコシの種と鳩の糞が、外国人観光客を足止めする場所。夜になるとホームレスが風にさらされながらベンチで寝て、占い師があらゆる人生を占い、男、女、トランスジェンダーが木陰で誰かを待つように立ち、こっそり身体を売ろうとする場所。全員が、働いて、日々を生き抜かなくてはいけない。天使が造りし都市にも、静かに生計を立てる下層の人々がいる。暁を照らす金色の輝く光もあれば、夜中の神秘的な虫のようにてらつく光もある。
　では、そんななかで、僕はどのようなタイプの人間だろうか？ 生きるために奮闘し、限られた場所、彼ら自身が持ち主にはなれない場所、ひとときの居場所のなかで美しい翼をひるがえし、おしあいへしあいながら自分たちのよりどころを探す人々を観察することを好む人間だ。僕は別のほうをふりかえる。あれがシラパコーン大学ワン・ター・プラキャンパス。僕が芸術を修めた、国で最初の芸術教育機関。そこからゆっくり、田舎の少年からクルンテープの人間に変わっていった。そのおかげで、僕にとってのこの街は、多くの顔、命、呼吸を持つ一つの街というだけではなくなった──記憶も生まれた。
　僕は街の記憶を書く。歩道と道路に敷かれたレンガの隙間からのぞく花と雑草。侵食した根が宮殿の壁をひび割れさせた菩提樹。そんな奮闘によって美しいのだ。「天使が造りし」歴史の一面だけを語り続ける街のなかで生きる、人々の命は。

憑依のバンコク　オレンジガイドツアー

❸-1 シラパコーン大学内の元鋳造所／歴代国王や仏像が所狭しと並んでいる

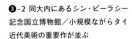

❸-2 同大内にあるシン・ピーラシー記念国立博物館／小規模ながらタイ近代美術の重要作が並ぶ

思い出がいまも残る、懐かしき街

1994年、僕はシラパコーン大学❸の絵画・彫刻・版画学部に入学した（僕の小説の登場人物カオシンと同じ年のことだ）。僕たちはこの場所をワン・ター・プラ（ター・プラ宮殿）キャンパスと呼んでいた。なぜなら、この場所にはかつて宮殿があったからだ。この宮殿は、ラーマ4世の王子であるナリッサラーヌワッティウォンの居所だった。ター・プラ宮殿は8ライ（1.28ヘクタール）の面積を持ち、王宮の真向かいに建っていた。この小さな土地のなかに、4つの学部がある。絵画学部、建築学部、考古学部、装飾芸術学部だ。もともと宮殿だったところは、現在ではシラパコーン大学の美術館になっている。絵画学部に面している部分は、かつて鋳造所と大学創設者シン・ピーラシーのオフィスだった。そこから少し離れたところに文化省芸術局が建っており、王宮前広場のほうを向いている。

ここが、ラッタナコーシン島内側の中心部にあたる。過去の生活で豊かに満ちた古都は、チャオプラヤー川沿いのター・チャーン船着場から長くター・プラチャン船着場まで、そこに暮らす人々でごった返している。大学の隣にはバンコク最古と言われる中国風レストランの鳴利❹、後ろは、ワット・マハータート寺院に面している。そのあいだにはソイが1本挟まるだけだ。車1台が通るのがやっとのソイには、壁沿いに学生の自動車が駐車されていて、犬や猫の糞尿の臭いがその空気を満たしている。公共の道路のはずなのに、管理人の役目を果たす周辺住民が、合図を送って自動車の通行を管理し、駐車料を徴収している。時間とともに、この人物が通りの持ち主になり、管理料と駐車料が慣習化されていった（一部の学生は、駐車スペースを確保するために月額で駐車料を支払っている）。

ここが、想像の炎で満ちた大学だ。人と異なる考えを持ち、人と同じであろうとしない。学生が、大学の前でハプニングのパフォーマンスをする日もある。外国人観光客にとっては予想外のことだが、このあたりに住む人々は、こ

ういうものに慣れてしまっている。「ティス(アーティスティック)なやつら」や「サー(シュール)なやつら」というのが、この大学の学生を呼ぶ言葉だ。滑稽さと、愛おしみと、理解を込めて「頭のおかしいやつら」とも呼ばれる(学生が制服を身に着けず、一般の人々と同じような格好や、ときにはもっと激しい格好をする大学)。そしてこの大学はかつて何度も、本当におかしくなってしまった人や、精神に異常をきたしてしまった人をキャンパスに迎え入れて、好きに歩かせていた。そのうち、それがパフォーマンスなのか実際の出来事なのか、その人々が学生なのか狂人なのか、見分けがつかなくなっていった。友人たちも、教員も、大学の警備員もそれを放置していた。おかしくなってしまったのは、学生の誰かだと考えていたからだ。

マハーラート通り❺に沿って歩く。プラ・クルアン(仏像や僧侶をかたどったお守り)の店が乱立し、線香や供物の香りが空気を満たしていて、そこにヤクザもののプラ・クルアン鑑定士が集まる。食べ物を売る屋台が立ち並び、有名店もたくさんある。豚ニンニク揚げご飯(カーオ・ムー・トート・クラティアム)、牛煮込み(サトゥー・ヌア・トゥン)、アヒル米麺(クアイティアオ・ペット)などなど。マルチプレックスの映画館がハリウッド映画をこぞって上映しているときに、めったに観られない映画や世界の映画祭で上映された映画をレンタルしてくれることで有名だったフェーム・ビデオがここにはあった。流行に乗らない音楽を売る、ノーン・ター・プラチャン❻もあった。オルタナティブ、インディー、アンダーグラウンド。無名のアーティストが自分のアルバムを持ちこんで販売し、その人気を測ることができた。どの楽曲が評判になるか、ならないか、それはこのノーンで決まった。ドーク・ヤーやナーイ・インといった書店のター・プラチャン支店もあった。これらの書店のベストセラーランキングは重要だった。読書や執筆のイベントやセミナーがここで開かれていて、印刷メディアのニュースや知名度の創出にとって重要な場所だった。

ター・プラチャンの一番端に、タマサート大学❼がある。市民のための、市民の大学。1932年の立憲革命で、政治体制が絶対王政から民主制に変化したあと、人民党のリーダーであるプリーディー・パノムヨンが設立した。彼は法と政治に関する教育によって、国民の知的レベルの向上を目論んでいた。

「国民がいまだに馬鹿であり、民主主義のための準備が整っていないと見下されるのは、王族が教育機会を制限して、国民に十分学ばせずにいたからだ……国民に対して十分な教育を与えなければいけない」。人民党の布告からの言葉だ。

タマサート大学(ター・プラチャンキャンパス)は、国の政治的な変化において、大きな役割を果たしてきた。1973年10月14日の集会での勝利でも、76年10月6日に学生たちが反王室のレッテルを貼られて、人間性もなく虐殺されて血にまみれた、喪失の悲劇でも。大学のなかに入ってみよう。この場所では、勝利の歓声と心がちぎれそうな泣き声が重なって響いている。サッカー場、菩提樹の広場(ラーン・ポー)、そして大学の壁。過ぎていく日々と、現代の教員と学生の生活の下で。

ラーマ8世橋❽からチャオプラヤー川の下流域沿いに位置する旧市街では、生活、文化、社会と政治の変化を学ぶことができる。だがこれらの場所は、「持ち主がいる」土地に建っている。もし持ち主が土地の返還を求めたら、歴史・文化的なこれらの場所は消えなければいけない。たとえば、ノーン・ター・プラチャンはもともとあった場所から、もっと船着場に近いところへ移転している。かつて

シラパコーン大学裏手の路地には、いまも動物の糞尿の匂いが漂う。右手は改装中の校舎

憑依のバンコク　オレンジガイドツアー

❻ ノーン・ター・プラチャンでレコードを物色

❼ バンコク芸術文化センター（BACC）の外壁には、アーティスティックなラーマ9世の壁画が描かれていた

❽ ラーマ8世橋からチャオプラヤー川を眺める。欄干には恋人たちの落書きがあちこちに

は栄えていた書店は、古ぼけた跡地を残すだけだ。フェーム・ビデオは閉店を発表したばかりだ。タマサート大学は郊外のランシット方面までその土地を広げることになった。シラパコーン大学も同様だ。長期にわたる改修の最中で、古くからある4つの学部の学生は、他のキャンパスで学ぶことになっている。かつてのように「ワン・ター・ブラ」に戻ってきて学べるのだろうかという不安とともに。

2016年の大学法によって、シラパコーンとタマサート、そして国内の20を越える教育機関が政府の管轄下に置かれている。この法律では、大学の執行部が「土地資産」を運営・管理し、最大限の利益を生み出さなければいけないことになっていて、それが「教育制度」の運営・管理よりも優先されている。この法律には広くから批判が寄せられて、反対署名も集められた。だがそれだけだった。この法律は、議会の審議をすり抜けた。口を閉ざすことを強制された時代、国家平和秩序維持協議会(コーソーチョー)によるクーデターによって、プラユット・チャンオーチャー陸軍大将が首相になっている時代に。

そしてプラユット陸軍大将が陸軍司令官の座にあり、非常事態対策本部(ソーオーチョー)による「土地返納」作戦の一部を担っていた10年。アピシット・ウェーチャーチーワが首相の座にあった時代。ラーチャプラソン交差点で「2010年5月」の、歴史的なデモ隊強制排除事件が起きた。

繁栄と痛み

王宮周辺を旧市街とすれば、ラーチャプラソン交差点⑩の土地は新市街といえる。超高級ショッピングセンター、5つ星ホテル、経済と観光の拠点が集まった場所。「六天使の交差点」と呼ばれる、天使が集った場所。プラフマー神の祠と、エラワンホテルがその中心地だ。

高級デパートが点在している。セントラル・ワールド、サイアム・パラゴン、サイアム・センター、サイアム・ディスカバリー、ゲイソン、そしてセントラル・エンバシー。世界各地のクラフトビールが飲める BEER REPUBLIC ⑬もある。さらに、いまも昔も若者を集める、サイアム・スクエア⑨がある。ファッションと、塾と、スカラ座⑫、サイアム、リドという豪華な映画館が揃う。サイアム・スクエアの裏側はチュラロンコーン大学⑭だ。じつのところ、都市中心部のこの土地は、王室財産管理局の持ち物だ。大企業がプロジェクトの競売に参加し、都市の経済拠点の発展のために、長期的に土地を借り受けている。

ラーチャプラソン交差点はバンコクでもっとも混雑している場所ともいえる。2010年に、ここを、反独裁民主戦線(ノーポーチョー/赤服)が占拠して、集会の拠点とした。経済活動が一時的に停滞し、地方からやってきた人々や、都心に住む田舎出身の人々の、不正義への不満の嘆きがこだました。自分たちが国家運営のために選出した政党から、民主政治を盗んだこと。そして数々の機関や団体が不公正な手続きをとって、その政党を解党し、自分たちが選んだ首相を何度も何度も解任したこと。そして06年のクーデター。赤服の人々は街に現れ、交差点の真ん中に立ち、都市の人々にはっきりと自分たちの姿を見せて、自分たちは奪われている、自分たちは差別されていると訴えた。美しく光り輝く街なかの、田舎者、邪魔者、汚物、病原菌、と

いう軽蔑の視線のただなかで。

ラーチャプラソン交差点は抗議デモのステージに変わった。ルムピニー公園は一時的な住処になった。ラーチャダムリ通り沿いの空間は、経済のラン園に生まれた蜂の巣になった。

ソーオーチョーが土地返還作戦を実行したとき、彼らはその巣を取り囲み、混乱のなかで破壊した。彼らは実弾で人々を撃った。スナイパーと軍隊の兵器を利用した。いっぽうのデモ隊は、車のタイヤに火をつけて反撃した。竹でつくった槍を用いた。「黒服の人間」がデモ隊に混じって治安部隊を狙撃しているという噂が立った。そして「街を燃やすやつら」という言説がここに生まれた。ソーオーチョーの最高責任者ステープ・トゥアックスバンが、「ビッグ・クリーニング・デイ」で100人近い人々の死を隠蔽し、血と涙の跡を洗い流した。そして一部が燃え上がったセントラル・ワールドの映像が赤服と結びつけられて、火を放ったのは赤服だとされた。その後の裁判で、赤服によるセントラル・ワールド放火の公訴は棄却された。だが街を燃やすやつらという言説は、一部の人々(ステープによって再び率いられて、デモ会場でホイッスルを吹いた人々。彼らが14年のクーデターを呼んだ)にとっては、いまだに語り草になっている。

10年から毎年、痛みと傷の記憶の歴史を回顧するために、赤服の人々が集っている。ラーチャプラソン交差点の標識に、赤い糸やリボンがかけられる。「ここに死者がいた」。無辜の人々を祀る一時的な祠めいたものが、天使が集う交差点にある6つの祠の向かいに、集会のたびに立てられる。

セントラル・ワールドのZen側は、燃やされたのちに、再建された。サイアム映画館は燃え落ちて、新しいショッピングモール、サイアム・スクエア・ワンに変わった。BTSのチットロム駅からサイアム駅をつなぎ、ラーチャプラソン交差点の上を越えるスカイウォークを、たくさんの人々や観光客が悠々と歩いている。スカイウォークの柱には、燃やされたときの煤がかすかに残っている。もしもあなたが歩道を歩くなら、もしもあなたが、デモ参加者がかつて踏んだのと同じ道程を歩くなら、値段の安い命、値段のつけられない民主主義、無価値な死に触れることができるかもしれない。タイ国内でもっとも地価の高い土地で(1平方ワー[4平方メートル]あたり220万バーツ。2018年、タイ国不動産情報研究評価センター調べ)。

自由を得るための方法

旧市街や経済的な中心地から離れて、負けず劣らず活気のある通りへ向かおう。それが、スクムウィット通りだ。かつては旧貴族、公務員、政治家の広大な邸宅が複雑で奥まったソイに並んでいた場所。スクムウィットの大通りと異なり、そのソイの奥には静寂を求めることができる。スクムウィット通りはBTSのプルーンチット駅からエカマイ駅まで長く伸びていて、デパート、現代的なオフィスビル、豪奢なホテルが連なっている。そこに文化的空間、寺院、学校、娯楽の拠点が混じり、ヨーロッパ、アメリカ、アジアのさまざまな言語を話す外国人観光客が身を置く場所だ。ビジネスマン、CEO、大使、さまざまに裕福な人々が、ここでビジネスをおこない、ここに居住している。

憑依のバンコク　オレンジガイドツアー

　西洋文化はスクムウィット通りに根付き、成長していった。多国籍のレストラン、パブやバー、外国人だけのコミュニティ。あるいはソイ・ナーナーのような、中東の人々のコミュニティ。プロムポンとトンローのあたりは、日本人のコミュニティだ。毎年のように地価が上昇していて、かつては学校、住宅、小さなタウンハウスだった場所すらコンドミニアムに変わっている。その密集はまるで、1平方メートルごとにコンドミニアムが建っているかのようだ。そんなスクムウィット通りで人々がリラックスする空間は、コミュニティモールの姿で現れる。多国籍・多文化の、しゃれた、小さな商店がモールに並んでいる。大衆的な流行や興味におもねるのではなく、それぞれの店が独自の色

⑩ ラーチャプラソン交差点。左手には2015年に爆弾テロが起きたプラフマー神の祠が見える。

をもっている。

　スクムウィットには2つの顔と2つの人格がある。昼と夜。仕事のための昼と、娯楽のための夜。スクムウィットのソイには、秘密めいて、探りがいのある、奇妙な場所がいっぱいだ。秘密のバーや、特別な人々のための特別な場所。狭くて暗い部屋が、昼の日差しを避けている。違法のものが、法に守られた空間でほくそ笑む。例えばソイ・ナーナーの歩道沿いにちらばったセックストイの屋台。性的サービスを売る男女。宗教と慣習に厳格な中東の人々のコミュニティで、そんなことが起きている。

　スクムウィット通りソイ55は、トンローというもう一つの名前で呼ばれる。この場所は、さまざまなライフスタ

⑮大きな吹き抜けがおしゃれなThe COMMONSのバンコク有数の人気店が並ぶフードコート

イルをさまざまな娯楽で満たしてくれる。人が少なく気楽に歩けて、カフェや、休憩できる広場があり、仕事をしたり、外でクライアントと待ち合わせたり、友人たちと楽しんだり、ヨガをしたり、温泉に浸かったり、とにかくあらゆるものがここにある。すばらしい味の屋台もあれば、ミシュランで星の付いたレストランもある。生活費の高い地域だ。道端の屋台の食事をしても、他の地域よりも高い。日が暮れて夜になると、殺人的な渋滞のせいで、タクシーがあまり入ろうとしなくなる。特に金曜日と土曜日。若者や裕福な人々が、高級車を競い合いに出てくる。トップス・マーケット・プレイスでは、客の停める高級車で、通り沿いの駐車場が埋め尽くされる日もあるほどだ。ランボルギーニ、フェラーリ、ベントレー、ビックバイクの集団すら、そこを行き交う人々の足と視線を引きつける。

The COMMONS⑮は、トンローのソイ17にオープンしたばかりのコミュニティモールだ。ここも、人々を引きつける交流の空間だ。コンクリートの打ちっぱなしにロフトが据えられた建物のデザインからして目立っている。階ごとに、出店やイベントのゾーンが分けられている。飲食、交流、日用品販売、エクササイズ。健康に気を使い、良質な人生と幸福を望む現代人のためのコミュニティスペースであり、顔であるといえる。しかし「良質な人生」も価格が高いのだろう？質のともなった幸福を自らに与えるためには、ある程度の地位が必要なのだ。

『プラータナー』の小説で、僕はカオシンとワーリーを、The COMMONSで出会わせた。下階の屋外スペース、マーケットゾーン。ここには一日中営業しているクラフトビール屋がある。カオシンは午後からここに立ち寄って、夕方までビールを飲む。サングラスを通して、行き交う若者たちの行動を観察する。多くの人々が、この場所で写真を撮るために訪れて、写真を通して「良質な人生」の一部となる。真剣になにかを買おうとするわけではない。あまりに高すぎるからだ。だからこそ、午後になれば、ここをただ歩き回る人たちに出会うことができる。撮影の機会をうかがうカメラマンや、自撮りをする人々。しかし、一つの席にとどまっている人はとても少ない。カオシンはそこに座って、人々を見つめ、見つめられてもいながら、クラフトビールを飲んでいた（より良質な人生を示す行為。そしてクラフトビールも、一般向けのものとは違い、簡単に飲めるわけではないのだ。その値段も含めて）。時間は午後2時を過ぎている。本来は、政府の出した法律によってアルコール飲料の販売が禁止されている時間帯だ（販売可能時間は11時〜14時と、17時〜24時だ）。だから、すべての店が一日じゅうアルコールを提供できるわけではない。ここに、道徳と、常に書き直され続ける法律の条文の下に生きる、この国の人々の無秩序と混乱が表れている。だからこそ、場所それ自体が「階級」あるいは「特権」を持ちうるのだ。

外国人のコミュニティにもなっているスクムウィットには、一日じゅうアルコールを販売するブリティッシュパブがある。いっぽうで他のレストラン、ミニマートやスーパーマーケットでは、時間が来ると即座に販売を止める。これが、クルンテープの人々の生活の戦術なのだ。スクムウィット通りのごちゃごちゃとしたソイのように複雑で曲がりくねっている。街はなにかを直接的に示してはくれない。だからこそあなたは、街があなたに教訓として与える、あまりにくねくねとした経験を通して成長していくのだ。もしもっと良質な人生と、自分の求めるものを欲望するなら、水の流れのように曲がりくねって、流れていかなければいけない——ワーリーのように。

人が生きている場所

世界中のほとんどの首都には、中心となる川が流れている。バンコクも同じだ。チャオプラヤー川が、古都の太い血管のように流れている。この血管は命と呼吸を運ぶ。旅と出会いと商売が、方法と、慣習と、伝統と、文化を生み出す。持ち主のいる、経済を運営する政府のいる大地の上に。観光が主な収入源になっている国が、アルコール飲料とタバコから高い税金を徴収し、それを利用して健康促進のための公共団体を設立し、人々の喫煙と飲酒を禁止・制限する法律を発効する。収入の一部は、芸術文化振興にも充てられる。ノスタルジックな思考のプロセスを経た、清潔な芸術文化が、これまで続いてきた慣習と伝統の護持を訴えながら発展する。思考したり、疑問を投げかけたり、批評したりする機会を与えるのではない。そんな現代芸術に携わる人々は、自身の創作を、そのときにあるものだけで済ませることになる。いっぽうで政府は、過去の文化を促進し、国庫に収入をもたらしてくれるものとして芸術を見ている。だからこそ、この国の政府は、文化的に模倣された空間を生み出すことを好む。例えばパッタヤー水上マーケットのようなものを（ここで売られているものは、すべてが偽物くさく見える。料理の味ですら）。新中間層は、カオヤイやフアヒンのトスカーナに行って楽しむのだ。過去のコミュニティに対して夢見たものを用いて、本当にあった過去のコミュニティを覆い隠してしまう。土地を搾取し、古い街の人々を追い払い、古い建物だけが残されて、ポストカードのように、観光客に写真を撮らせるための美しい古都の風景になる。

政府は、新たに「創出」することを通して文化を見る。低温殺菌を通して芸術を見る。よい物語を示し、ただれた物語はそこに存在しない。そこに残された証拠を通して芸術文化を見る。物体や建築を通じて。だが、そこにある空気や呼吸に目をやることはない。特に、そこにいる人々が目に入ったことはない（観光客だけは見えている）。そこに住む人々のほうこそ、一つのコミュニティの中に空気を創り、芸術文化を創っているのに。だからこそ、一つの街が、その街独自の特色を持つのに。

だからこそ、現代芸術の空間は、芸術を愛する心によって生み出されている。自分たちで管理し、運営する、政府、文化省のビジョンにすら疑いを持つ市井の人々によって。そういった空間は、長期的な運営は難しいだろうというリスクをも背負っている。時の流れとともに移転したり、恒久的に営業をやめたりすることもあるかもしれない。命と芸術は、本当の居場所を持たない。水の流れのような、移動と変化とともに存在する。シラパコーン大学ワン・ター・プラキャンパスのような、芸術の学問を授ける場所は、現在でも改修が終わる兆しがない。芸術大学の学生すら、他のキャンパスをさまよい歩いて学ばなければいけない。都心のデパートジャングルに立つ、バンコク芸術文化センター（BACC）⓫ と同じように。自由な芸術的活動を実現するための、政府の助成金が不足している。政府機関はBACCの土地を差し押さえて返還させ、自分たちで管理運営したいと考えている。現代芸術の創造を支援するよりも、過去の文化を促進しようとするビジョンとともに。

クルンテープを歩き回る喜び。それは、例えばあなたが去年ある場所に立っていて、翌年にはその場所がもう残っていないかもしれない、ということだ。残されるのは、あなたの記憶に残るその場所だけだ。クルンテープの人間の本当の生活は、道端に、ソイのなかにある。移動と、流動と、不定着の芸術を用いなければ生きていけない場所に。

この土地には寺院、宮殿、美しく輝く文化がある。天使の都＝クルンテープ。街の信心は宮殿や寺院、彫刻、記念碑のなかに宿る。しかし街の血肉と心臓は外にある。道路、歩道、ソイに沿って。そこに人が生きている。

［翻訳＝福冨渉］

The COMMONSのデッキでクラフトビールを飲む

BANGKOK CITY GUIDE

オレンジガイドツアーで登場した場所を、テキストとマップで紹介。
『プラータナー』のパフォーマーがオススメするディープで刺激的なスポットもあわせて。

PRODUCTION NOTES
on stage

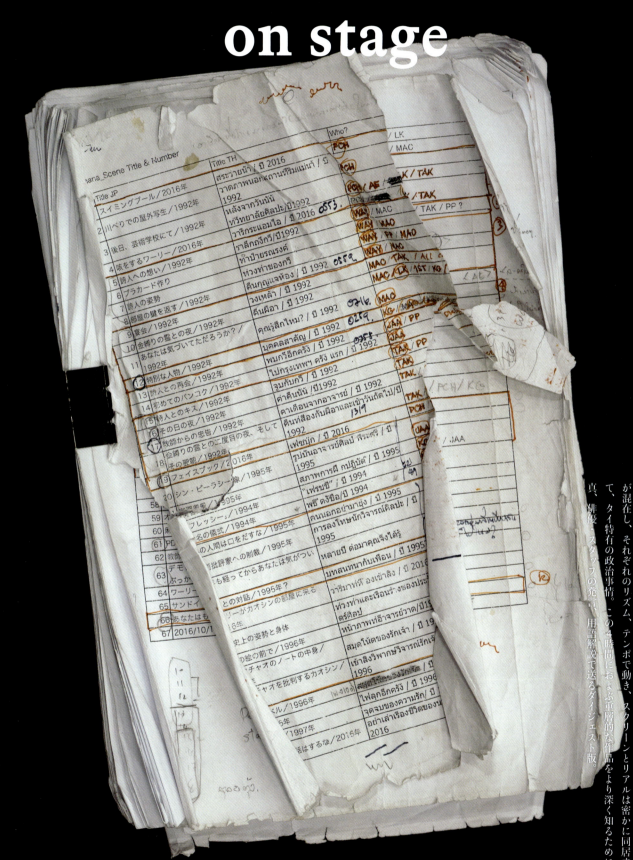

演出助手のウィチャヤ・アータマートがリハーサルで使用した台本

『プラータナー：憑依のポートレート』は、一度観たくらいではそこで何が起こっているのか把握しきれない舞台である。境界が見えない。俳優11人とテクニカルチーム、小道具と機材が混在し、それぞれのリズム、テンポで動き、スクリーンとリアルは密かに同居する。そして、タイ特有の政治事情。この4時間におよぶ重層的な作品をより深く知るために、舞台写真、俳優・スタッフの発言、用語解説で送るダイジェスト版。

『プラータナー:憑依のポートレート』
パフォーマーたち

岡田利規｜オカダさん［作・演出］　　塚原悠也｜ユーヤ［セノグラフィー・振付］　　ウィチャヤ・アータマート｜ベスト［演出助手］　　ポーンパン・アーラヤウィーラシット｜チン［照明］　　ケーマチャット・スームスックチャルーンチャイ｜タック［出演］

藤谷香子｜キョンちゃん［衣裳］　　荒木優光｜ラープさん［音響］　　松見拓也｜センパイ［セノグラフィーアシスタント・映像］　　大田和司｜オオタさん［舞台監督］　　クワンケーオ・コンニサイ｜ルッケオ［出演］

座談会参加者　※（ ）内は愛称
・塚原悠也［セノグラフィー・振付］　・荒木優光［音響］　・松見拓也［セノグラフィーアシスタント・映像］　・大田和司［舞台監督］
・ウィチャヤ・アータマート（ベスト）［演出助手］　・ボーンパン・アーラヤウィーラシット（チン）［照明］
・ジャールナン・パンタチャート（ジャー）［俳優］　・ササピン・シリワーニット（ブーペ）［俳優］
・タナポン・アッカワタンユー（ファースト）［俳優］

about Sound：荒木優光
about Scenography：塚原悠也
Photography：松見拓也

パーウィニー・サマッカブット｜エー［出演］　タップアナン・タナードゥンヤワット｜ノート［出演］　タナポン・アッカワタンユー｜ファースト［出演］　ウェーウィリー・イッティアナンクン｜ウェイ［出演］　ジャールナン・パンタチャート｜ジャー［出演］

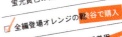

藤谷香子の買い物リスト
☑ マック着用Tシャツ　〈松陰神社のKZ-2 T's design〉
☑ ファースト第2幕で着用。MAD Tシャツ　〈UNDERCOVER MAD STORE〉
☑ タック第1幕にて着用。青タコTシャツ　〈昔のgalaxxxy〉
☑ ファースト第2幕にて着用。蛍光黄色の靴　〈御徒町で購入〉
☑ 全編登場オレンジの　〈靴谷で購入〉
☑ ファースト第2幕で一瞬着用。オレンジキャップ　〈二子玉川で購入〉
☑ ファースト第2幕で　〈未使用。〉Gonzoイベントで買ったお土産　〈一部で購入〉

※これ以外は、ほぼ全部バンコクサイアム周辺で購入。または出演者私物。

ササピン・シリワーニット｜ブーペ［出演］　ティーラワット・ムンウィライ｜カゲ［出演］　トンチャイ・ピマーパンシー｜マック［出演］　ウィットウィシット・ヒランウォンクン｜ビッチ［出演］

第1幕　第1場

スイミングプール／2016年
真夜中のスイミングプール、ワーリーがプールサイドに腰掛けている。まるでカラヴァッジオの《ナルキッソス》のように。少年は水面に映る自分の表情を、とらえようとしている。

川べりでの屋外写生／1992年
見つめる人間と、見つめられる人間。17歳だったカオシンは、他の学生たちと一緒に川辺で屋外写生をしているが、どうしたわけか木の枝を使って描いていた。
　指導する美術教師は、カオシンにその意図を問う。カオシンは答える。先生が枝を使って描いてるのを見て、真似してみたくなった、と。

後日、職業学校にて／1992年
かつて国で随一の芸術教育機関を卒業した教師は、カオシンの才能を見抜いたのだろうか。芸術の道へ進むことを奨め、個人的な指導を申し出る。

about SOUND
水ぽちゃ_マイク
（スピーカー全体出し）

「水を入れたトラフィックバリアに塚原くんがマイクを入れ、水の揺らめき音をリアルタイムで出す。水の量の調整が必要で、少ないとカスッカスだし、多いとあまり音が鳴らない。」

TIPS
年号LED

物語の進行を伝えるLEDには、西暦と仏暦が併記される。後者は、タイをはじめとする仏教徒の多い東南アジアの国々で使われている。LEDの使用はバンコク初演3日前に決まった。

舞台下手にたむろす俳優たちは、プールサイドのカオシンを見ている

「見つめる人間と見つめられる人間」

大田　バンコク公演では、最初に『国王賛歌』が流れてましたね。
塚原　タイでは映画館でも劇場でも、上演前に必ず流すんですよ。国民は全員起立する。
松見　スクリーンにオレンジの靴が映っていて、作品内での重要アイテムなのでラストまでしつこくカメラで追ってます。ブーベの履く靴を載せている座布団が上演回数ごとに増えていくんですけど、最後のほうはめっちゃ高くなる。でもブーベがちゃんと座ってくれました。
塚原　最後は6枚重ねやしね（笑）。
ブーベ　ステージ、最初はけっこう綺麗に片付いてるね。常にぐちゃぐちゃなところばかり見てたから意外。
大田　トラフィックバリアで水ちゃぷちゃぷのシーン。荒木くんの引きが強いから耐えるのが大変やねん。俺は腰が悪いのに！
荒木　大田さん常にあぐらですもんね。タイの仏像みたい（笑）。塚原さんがバリアの内側にマイクを固定して、僕がセリフの合間を縫いながら波を起こす。けっこう微妙なタイミングなので難しい。
塚原　ここはワルツを演奏してるんやね。
荒木　そうそう（笑）。
塚原　パリでは衣裳も微妙に変わったよね。僕らテクニカルチームはわりと自由で、自分は『ジョーズ』Tシャツが8割。時々、フランシス・ベーコン展のTシャツ。カオシンの西洋絵画への憧れを反映するように。
ジャー　私たち、集まって座りすぎ？　悠也が言うように、もっと離れて座るべきだったね。
塚原　待機している役者やテクニカルチームの見え方は、NBAの動画を見て研究しました。例えばレブロン・ジェームズがダンクシュートを決めた瞬間にベンチに控えてるみんな立ち上がるけど、それを止めようとする奴がいる、とか。演技をしている役者に対して僕から何か言うことはなくて、それは岡田さんの仕事。だから、セノグラ

TIPS
美術史との関係

『プラータナー』では、多くの西洋絵画、近現代絵画が言及される。原作の冒頭では、カラヴァッジオ《ナルキッソス》のほかに、デヴィッド・ホックニーの《A Bigger Splash》が参照されている。

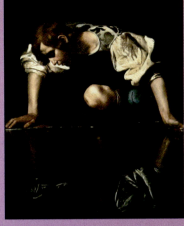
カラヴァッジオ　ナルキッソス　1597頃
ローマ国立美術館蔵

STAGE：0（開演前）

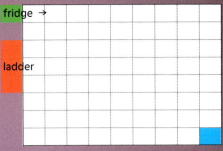

0 (pre set)

舞台を真上から見た平面図。「fridge」は冷蔵庫、「ladder」は脚立を、右隅の水色はデッサンなどを行う作業机を示す

2016年のプールサイドは1992年の川べりに変わる。カオシンを見つめる美術教師

教師はカオシンに美大への進学を勧める。「ぼくが課外授業をしてあげよう」

フィー担当としては待機中の空間・時間作りに注力してます。「もうちょっとノイズ出して」みたいな。
大田　空間のサイズは劇場に合わせて可変？
塚原　基準はスクリーンですね。スクリーンの横幅から左右に1メートルずつ増やしてもらったのかな？ テクニカルチームの席が必要だから。美術もほとんどはタイで現地調達。年号を出す電光掲示板も、床に置いた照明も、トラフィックバリアもそう。巨大な脚立は劇場にあった特注のものだし。テントはcontact Gonzoの私物だけど。
松見　めっちゃでかい脚立でしたねー。
塚原　最初は冷蔵庫がセンター的な扱いだったけど、劇場に入ったら脚立の存在感にやられた。もちろん冷蔵庫も大切で、なかにはシンハービールがいっぱい入ってて、上演中に俳優は自由に飲んでよいことになってる。
荒木　カゲとかめっちゃ飲んでたよね。ベロベロになってセリフ飛ばさなかったか心配。
塚原　僕ら、タイ語わからんから任せるしかない（笑）。
ジャー　最初は舞台がからっぽだから俳優にはプレッシャーがある。エーがんばれ！
ブーヘ　宇宙的な広さがあるよね。
ジャー　ファーストシーンはラストシーンから円環的につながるウロボロス感があるね。だからここが結末でもある。「君は芸術家になれなかった。だから美術の先生になった」。
ブーヘ　新しい人を見出して、同じことを繰り返す。結局最初に戻っている。
ヘスト　タイの歴史そのもの。
ジャー　セルフフェラだ！

第1幕　第2場

詩人への想い／1992年

個人指導が終わった後、教師とカオシンはベジタリアンレストランに夕食を食べに行った。店を任されていたのは詩人の女性。自然保護の活動家でもある彼女に、カオシンは欲求を覚えた。そのあからさまでシャイな欲求を彼女は見抜く。自分の詩をプラカードに描く手伝いをしてほしいと、カオシンは誘われる。

ブラカード作り

プラカードづくりに従事するカオシンは、詩人の事務所でサンティアソーク教団の人々とも知り合う。

> **TIPS**
> **サンティアソーク教団**
> タイの仏教サンガによって、強制還俗させられたプラ・ポーティラックが設立した、禁欲的仏教コミュニティ。

> **TIPS**
> **プラカードの文字**
> プラカードをイメージした蛍光テープには、タイ語で「手と手が結ばれて　民衆の伝説が生まれる」と記されている。

活動家の女性詩人に出会い、強く惹かれるカオシン

「あなたは彼女の頼みをきいてデモのプラカードを描いた」

プーペ　ウェイの登場。この作品のなかでの女性キャラの存在感を示すよう。かわいくて、そしてオーバー過ぎない。
ジャー　なんで私はここを演じれないんだろう、私だって女なのに（笑）。
ファースト　作品内でのジャーはマスキュリンな役割を担ってるからね。
塚原　スクリーンには舞台上手で、マックがテープに文字を書く様子が映ってる。テープは女性詩人の話すプラカードを意味していて……。
松見　「手と手が結ばれて、民衆の革命が始まる」っていう意味。
塚原　この文言はベストくんが選んできてくれて、岡田さんと相談して決めました。この特殊な書き文字は、ウティットの自作フォントで通称「エロフォント」。
大田　なんでそのネーミング？
塚原　元々は、チンコやマンコの絵らしくて、それを字に変えてるらしい。タイ人でも、「ギリギリ読める」って感じみたいです。
松見　ウティットの画集にも載ってます。机の上の音も録ってますよね？
荒木　ギュリギュリギュリ！っていうペンの音がよく聴こえるように拡声してます。あと、マイクはなんとなくチンコのメタファー。
塚原　最初の水に沈めるシーンでは、コンドームをかぶせてたしね。
ジャー　照明の箱が下りてきた。2幕ではもっと中央寄りだよね。
チン　そう。上げ下げだけじゃなくて、左右への移動もできるようになってる。手で上げ下げするのがけっこう大変で、東京公演では何とかしたいな。機械的なことは大田さんにおまかせ！
荒木　音響的なことでいうと、前半は劇中劇の性質が強いので、可動式のスピーカーは全部下手の役者たちに向いている。
塚原　シーンによって、途中から大田さんや荒木くんが配置や向きを変えていく。つまり下手＝客席なんです。

詩人の姿勢

カオシンの視線の先で、詩人は椅子に座っている。商業主義とは距離を置くこと、搾取をしないこと……そんな生き方を詩人は語る。そんな彼女の肢体を、カオシンは密かに見ている。見つめる人間と、見つめられる人間。

部屋の鍵を返す／1992年

カオシンが映画に誘っても、いつも詩人は断った。彼女は商業映画なんて見ないのかもしれない。けれどもある日、カオシンは彼女が知らない若い男と一緒にジュリア・ロバーツ主演の映画を上映する劇場に入っていく姿を目撃する。

後日、事務所に行くとテーブルの上にメモ書きが置かれていた。「以前渡した部屋の鍵を返してほしい」。その事務所の入り口にパランタム党事務所という看板があることに、はじめて気づいたのはこの日のことだ。

TIPS
パランタム党

1988年当時のバンコク都知事チャムローン・シームアンとサンティアソーク教団によって設立された政党。92年3月の総選挙でバンコクの民衆から大きな支持を得た。(ちなみに94年実業家であったタックシンが政治家に転身したのも本党への入党がきっかけ)

プラカードの制作過程が映されるなか、詩人の思想、カオシンの想いが語られる

ボックス型の照明が天井から降りてくる

第2幕からは、実際の客席の方向に向かっていく。役者の演技の方向もそっちに向かっていくから。

松見 最初のうちは、照明の箱や音響も客席の上まで行くプランだったはず。

大田 縦横無尽に動いてね。

ジャー 詩人を演じてるブーペが（カオシンを）誘うような演技をしないのが面白い。

ベスト それは（同時に詩人を演じてる）ウェイが受け持ってくれているから。

ブーペ いちおう誘うような意識もあるけれど、はっきり表さない。岡田さんから「（詩人は）カオシンに見られていることを十分に知っているから」と言われた。

ジャー だから、カオシンの頭のなかに詩人（ブーペ）がいるみたいな印象を受ける。

塚原 演出助手のベストは役者ではないけど役者の側にいることが多くて、電光掲示板の年数の切り替えとか、美術の出し入れとか、役者のセリフのサポートをしてくれてます。稽古中に壁にもたれてる感じがよくて、そのまま出てもらいました。

松見 バンコクの劇場、よかったですよね。下手側に廊下につながる大きなドアがあって、そこが開けっ放しになってるのが印象的だった。構造上パリではできなかったけど。

大田 ポンピドゥ・センターの劇場、かなり広かったしね。東京はバンコクやパリよりも狭い空間やけど、いろいろやれることありそうな気がする。

ベスト リサーチの時、パランタム党事務所の写真を探したけど、けっきょく見つからなかったな。

ブーペ 古い政党だよね。コラート（ナコーンラーチャシーマー県）に本部事務所がある。

ジャー ウティットはコラートで勉強してたんだよ。

第1幕 第3場

宴会／1992年
学生たちの宴会。酔っ払ったカオシンは大声で愛への賛美を宣言するカオシン。詩人への届かなかった恋への負け惜しみは、やがて若さに溢れた純粋な哲学論議に変わっていく。喝采を受けるカオシン。

金縛りの霊この夜／1992年
カオシンは泥酔した。寮の廊下でおしゃべりするカトゥーイたちにからかわれながら部屋に戻り、ソファに突っ伏す。その傍らに、ピー・アム（金縛りの霊）が立っていた。霊はそっとカオシンのズボンを下ろし、柔らかなもので中心部を包み込む。そして、すべてを平らげた。カオシンは目覚めていたが霊の好きなようにさせることを決めた。翌朝目覚めると、世界は元通り。

あなたは気づいてただろうか？／1992年
国内の状況が変化しつつあることにカオシンは気づかず、ただ自由を謳歌していた。昨年の国家治安維持評議会（ローソーチョー）のクーデターの影響など目に入ってこなかった。

about SOUND
カセットテープ_スティービーピッチ落とし
（テレコ出し）

「カトゥーイたちの登場に合わせてスティービー・ワンダー『I just called to say I love you』を、ピッチを落としたテレコで再生。選曲に大した意図はないが、バンコクで購入したカセットテープであることと、歌詞の内容的にはいいんじゃないか、という理由から。」

TIPS
国家治安維持評議会（ローソーチョー）

1988年に首相に就任したチャートチャーイ・チュンハワンの政権は、閣僚たちが利権に群がる「ビュッフェ内閣」と揶揄された。91年2月、同政権を軍事クーデターで倒したのが、スチンダー・クラープラユーン率いる国家治安維持評議会。だが、政治権力に執着するスチンダーに民衆は抵抗を示し、翌年の「暴虐の5月」事件が発生した。

友人との呑み会。酔ったカオシンの演説「ぼくは、欲望のことを愛と呼ぶ！」

カオシンに忍び寄る金縛りの霊。もしくはカトゥーイ？

荒木 学生たちの飲み会のシーンですね。

ジャニ みんなだらしないな！

チン マック、パリ公演では脚立から布団に飛び降りてたよね。

ベスト 一瞬迷った顔してた（笑）。

シャー この上演のときもノリノリだね。マックいけいけ！

全員 （笑）

塚原 テクニカル的な話を。基本的に、転換ではカメラを起動させてオレンジの靴を追う、っていうのがルールになってます。

松見 芝居の流れによっては靴がカメラから見切れちゃうときもあって。プーペはそのへん確認してくれてるので、自然に微調整してくれてありがたい。

荒木 ここから、スティービー・ワンダー。持ってったカセットプレーヤーがスピード可変で、再生速度がめっちゃ遅い。

塚原 オソービー・ワンダー（笑）。めっちゃ効いてるよね。なんでスティービーになったんやっけ？

荒木 カセットはすべて現地購入。王宮前広場近くにある、じいちゃんがやってる Tonchabab records vinyl shop ってレコ屋。

塚原 このプチプチ（緩衝材）も、リハで使ってたものがそのまま本番に採用されたよね。

大田 これはもうマストやな、って。

塚原 現地で「ええやん」って言ったものが、オフィシャルになっていくって経験ははじめてだった。contact Gonzo の作り方は「なかったらしゃあない」だし、一つひとつの小道具が大きな意味を持たないから。『プラターナー』の現場は、採用されたものは絶対に必要、っていう世界。びっくりした。

松見 「これもリストに入れんの？」みたいな感じでしたよね。

塚原 しかも、役者たちはその素材に慣れて演技してる

第1幕　第4場

特別な人物／1992年

カオシンを気づかい、教師は何人かの生徒とともに、著名な芸術家であり思想家でもある人物のもとに連れていった。その人物は、芸術に携わる者は自己の内面を深く掘り下げるべきで、それは仏法の修行に似ていると語る。一人の友人は、進路に関する両親との不和について、その人物に尋ねた。「きみの問題は、考えすぎることだ。きみは、芸術を学び、芸術に働き、芸術とともに日々目覚めている。きみはここにいるのだ、自由はここにいる」。

about SCENOGRAPHY
LEDロープ

「LEDは明かりのコストを下げた偉大な発明と言える。フラットで光量はどんどん上がり、従来の舞台芸術における明かりの考え方にも急速に影響を与えている。しかしそのフラットネスがおそらくは問題をはらんでいて、ヘタをすると、この明かりは都市から物語を奪う可能性もある。昨今のポルノのように？」

TIPS
カトゥーイ

タイ語でレディボーイ、ニューハーフのこと。日本と異なり、タイ社会では日常的に受け入れられており、さまざまな職業に就いている。

about SCENOGRAPHY
皮膚の沼

「4時間ずっと床面に投影されているスライドショー。役者の皮膚をモバイルスキャナーで歪ませて撮影した。まわりの明かりが消えると見えてくるもので、誰かが片足でも立ち入ると、何かの拍子で意図せぬ意味を発生させたりもする自動装置。巨大な皮膚の床を役者が歩くイメージからできた沼。」

布団＝緩衝材に潜り込み、股間に近づく。「そして霊は、すべて平らげた」

特別な人物は助言する。「芸術的営みとは、仏法の修行にも似ている」

からね。Gonzoとは何もかも違う。(笑)。
ジャー　(緩衝材が)クラゲみたいでいいね。
ファースト　深海の動物。
フーペ　他人の人生にだんだんズームインしていく感じがする。深く深く……。
松見　暗いから床の映像が鮮明に見える。通称「皮膚の沼」。
塚原　ポータブルスキャナーって機材を使って、俳優たちにいろんな体の部位をスキャンしてもらった画像を床に投影してる。じつは最初から最後までずっとループで投影してるけど、明るいシーンでは気づかない。暗くなったら見える。最初の構想では、この映像を床全面に投影

することができれば「照明になるんじゃないか」とか「俳優の動きの指針になるんじゃないか」なんて案もあった。つまり皮膚が地図になる。地理的身体。
松見　実現はしなかったけどね。
塚原　でも、結果的にこのループがよい効果を出してる。シーンや演技の意味と合致する奇跡的な瞬間がけっこうある。
松見　このシーンの照明は、二転三転しましたよね。バンコクのようにミラーボールを使ったり、ミッドライトにしてみたり。
テン　パリのときはミラーボール持ってくるの忘れてし

まったんだよね。
荒木　この卑猥で猥雑な感じがいい。絶妙に揺らめくチラチラ。
ジャー　1992年は「暴虐の5月」事件の年。私はたぶん高校2年だった。
ファースト　僕の生まれた年だ！
ジャー　マジかー(苦笑)。ウティットは専門学校に通ってた頃だ。
ベスト　そう。その2年後に彼はシラパコーン大に入学。

第1幕　第5場

詩人との再会／1992年

1992年の5月が訪れ、詩人は再び姿を現した。ある夜、事務所の窓が暖かい黄色の光で明るくなり、部屋のなかで動き回る彼女の影が見えたのだ。彼女はカオシンを手招きで呼び寄せて抱きしめ、バンコクに一緒に来ることを誘う。デモに参加して、民衆の力を見せてやろう。王宮前広場の近くにはカオシンが進学を望む大学があり、素敵なレコード屋やビデオショップもある。

初めてのバンコク／1992年

非民選首相となったスチンダー陸軍大将の辞職を求める抗議集会にカオシンは身を投じた。国会前、王宮前広場、そしてラーチャダムヌーン・クラーン通りへ。朝から晩までデモ行進について移動するカオシンは、自分が歴史的瞬間の一部となっているように感じていた。

Photo by Ian Lamont [harvardextended.blogspot.com]

TIPS
暴虐の5月事件（1992年5月17日～20日）

1991年2月のクーデターで、国軍最高司令官スチンダー・クラープラユーンが中心とするローソーチョー（国家治安維持評議会）が権力を掌握する。翌年3月の総選挙で成立した連立政権は、米国政府からの声明を受けて、当初指名予定だった首相予定者の代わりに、スチンダーを首相に指名する。その結果、民主化を求めていた民衆による反対運動が起き、死傷者が出る。5月20日に、国王ラーマ9世がスチンダーおよびデモ隊リーダーのチャムローンを呼び出し、和解を促し、その様子がテレビで放映された。

板状のLED照明は夜の窓明り。部屋にいる詩人の姿をカオシンは目撃する

「一緒に来る？　バスに乗って」。詩人に誘われ、カオシンはバンコクへ向かう

荒木　ここの照明のプラン好きやったわ。テクニカルブースから見える風景がよくて、特等席だと思ってる。

塚原　ここにも客席つくる案があったけど、足元のケーブルとかすごいから断念した。

松見　岡田さんは、正面……客席から見ることを前提につくってるから、客席を推してましたね。

塚原　一回だけ上手の僕らの後ろで全部通して見たことがあって「たしかによい席ですけど、話が全然わかりません」って言ってたね（笑）。

ブーヘ　暴虐の5月事件の後、父親がバンコクに連れてきてくれた。ラーチャダムヌーン通りを車で走ったのを覚えている。小さかったから記憶は曖昧だけれど、とても悲しいことが起こったことはわかった。父は怒っているように見えた。「ここは彼らが戦った場所なんだ」と教えてくれて、そして住んでいたコラートに帰った。ニュースで繰り返し放送されていたから、スチンダー・クラープラユーンの名前もこのときに覚えた。

ジャー　元カレの友だちの男の子はデモとかに積極的に参加していたけれど、5月18日深夜の射撃の後に消えてしまった。当時、状況を知るためにはニュースや写真しかなくて、燃やされたバスや兵士を撮った写真のなかに彼の姿がないか気にしていたけれど、見つけられなかった。

ベスト　混乱の状況。

ジャー　その6、7か月後、彼はふっと帰ってきた。大学を退学して、ちょっとおかしくなったようにも見えたけれど、詳しいことは話さなかった。

ブーヘ　ジャー、このシーンで私に会うとき、あなたは何考えているの？　たまに反応に戸惑うことがある。

ジャー　いろいろだけど、当時の若い頃の自分はどうだったか、とか考えていたりする。カオシンは会いたかったのか、それとも怒っているのか……。「この人（詩人）は俺を振った人だ」って感情になる日もあるし、10代の頃の自分自身になるような日もある。物語が、私をどの立場に連れて行ってくれるか次第。

ブーヘ　私は、しばらく髪を短くできないなって思ったな。キャラクターの印象が変わるから。

第1幕　第6場

詩人とのキス／1992年

カオシンと詩人はシラパコーン大学を訪ねた。大学創設者であるシン・ピーラシー先生の仕事場だった建物には、先生や弟子たちの作品が並んでいる。詩人は、絵を見ながらポンシット・カムビーの『ずっと』を口ずさんでいる。そのうちの一枚は、髪の長い女性が椅子の背もたれに寄りかかり、首を傾げている絵画。

それはまるで、バンコクへ向かうバスのなかでカオシンの肩に寄りかかって眠る詩人のようだった。目覚めた彼女とカオシンはそっと唇を重ねた。

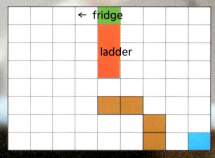

STAGE：1

冷蔵庫と脚立が舞台中央へ。オレンジ色で示されたトラフィックバリアが登場し、舞台上を分割する役割を果たす

TIPS
貧民連合（Assembly of the Poor）

貧困層や村民の支援を目的に活動するタイのNGO団体。1991年、メコン川流域のムン川に建設されたパクムンダムに対する住民反対運動を機に結成され、現在も全国的なネットワークを結んで活動している。

「首都で過ごすあいだ、あなたは朝から晩までデモ行進について移動していた」

シラパコーン大学を訪れる2人。カオシンはタイ近代美術の絵画や彫刻を知る

ベスト　そしてバンコクへ。
荒木　最初の大きな転換。パシッと決めずに、バラっとしてる感じが好きやな。
ブーペ　ごちゃごちゃしててね。バンコクに来た途端、こうなる（笑）。でも、ワクワクするよね。綺麗にまとめられていたものが、一斉に外に流れ出てくる。
塚原　最初は、役者がしゃべってる間に大きな転換を行うことも考えてたけど、セリフが聞こえなくなってしまうのでボツになった。
荒木　岡田さん、ノイズでも、意図されたノイズでないと許容してくれなかったね。
塚原　ふだんやってるダンスの舞台って音に関してはわりと自由に発想できるけど、演劇って当然セリフがあるからね。それはタイに行ってはじめて気づいたこと（笑）。
ブーペ　また固まって座っている（笑）。
ジャー　国会議員の前でやるデモのキャンプに見えなくもないよ。テントとか。そしてみんな真面目に聞いてるのが笑える。
ベスト　集会だ。
ジャー　「貧民連合（Assembly of the Poor）」。
塚原　ここは、舞台上にいくつかのゾーンを想定してる。例えば、奥は「ストリート」のようにも見えるけど、重視したのは境界線が視覚的にわかる仕組みをつくること。ここからは、特にたくさんの人物が複雑に入り組んで登場するから。トラフィックバリアや角材を壁や結界みたいにしてる。
松見　部屋みたいにも見えてきますね。
チン　全体の静けさがいい。観劇した友人たちはまるで本を読んでいるみたいだったと言ってた。長いけれど、集中して話を追ってくれている。
ブーペ　マックとのパリでのキスシーンは楽しかったな。面白い演技をしてきたから、私の反応もそれについていく感じ。口から罵倒の言葉が出そうな日もあった。「このクソ野郎！」って。楽しかった（笑）。

その日の夜／1992年

強い日差しを受けて集会中に倒れてしまったカオシンを、詩人は借家へと連れて帰った。彼女は湿らせたタオルで顔と首をふいてくれたけれど、それきりだった。翌朝、カオシンはバスターミナルから故郷の県へと帰途についた。

教師からの忠告／1992年

故郷に帰ってきたカオシンに、教師はバンコクで体験したことについて尋ねた。でもそれは、主に美術の話だった。シン先生の博物館。サウェーン・ソンマンミーの《花開く》の美しさ。裸婦の彫像《ターントーン》が、富裕と豊穣、そしてこの国を体現しているということ。いっぽうで、バンコクで体験した政治的な運動を教師は否定した。彼は、社会への不満や理想の表明は、芸術で表現してほしかったのだ。

カオシンは、バンコクに行った本当の理由は女性詩人なのだと告白する。その直情的な感情を、教師は肯定した。

about SCENOGRAPHY
オレンジのバリケード

「バリケードや柵という存在は、都市において、つねに人や物、出来事を物理的に分断する。ゾンビ映画でもよくあるでしょ。パンデミック時に、軍人が大衆に向かって「ここは封鎖されました!」って銃を持って叫んでるシーン。でも主人公だけ通れたり。なぜ自分はこっち側で、あっち側ではないのか。生まれ持っての事？ 思想や考えのこと？ 経済状況？」

about SOUND
ピンクフロイド（レコードプレーヤー出し）

「ファーストの長セリフ中、ブーペからピンクフロイドのアルバム「炎〜あなたがここにいてほしい（邦題）」のレコードを受け取り、スピーカー内蔵プレーヤーで『wish you are here』を再生。」

TIPS
サウェーン・ソンマンミー

1918年バンコク生まれの彫刻家、シン・ビーラシーの弟子の一人として活躍。『プラータナー』劇中では、《花開く》(1949年)と《ターントーン（眠れる美女）》(1957年)が言及される。

サウェーン・ソンマンミー
ターントーン　1957

故郷へと戻ったカオシンは、バンコクでの体験を美術教師に報告する

教師「きみは自分の身を、もっとも危険な場所に投じていたんだぞ」

ペ　このシーンは、第1稿が好きだな。実際に身体を拭いてくれることになっていて、詩人が気にかけてくれたとカオシンは思う。それは気のせいなんだけれど。

松見　背景の映像がいいですよね。これはサウェーン・ソンマンミーの《花開く》の像で、シラパコーン大学にあるシン・ビーラシー先生の元アトリエに展示されていた。それをスマホで撮影して、3DCGをつくってます。

塚原　contact Gonzoの作品でよく使ってる手法。でも、この像が部屋の角にあるので、後ろに回り込めない。だから前面のデータしかない。でも逆にそれがよかった。本番用に完成度を高めることもできたけど、それによってノイズが減ってしまうのがいちばん心配やったから一番はじめに撮影した素材を使ってる。

ジャー　映像の女性器の位置が、脚立のちょうど真ん中にあるね。

塚原　この後、《ターントーン（ウェルス・オブ・タイランド）》の話に移るけれど、その映像に一瞬だけクールベの《世界の起源》がカットインする。

ジャー　ここも股間の部分に脚立が立っている。男たちは何を考えてるんだか。

ブーペ　ひどいよね。マンコだらけ。

ジャー　ここでカゲが前に出てくるのはあえて。シークレットキャラクターなんだけど、彼もカオシンなんだ。若い頃の自分と教師を見ている。

ジャー　カオシンがファーストに寝込みを襲われるシーン。準備万端だ。

ファースト　僕、なんで黒いシャツを着てるんだっけ。記憶がない（笑）。

ブーペ　照明が消えると、映像が効果的になるね。

荒木　ここはレコードでピンク・フロイドかけるんやけ

金縛りの霊との二度目の夜、そしてその翌朝／1992年

自室で寝そべり、ぼんやりとまどろんでいたカオシンは再び霊と遭遇する。足元のほうから這ってきた霊はショートパンツを脱がし、熱く濡れた舌で亀頭の形をなぞる。霊は自らのズボンのホックを外してカオシンの上に跨ると、その棒を掴んでうめき声とともに身体を下ろしていった。両者は痛みを覚え、喘いだ。押し寄せる快感。達したカオシンが液体を放ち、霊は急いで部屋を出ていった。性欲の残痕、血のあと、大便のかす。あらゆる痕跡が残されていた。

午後の街では、人々はみな同じ話をしていた。軍が集会参加者に発砲したらしい。ラーチャダムヌーン通りの官公庁が燃やされたらしい。その午後、チャムローン・シームアン陸軍少将が拘束された。1992年5月18日。そして5月20日、チャムローンと軍最高司令官スチンダー・クラープラユーンとが、和解を促された。

1992年5月20日
ラーマ9世に和解を促されるチャムローン（左）とスチンダー（中）

自室で眠るカオシンに、再び金縛りの霊が忍び寄る

「鍵をかけなかったのは、食べさせたい欲望があるからだと霊は理解していた」

と、暗いなかで曲の頭出しするのが大変で、ブーペがスマホで手元を照らしてくれてる。ブーペはレコードを渡しに来る役でもあって、その歩き方がなんかツボに入る。真似したくなる（笑）。

塚原 やっぱりテクニカルチームと役者チームがまとってるレイヤーが違いすぎるんだけど、その2人が突然隣同士になったりするのが面白いな。このシーンよかった。

荒木 ファーストね。

塚原 天才やね。空間と時間でのびのび遊んでる。頭につけた照明の使い方もうまい。手で光をつかもうとしたり。

チン ほとんど照明デザインだよ。ファーストはもう一人の照明スタッフ。

ジャー そういえば、92年当時、スチンダーが首相就任を宣言した後のチャムローン・シームアンはすごくヒーロー的だった。

ブーペ パランタム党の創設者。彼はタックシンのメンターでもあって、タックシン自身のイメージもチャムローンの時代からつくられはじめた。パランタム（仏法の力）という言葉も、子どもだった自分には、彼がいい人だという印象を与えたモーホームを着た、節約家に見えた。スチンダーに反対するハンガーストライキもしてね。

ベスト ファーストのセリフの最後は、チャムローンとスチンダーが和解を促されたこと。

ブーペ このテキストを聞いたタイの観客の顔を見てみたいな。どんな顔をするのか。

ファースト 字幕が好き。Traces of cum, of blood, of shit.（性欲の残痕 血のあと 大便のかす）。

第1幕　第7場

フェイスブック／2016年

夜のプールで出会った少年が友達リクエストを送ってきた。ハンドルネームは「ウェーラー・ワーリー」。ワーリーのFBには、デモ隊に参加して、同じ服を着て友人たちと楽しそうに笑う画像があった。

ある時、カオシンは自分の政治的な投稿を理由に出頭させられた。起きた変化を受け入れるためだけに生きていくのが、現在の自分だ。投稿するとしたら、自分の描いた絵か、世界のビールの味について。

ワーリーとのFBでのやりとりも、大半はビールや絵のこと。そしてワーリーからの返信。「ぼくのこと、描きたい？」

TIPS
シン・ピーラシー

1892年フィレンツェ生まれ。お雇い外国人として招聘されたイタリア人彫刻家で、本名はコッラード・フェローチ。タイの近代化を目指したラーマ6世に招かれ、人物彫刻、モニュメントや記念碑の制作に従事し、タイの近代美術の確立に大きな役割を果たした。シンと弟子たちの工房として設立されたのが、現在のシラパコーン大学。

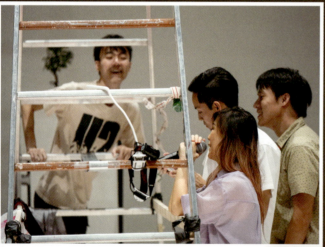

2016年。ワーリーのFacebookの中身を観察するカオシン（＝俳優たち）

1995年。大学生になったカオシン。大学には恐ろしい先輩たちが待ち受けている

ブーペ　お、照明が変わった。
ファースト　超明るい。別の世界だ。
ジャー　「さっきのことは忘れろ」って言うみたいに。あの事件の後、王室が大人気になったっていう記事があったな。
ベスト　一般的な認識もそう。国が平和になったのは王様のおかげ。
ジャー　昔は王室を話題にすることも普通にできたんだけどね。
ブーペ　私、ズボン履き替えたよ。どんどん着替えていくけど、誰にも気付かれない（笑）。
塚原　ウェイちゃんが着てる水色のレザージャケット、めっちゃ好きやったわ。
松見　藤谷さん、日本からもけっこう持ってきたはずだけど、バンコクでもかなり買い集めてましたね。
大田　僕もAmazonでTシャツ買ってキョンちゃんの家

に送ったわ。『パルプ・フィクション』とかソニック・ユースとかジョイ・ディビジョンとか。
ジャー　香子の衣裳が面白いのは、キャラクターが時代や政治状況の変化とともに変化していくのを表現してること。何を捨てて、何を残すか。冒頭でブーペが演じていた美しい女性詩人も、後半では大きく変わって現れる。
大田　Facebookが登場して、現代っぽくなったな。ブーペたちスマホ見てる。
塚原　ここが現代のシーンだからってのもあるんですけど、待機している役者に自由にしてくれとも言ってるので、彼らは記念撮影したり、役者同士でLINEでメッセージを送りあったりしてるんです。
松見　ここはワーリーとカオシンがFacebookで知り合ってチャットするシーンなんですけど、実際にウェーラー・ワーリーのアカウントをつくったんですよ。ビッ

チとベストがタイ語でチャットしてる画面を録画して、スクロールさせてます。ビールの写真は、ウティットの投稿から借りてきて。
ベスト　いまもアカウントありますよ。
ブーペ　たまに「いいね！」してくる（笑）。
松見　アカウントのことを知らなかったウティットが「ウェーラー・ワーリーから友達申請が来た！」って、めっちゃビビってました。
塚原　自分が生み出したキャラに（笑）。ちょっとタイのホラー映画っぽい。
塚原　シラパコーン大学の実習室。みんなでタマリンドの木をデッサンしてます。
ジャー　はぁ〜。このとき、セリフ間違えたんだよね。「タイ近代美術の父」を「タイ芸術の近代父」と言っちゃってる。

| 第1幕 | 第8場 |

シン・ピーラシー像／1995年
シラパコーン大学に入学したあなたは、タイ近代芸術の父で創設者のシン先生の子どもの一人になった。

実習風景
カオシンと同級生は教室で実習に取り組んでいる。学生たちは壁沿いにイーゼルとキャンバスで区切りをつくり、作業をして、寝転がることができるだけのスペースを確保する。

「フレッシー」／1994年
フレッシー（新入生）には、先輩たちからの許可なしには学内を歩く自由もない。リーダー格の先輩は、父であるシン先生の前で自分の過去を捨てろと言う。そしてあるとき、フレッシーたちは真っ暗な部屋のなかに並ばされた。

命名の儀式／1994年
「命名の儀式」という名の吊るし上げを受けるカオシンたち。タイ北部出身の女性の友人は、先輩に脅され、うっかり「チャオ」という方言を語尾につけて喋ってしまう。そのときから、彼女の名前はラックチャオ（王族を愛する）になった。まばゆい光によろめいたカオシンは、幽霊が取り憑いたようだと笑われカオシン（憑依）という名を与えられた。

TIPS
命名とラックチャオ

タイの大学ではフレッシー（新入生）に対して、先輩や友人たちが愛称をつける習慣がある。『プラータナー』出演俳優のなかにも、命名の儀式の経験者はいる。
ところで、作中に登場する「ラックチャオ」という愛称は、単にチェンマイの方言を揶揄するだけではない。「王族を愛する(ラックチャオ)」王党派の人々を揶揄する言葉としても、現実社会では使われている。だが、2006年のクーデター以降、王室に対する不敬罪による起訴件数が急増し、その意味合いは微妙に変化している。

暗い部屋に並ばされ、先輩たちから吊るし上げをくらう新入生たち

「目を閉じろ」「自己紹介しろ」「ウェイです」「そんな名前はいらない！」

チン　ジャーがプロジェクターの明かりに入るところがとてもいい。見えるか見えないかのところで、シン先生の石膏像を持って。
ジャー　このシーンを、もしもシン先生が見たらどう思うんだろうね。学生たちに「父の名前はなんだ？」なんてさ。笑えるよ。
ベスト　「父」というコンセプト、わかりにくいかな？　いろいろな意味が含まれているんだけど。
塚原　ここで使ってるノートは、シラパコーン大のデッサンノートを買ってきて使ってます。使用済みのものを蚤の市で見つけた。
ベスト　本当は大学のゴミ捨て場から拾ってきました。
塚原　そうやったんや（笑）。この3人はイメージ通りの美大生やね。ちょっと不真面目なグループ。
松見　何かのタネ食いながらデッサンしてる。

ファースト　スイカのタネ。
チン　クラスの後ろのほうにいる奴らだよ。先生の言うことを聞かないグループ。
塚原　ブーペ、迫力あるなあ。
松見　「フレッシー（新入生）」の実体験、ありそうですよね。ブーペは美大出身じゃないけど。チュラロンコーン大学の社会学部出身で、いまはニュース番組のレポーターもやってる。
ブーペ　私、こういう役似合うね（笑）。でもパリ公演のほうが怖かったでしょ？
ジャー　じゅうぶん怖いよ！
松見　フレッシー吊るし上げのシーン。暗闇に響くピッチの第一声が怖い。
チン　本当はもっと強い照明にして、光以外何も見えなくしたいんだよね。

塚原　稽古のとき、このシーンの後に本当に泣いててんよな。演技も込みで、過去の記憶をくらっちゃうみたいで、カゲなんて、ウェイがかわいそうすぎて泣きそうになったって言ってた。
ジャー　学生だった私は、すごく馬鹿正直だった。先輩から「同級生全員の名前を暗記しろ」って言われて、70人ぐらいの学生の名前を全部暗記して、いちばん最初に覚えた。でも、そんなの自分一人だけで、他の人にも迷惑をかけちゃった。
ブーペ　ナード（オタク）だ。
ジャー　そうそう（苦笑）。

第1幕　第9場

外の人間は口をだすな／1995年
カオシンが2年生に進級した頃、週刊誌にタイで起きているアートバブルの記事が掲載された。学生たちが激怒したのは、そこに載っていたシン先生の彫像の台座に刻まれた「Sale 50％」の文字だった。

芸術批評家への制裁／1995年
ある芸術評論家が発表した、シラパコーン大学とその学派の権威性を批判する文章が、さらに火に油を注いだ。学生たちは、大学内の展示を見に来た評論家を取り囲み、恫喝する。服にワインをこぼされた哀れな彼は、一人きりで出ていった。カオシンが口にできたのは「先輩、あの人の服、汚れちゃいましたよ」だけだった。

何年も経ってからあなたは気がついた
評論家への攻撃は、他人を締め出し、自分たちは何一つ変化しないことを望む集団的自己防衛でしかなかったと、カオシンは数年後に気づく。だが、このときのカオシンはそうではなかった。
「私たち」は未来を使って過去を語っている。成熟を利用して無垢について語っている。

TIPS
Sale 50%

『週刊マネージャー』紙に掲載された記事。シン・ピーラシー像の台座にある名碑を「Sale 50%」の文字で隠している

TIPS
90年代のバンコクアートシーン

1990年代後半のバンコクでは、欧米の影響を受けたアートスペースや新しいオルタナティブスペースが相次いで誕生した。「About Studio / About Cafe」はその代表格。97年から2005年頃まで運営されたアートギャラリー／オルタナティブスペースで、現代アートの展示だけでなく、ミュージシャンのライブなども行い、同市のカルチャー黎明期にワンアンドオンリーな存在感を示した。また、キュレーターのクリティヤー・カーウィーウォン（愛称チアブ）らが1996年に共同設立した非営利アートスペース「Project 304」も重要。日本でも人気の美術家・映画監督のアピチャッポン・ウィーラセタクンらも運営に参加し、多彩な自主企画を行なった。

大学の権威を批判する記事に激怒した学生たちは、執筆者の評論家を恫喝した

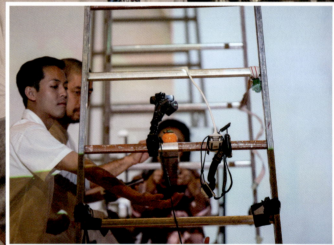

ベルトコンベアを操作する俳優たち。デッサンや美術に関わるメモが流れる

ジャー　シラパコーン大は、当時の美大生、美術を勉強している人にとって主流だったんだ。いまも、国立美術展示会ではシラパコーン大が常に最優秀賞を獲るけれど。
ブーペ　技術力があって、細部まで美しいタイプの作品ね。今回の選挙の前に、BACC（バンコク芸術文化センター）で芸術政策についてのディベートがあった。ある政党が「シラパコーン大に以前のように活躍してほしい。また最高峰の美術の大学に戻ってきてほしい」って言ってたけど、お前はいつの時代の人間だよ？って思った。

ベスト　この上着がすごく好き。水をかけても濡れない。
松見　ベルトコンベアが初登場ですね。最初の構想では、2人の身体に帯を巻いて、自分たちが回るとベルトコンベアも回るっていう案だったと思うんですけど。
塚原　タイで試してみたけど、綺麗に回らなくてあまり面白くなかった。結果的によかったと思う。脚立がステーションみたいになって、みんなが集まる場所になった。
荒木　コンベアに素材を貼る担当、受け止める担当っていう役割分担がある。公演ごとに流すものも微妙に変わ

るから「いい感じの来たー！」みたいなときもあるよね。
塚原　置いてほしいアイテムはだいたい決まってるけど、まあその通りにはいかない。そこが面白い。
ジャー　1995年頃、小劇場や小さいアートスペースが登場しはじめた。アバウトカフェやProject 304が競い合ってた。創設者のみんなは学校を卒業したばかりで。
ベスト　アバウトカフェの前を、毎日バスで通ってたな。かっこよかったけど、行ったことなかった。
ジャー　外国でキュレーションの勉強をした人たちがオー

第1幕　第10場

STAGE：2

トラフィックバリアが舞台下手へ移動

友人たちとの対話／1996年

無為に時間を費やして、批判や悪口を言い合うカオシンと友人たち。アートシーンの旧態依然な体制。フレッシーいじめのくだらなさ。新しい芸術の波に乗れない大学。カオシンたちは新世代のキュレーターが企画した展覧会に出品したが、そのことでも教員たちからやっかみを受けていた。4年生になったカオシンは、その年に施工された教育融資基金（コーヨーソー）を得て、安アパートでの一人暮らしを始めた。

about SCENOGRAPHY
ベルトコンベア

「僕はだいたい考え事をするときは回転寿司に行く。向こうから流れてくる寿司を眺めつつ、それが目の前に来て反対側の向こうへ同じ速度で去って行くのを見ていると脳が落ち着くからだ。つまりイメージが自分の都合ではなく、強制的に、静かに、等速で移動するということに意味がある。それがベルトコンベア。ゆっくり移動するだけでドラマや物語が生まれかける。最近もっともよく使う道具。」

TIPS
教育融資基金（コーヨーソー）

1996年に始まった財務省管轄の学生ローン基金。大学課程では年間8万4000バーツ〜17万4000バーツを貸与する（専攻によって異なる）。

背景のベルトコンベア映像をじっと眺める（未来の？）カオシン

大学の閉鎖性を、酒を呑んで愚痴る学生たち。「クソが。死ぬほど頭痛ぇ」

プンした、小さな美術館。創設メンバーだったチアブさんは、いまやジムトンプソン・アートセンターのディレクターだから、時間の流れを感じるよ。304は、サムセーン駅近くにあったアパートの部屋番号。
ベスト　ナムトーン・ギャラリーもそのあたりにあったよね。
ジャー　ナムトーンもビッグギャラリーになったけど、最初は普通に住人が暮らしているような小さいビルの一室でね。チアブさんのグループはシカゴ美術館で勉強した人たちで、いわば新世代のキュレーター。まだ大学を卒

業してない学生たち……優秀だけど生意気な連中を選抜して展覧会を開いてた。
ブーベ　だから、このシーンの3人はこういう態度なんだ。大学の人から毛嫌いされるのが簡単に想像できる。
ジャー　チアブさんたちもまだ30代前半だしね。私は、ちょっとだけチアブさんのアシスタントをしてた。その頃はモン（ウティット）が大学卒業間近で、シラパコーン大学ではみんなが鬱憤を爆発させたようなフェスティバルをやったな。アートフェアと音楽祭が混ざったような、

よくわからないやつ（笑）。私も友だちから頼まれて即興劇をやったよ。モンと最初に会ったのもそのとき。モンはフェアの主催者だったんだ。
ブーベ　おー、面白い歴史！ジャーさんは学生時代から即興劇をしてたんだね。

第1幕　第11場

ワーリーがカオシンの部屋に来る／2016年
モデルになるために、ワーリーがカオシンの部屋にやって来る。

美術史上の姿勢と身体
かつて教師によって描かれたカオシンの絵画。そこにはギリシャ的な身体の美と東南アジア的な風景・環境が同居している。それを見つめるカオシンとラックチャオ。

教師の絵の前で／1996年
2人の絵についての議論は、やがて親密さを帯びてくる。抱きしめあい、唇を押しつけあう2人。心を許すように、ラックチャオは自分のノートをカオシンに見せる。

ラックチャオのノートの中身／1996年
吸い殻やレシート、ポスターの一部、ティッシュなどが貼り付けられたノート。そして、絵の下書きや自画像、不思議なかたちの動物も描かれている。

ラックチャオを批判するカオシン／1996年
ラックチャオが好んで描く奇妙な生物を、彼女は二項対立の象徴だと説明するが、カオシンは批判する。「きみは、自分の作品の中にある身体とか表情にもっと時間を割いたほうがいいと思う」。

about SCENOGRAPHY
ゴンゾムーブメントとセックス

「ゴンゾのパフォーマンスを見て「エロい」という人がたまにいる。激しい、無駄な接触をし続けるということがエロさにつながるという直感は、よくわかる。おそらくセックスとの違いは目的があるかどうかという点ではないだろうか。作中のセックスの描写をゴンゾ的な動きで置き換えるという岡田さんの発想により、作中の人物の「意図」がかえってよく見えるようになったと思う。」

about SOUND
カセットテープ＿ソニックユース
『Junkie's Promise』（テレコ出し）

「ノートとウェイが絡みあうシーンで、テレコで再生。作中の要素でもあるオルタナロックと、タイトルが『ジャンキーズ・プロミス』ってことで、爽やかにソニックユースでも入れとくか、と。」

カオシンは同級生のラックチャオと親密になる。互いを批評し合う2人

格闘のようなセックス。「ぼくたちは狂ったように交わった。どんな場所でも」

塚原　作品の全体的な色調は白、シルバー、オレンジで揃えようと思ったんよね。タイの政治は赤や黄色など意味がはっきりしてるからそこから離れたかった。それにオレンジは赤と黄の混色だからタイの政治情勢と重ね合わせやすい。
太田　白とシルバーは？
塚原　白は単純に黒よりも景色がつくりやすかったから。シルバーは王宮や王室。本来は金色だけど、ゴールドとオレンジの組み合わせはちょっとトゥーマッチだから。
荒木　ルッケオとエーはなんで寝そべってるの？
松見　話に出てる絵の真似をしてるんですよ。ウェイとマックが見てるライトボックスが油彩画を意味していて、そのなかに裸像が描かれてるって設定。

太田　こう観ると、ほんまいろんな場所でいろんなことやってるよね。一回じゃお客さんもわからんやろ。
塚原　最初から散漫さのある空間をつくろうとしてたからですね。劇場や舞台をどれだけ脱中心化できるか。そのなかで、物語の強度や進行、役者の存在感が失われないようにしようというのがテーマ。岡田さんも、僕が入る時点でたくさんのノイズが介入することを期待してくれていたはずですし。
　このあたりのセックスシーンの絡みは、ホンマタカシさんやテニスコーツに教えてもらった柔術を、僕がさらに2人に教えた動きです。荒木くんが正座で待機してる（笑）。
荒木　間男みたいっすよね。ふだんはもっと忍者っぽく控えてるねんけどな。

塚原　『ラストサムライ』の真田広之みたいな顔つき。ほんま、ここは総合格闘技やわ。ウェイの覚えがめちゃくちゃ早くて、応用が効くんですよ。後半にある全員でコンタクトするシーンでも、戸渡りみたいにいちばん高いところを登ってたし。運動能力がすごく高い。
ジャー　1997年。トムヤムクン経済危機。
プーペ　影響あった？
ジャー　うん。私が大学に入学したときはマスコミ学部が人気ナンバーワンの学部で、報道や雑誌関連の仕事が高収入のイメージがあった。だけど、トムヤムクンの年に卒業した先輩たちは、みんな就職できなかった。私の代になると、みんなマスコミ以外の就職先を探していたな。でも、演劇は盛んだったよ。演劇フェスティバルがいっぱいあっ

| 第1幕 | 第12場 |

ポケットベル／1996年

カオシンのポケベルには、何度もラックチャオからのメッセージが届くようになった。彼女は、誕生日プレゼントにポラロイドカメラを贈った。

再燃／1996年

狂ったように、どんな場所でも2人は交わった。そしてとても長い時間をともにした。5年生に進級し、社会も変わる。総理大臣が短期間に何度も変わり、トムヤムクン経済危機が起き、仏暦2540（1997）年にタイ王国憲法が発布された。そして2人に終わりが訪れた。

愛の終わり／1997年

芸術の煩悶を続けるカオシンに対して、ラックチャオは卒業や将来についての現実に向き合っていた。

彼女には新しい恋人ができた。大学を卒業し、母親になる。夫の安定した事業のおかげで裕福に生き、旅行や記念日をFacebookで自慢する。昔のように平穏な国に戻ることを望んでいるが、政治の話はしない。そんな人生。

STAGE・3

脚立が上手前方へ移動。大きく開いた中央部は一種のステージとなり、俳優たちがマイクパフォーマンスなどを行う

TIPS
トムヤムクン経済危機とタイ王国憲法

1997年7月にタイを中心に発生し、アジア各国に影響を与えた通貨下落現象。一般的に「アジア通貨危機」として知られる。主に欧米のヘッジファンドが仕掛けた空売りによってバーツが急落し、企業倒産、リストラが相次いだ。

経済危機を克服する手段として、政治改革を求める声の高まりを受けて制定されたのがタイ王国憲法（1997年憲法。「人民の憲法」とも呼ばれた）。ここで示された国民参加型の政治、地方分権の確立のヴィジョンは、タックシン元首相の登場とともに減退していった。

ポラロイドカメラで互いに撮り合う2人。だが、親密な時間はやがて終わる

「人生の次のステップに進んでいかなければ」。舞台袖へ消えるラックチャオ

て、タマサート大前のターブラチャン通り全体を歩行者天国にして、ストリートアートフェスティバルをやったりしていた。Bangkok Theatre Festivalができる前。
ブーペ このウェイが好き。美しい失恋。そして、カオシンは取り残される。
松見 このときのコンベアは、直前のセックスシーンで撮ってたポラロイドが流れてるんですよね。回想みたいに。
塚原 contact Gonzoがインスタントカメラで撮ってるのと発想は一緒やけど、ポラロイドであればすぐお客さんに見せられる。
松見 ポラにピッチがイタズラ書きするのもよかった。塚原さんのアシスタントみたい。
塚原 ピッチくんは俳優経験が長いから、ほんまにプロ

フェッショナルやった。自分のなかで段取りを完璧につくってる。ラストシーンの長ゼリフもミスなく言えるし、位置も完璧。だから、こういう遊びのシーンで予想外の指示を出すと反応が面白い（笑）。「机の上にある果物の種とってきてや」とか言うと「信じられへん」みたいな顔をしながら僕のことを見返す。余裕が出てくると、めっちゃニヤニヤしながらミカン取りに行ってたな。普段と違うことやってる、って感じがよかった。
ファースト 僕はこの章の転換とディレクションが、最初から最後まで一番好きだな。全部が綺麗に混ざり合っている。
チン 前に進んでいく感じがいいよね。
ベスト 過去も現在もあって。二つの空間のつなぎ役が

ジャーさん。
ブーペ ワーリーと話していたと思ったら、今度はラックチャオとの対話。そして、またツーリーと話して次へ向かう。この一連の対話の過程にありながら、自分自身は自分の言葉のなかに留まっている。
ファースト 全部の時間が同じ平面の上にあるのが好き。
ブーペ 時間が跳ぶ感じがしない。でも空間は違って見える。全部ここで共存できているんだ。

第1幕　第13場

きみの人生の話はするな／2016年

卒業後の1998年。ラックチャオから封筒が届く。入っていたのは2人のあいだに子どもがいたこと、そして死んでしまったことを伝える、葬儀の領収書だった。その年はワーリーの生まれた年だったが、彼の人生の詳細を知ることをカオシンは拒む。アダルトビデオの設定のように欲求に従い、執着しない。そんな関係をカオシンは求めた。

ラックチャオからのメッセージを、カオシンは日本製のAVに喩えて説明した。自分の性欲が満たされた幸福の頂点に責任を持つこと。それが彼女の意思なのだと。

AV

カオシンはSMビデオを好んだ。男性が縛り上げられ、女性によって痛みと悦楽を与えられる。あるいは、羞恥心とその解放を示す「アジア的な美」もカオシンの好むものだった。

すべてを男性が統制し、規則を生み出す社会では、性的な場所は脆い。いちど悦楽を知った男性器は、繁殖よりも瞬間の享楽を求める。未来に興味はない。歴史から学ぶこともない。女たちのなかに挿し入れられる「道徳のチンコ」。女性は、道徳、国家性、文化の男性性によって聖別を受けている。そして子どもが生まれ、子どもたちは同じ一人の父から生まれたことに恩義を覚える。チンコは、道徳に憑依された身体なのだ。

about SOUND
AV_ビート①とワイヤレスマイク
（俳優向き可動スピーカー出し）

「リハ時に「ラップっぽくするか」となり、個人的な曲づくりでストックしてあったシンプルビートのデモをバックに、ブーペとルッケオが日本のAVについてご機嫌に語る。」

about SOUND
カゲ_アホマイク

「映像の松見くんとバンコクの電気街でケーブルを探している途中に見つけた家庭用カラオケマイク。ピカピカ光りながらエコーがかかる。」

about SOUND
休憩（俳優向き可動スピーカー出し、レコードプレーヤー）

「タイ製ファンクや「SUBLIME FREQUENCIES」レーベルのタイ・ポップ・セレクト、ピンクフロイドの『狂ったダイヤモンド』のレコードなどを再生。」

カオシンの独特なアダルトビデオ論を、女性俳優2人が楽しく代弁・演説する

「モザイクありのAVは違う。多様な物語がある」

塚原　大きな転換。脚立がやっとセンターを外れて字幕が見やすく（笑）。

松見　スピーカーの位置、パリ公演と違いますね。

荒木　このあと女性パートと男性パートが続くんですが、バンコクのときは男側に向けるか、みたいな案があったんですよ。でも、パリで使ったスピーカーはかなり大きかったので、左奥から俯瞰する感じに変えてます。あと、景色としてもスピーカーが境界のようになってしまってたけど、その分け方はちょっと余計だろうと。

大田　荒木くんの音響のポイントはなに？ 作品全体の。

荒木　部分のクローズアップかなあ。単純に補強としてマイクを使うことも多いですけど。本当はもっとどうでもいいものにも当てたかったですね。椅子を誰かが軋ませる音とか。ただ、あまりにディテールにこだわりすぎてもシーン毎の差が目立ってしまうし、聞かせたいセリフがノイズに埋もれてしまう。それは避けたいと、岡田さんからも言われたので。

ファースト　きれいな景色。

ブーペ　これは男根、陰茎の象徴。

ジャー　だよね。ほとんどのシーンで、真ん中にはいつも何かが立っている。

ブーペ　せめて客席側からの景色が見たい〜！

塚原　ブーペとルッケオのマイクパフォーマンス。ここから荒木くんの自作トラック。

荒木　ラップっぽくしようぜ、って話やったけど「演劇×ラップ」って組み合わせがさすがにもうキツイなと思ったので、淡々としたビートとか、ちょっとノリのよい曲を試しました。ここ、ブーペがノリノリでよかったな。

チン　このシーンは、これまでとは色温度が変わって、青みのある白。ブーペとルッケオの衣装が急に輝いて見えてくる。

ベスト　LEDっぽいよね。

チン　そう。安っぽくて、カラオケのできるスナックみたい。

ジャー　このシーン、フランスではもっと踏み込んだ演技だった。もうピュアなだけのワーリーじゃない。「ここは俺の部屋なんだよ、何しに来たんだ」って、カオシンを威嚇してる。ブーペとルッケオは、まるであいつら（男性俳優たち）の頭を食いちぎりそうだった（笑）。

銀河の外へ／1992年頃

芸術高校時代の寮生活では、欲望を隠しておく必要があった。そこでカオシンは自分自身で欲望を足し与えていた。

　小さな自室。午後の陽差しと蒸し暑さ。汗の臭い。感情を掻き立てられたカオシンは身を丸めさせて、やがて舌で自らの男根に触れた。刺すような快感と、身体における永遠の円環。そして快楽が自分の顔を汚した。自分一人で与える側と与えられる側になったカオシンは、銀河の外で幸福と痛みの味を知った気がした。

TIPS
日本製アダルトビデオとタイ

1997年にアジア通貨危機が発生して以降、タイに日本のアダルトビデオが流入し、VCD（ビデオCD）規格で一気に普及した。カオシンは、ストーリー性やシチュエーションに繊細さのある日本製AVを「芸術的」だと評する。

照明が変わり、今度は男性俳優の出番。高校時代のオナニーについてスピーチ

男性全員でセルフフェラ。「社会的道徳と倫理の外に飛ばされた」

ブーベ　でも、ちょうどよいバランスを見つけるのが難しい。自分的に楽しいのはテキストと自由に戯れることだけど、演技のベクトル、方向性が疎かになってしまう。岡田さんに叱られることも多かった。

ファースト　ルッケオ楽しそう！ 僕はいつもテントの入り口にいるんだけど、「素人男性が森の中で交わるもの」のところで、猛ダッシュでテントに入ってきたことがあった。

松見　話ずれますけど、タイ語でチンコって「クワイ」じゃないですか。岡田さんが家族でご飯食べに行ったらしいですけど、その店の料理に慈姑（くわい）が入ってて、みんなで「くわいくわい」言ってたら、まわりのタイ人から変な目で見られたらしいです。裏話でした。

ブーベ　カゲさんのステージ！頑張れ！最後まで突っ走れ！

ベスト　この2つのスピーチのシーン、僕の唯一の役割は台本を見続けること。セリフを忘れるかもしれないみんなのために。

チン　え、どうやって教えるの？

ベスト　普通に声を出して教えてる。本番でもそう。

ブーベ　マジで（笑）。昔のテレビドラマじゃん。照明の安いカラオケ感が大好き。夜の屋台のソムタム感の色彩。

チン　バリのとき「もっと良質の照明にしますか？」って聞かれた。

ジャー　一番安いのをください！ これでもよすぎるよ（笑）。

チン　綺麗すぎる色だよね。

荒木　ここでアホマイク初登場。客席からは見づらいけれど、ラストシーンでも大活躍。

松見　靴の匂いを嗅ぐファースト。

ジャー　ここのファースト関心したよ。「うわっ」って。何度も嗅ぐし。

ファースト　本当に臭いんだよ！ 助けてくれ、っていつも思う。

ブーベ　何人の足が履いてると思ってるんだ！

塚原　すげえクリエイティブだし、楽しんでるよな。かといって、ショーをやりすぎない。ファースト本人にとっては演出って意識みたい。こういうことをする役者はタイではほとんどいないみたい。

ブーベ　正直、チンコよりマンコに似てるよ。このオレンジの靴。

［第1幕おわり　休憩20分］

PRODUCTION NOTES —— COLUMN

POLITICS

繰り返される分断

文=福冨 渉

2019年3月総選挙前のバンコク。至るところに選挙看板が設置されていた

　2014年5月22日に発生した軍事クーデターからおよそ5年、19年3月24日にタイで総選挙が実施される。11年以来じつに8年ぶりの総選挙となるが、そこで選出される下院議員500名とは別に、議会では上院議員250名が実質的に軍によって指名される。総選挙の実施によって形式的には民政復帰と呼ぶことができるかもしれないが、現軍事政権の影響力を維持するシステムが存在する以上、先行きは不透明だ。だが選挙の結果いかんにかかわらず、政治的不安定の根底にある保守・王党派とリベラル・民主勢力の分断が解消されなければ、同様の混乱はいつまでも続くだろう。

　1932年の立憲革命によって、タイは絶対王政から立憲君主制に移行した。その後のタイ政治では、選挙で勝利した政権が軍部によるクーデターによって転覆させられ、国王であるラーマ9世が軍事政権を承認するというサイクルがくりかえされるようになる。「国民」と「王室」のあいだで主権が揺れ動くようになっていったのだ。

　状況が変化するのは1970年代のことだ。73年10月。時の軍事独裁政権に不満を抱いた大学生と一般市民によって構成された民主化運動は40万人以上を動員し、治安部隊との衝突による流血の事態を招いた。しかし、国王ラーマ9世の仲裁を経て軍事政権の首脳は退陣し、タイの民主化が進展する。

　だがその3年後の76年10月6日、反共の流れのなかで、活動の急進化する左派学生たちを右派市民と治安部隊が襲撃し、殺害する事件が起きる。国王のお墨付きを得た民主化社会における国民の「分断」が、この10月6日事件によって明確なものになる。この一連の事件を経て、民衆を擁護する「国父」としての国王のイメージが定着する。その後、92年の「暴虐の5月」事件で再度政治的混乱を解決したラーマ9世の人気は絶大なものとなる。

　分断の構造が再び顕現したのが、21世紀の政治動乱だった。2001年に成立したタックシン政権は、タイ東北の農村部を中心に人気を得た。一方で、タックシン首相による政策の恩恵を受けず、強権的で腐敗臭の漂う政治手法に反発を覚えた都市部中間層が、反タックシン・王制護持を訴えて「黄服」デモ隊を結成する。そこに軍部が加勢するかたちで06年に軍事クーデターが発生し、タックシンが追放される。それに反発するタックシンの支持層が今度は「赤服」デモ隊を結成し、デモ活動を開始したことで、黄服と赤服の対立が激化した。選挙を実施しても勝利の公算が低い黄服派＝保守・王党派は、軍部や司法などの超法規的権力と結託する。いっぽうの赤服派は、まず公正な選挙プロセスの履行を訴えるようになる。両派の衝突がたびたび発生し、多くの血が流れた。

　11年の総選挙でタックシンの妹であるインラックが首相に就任するが、13年に黄服の流れを汲む「PDRC」が大規模なデモ活動を始め、その混乱を収集するという名目で14年のクーデターが発生した。タイ社会に根を張った分断が、現代の政治を深いところで支配している。

追記：本稿執筆後に行われた総選挙において、反軍政を訴える野党は下院定数の過半数を獲得したと主張したが、選挙管理委員会は最終的な結果は5月9日までに発表するとしている。反軍政グループにはタックシン派の「タイ貢献党」、若年層からの支持を得た「新未来党」など7党が参加している。

PRODUCTION NOTES —— COLUMN

ART

美術大学の近代から現代

文=徳山拓一

チャルード・ニムサマー
Rural Sculpture 1　1982
パフォーマンスの記録写真
Courtesy of Chalood Nimsamer Collection and Archive

あるタイのアーティストの学生時代の話で印象に残っているのが、彼は酒を飲むと気に入らない作品のところに行って、ゲロを浴びせながら「こんな作品はくだらない！」といって周りの学生に絡んでいたとのことだった。なかなかのエピソードだが、ひと昔前の美術大学ではなくもない話だ。そんな自由を謳歌する学生たちにはなかなか想像できないかもしれないが、タイの美術大学の背景には近代から現代へと繋がる重要な流れがある。

ウティット・ヘーマムーンが学んだシラパコーン大学は、タイの近代美術の父とされるシン・ピーラシーが設立した大学である。ピーラシーは本名をコラード・フェローチといい、日本で言うところの「お雇い外国人」として1923年にタイへ招聘され、国王のモニュメントを制作した人物である。その後、タイに残り教育者としても認められるようになったピーラシーは、タイで最初の芸術大学であるシラパコーン大学の設立に関わることになった。シラパコーン大学には設立当初は絵画と彫刻専攻しかなかったが、これは日本ではじめて校名に「美術」を冠した教育機関である工部美術学校が、1876年の開校時には西洋絵画学科と西洋彫刻学科のみだったことに通じる。両国に於ける「美術」の始まりには、西欧を手本とする近代があった。

ピーラシーの教え子に、重要なアーティストであり教育者であるチャルード・ニムサマー（1929年生まれ）がいる。ニムサマーは彫刻科を卒業した後、イタリアやニューヨークへの留学を経て、シラパコーン大学で40年に渡り教鞭をとり、版画専攻を創設した。版画を中心とするニムサマーの作品は、タイの仏教美術や伝統工芸に影響を受けながらも、現代の風俗を描いた同時代性の高い世界観を特徴としている。1980年頃からは地方の農村などで消えゆく民芸品を自身のからだに身に着けて行うパフォーマンス作品《Rural Sculpture Project》を発表している。本作は、タイではじめて彫刻作品にパフォーマンスを取り入れた重要な作品でもある。

ニムサマーの教え子の版画専攻出身者には、90年代後半からアートシーンで注目されているアーティストたちが多数いる。アラヤー・ラートチャムルーンスック（1956年生まれ）、ニパン・オラニウェー（1962年生まれ）、スラシー・クソンウォン（1964年生まれ）、カミン・ラーチャイプラサート（1964年生まれ）、スッティー・クッナーウィチャーヤノン（1965年生まれ）など、インスタレーションやインタラクティブな観客参加型のプロジェクトを発表し、リレーショナル・アート（1）の文脈で評価された作家である。

近代化の過程において、美術表現としての版画は西欧に手本とする作品がなかった。そのため、ニムサマーは独自の手法と表現を模索する必要があった。しかし、彼の論理的な思考方法や空間把握はピーラシーから受け継がれたものである。そして、版画というメディアが持っている社会性、特にメッセージを伝達するというコミュニケーションの特性があった。それらの諸要素が、彼自身や教え子たちが、コンセプチュアルでインタラクティブな、社会に関わろうとする作品を制作する上で有効に働いたことは確かだろう。（2）西欧を手本とする近代化があり、そこに土着の文化的な価値観が結びつき、急激に変化する社会に呼応する新しい表現が生まれたのである。それは周縁としてのアジアにある日本とタイに共通することでもある。

冒頭のゲロを吐いたアーティストは「大学は勉強するところでなくて、人と出会うところなんだ」と言っていた。確かに、美術史という大きな流れであっても、個と個が出会い、影響し合い、表現が生まれることによってしかつくられないのである。

1　キュレーターのニコラ・ブリオーが『関係性の美学』（1998年）の中で論じた作品形態。鑑賞の対象となる作品ではなく、観客をその作品の制作過程に取り込むことや、鑑賞者の間に新たな関係性を作り出すことを意図した作品。

2　Takahama, Toshiya. (2008). MODERN DEVELOPMENT OF THAI CONTEMPORARY ART AND ITS SOCIAL SIGNIFICANCE: CHALOOD NIMSAMER AND PRINTMAKING, Are We Up to the Challenge?: Current Crises and the Asian Intellectual Community Work of the 2005/2006 API Fellows (pp.142-151). Tokyo: The nippon foundation..

徳山拓一──Hirokazu Tokuyama　森美術館アソシエイト・キュレーター。静岡県生まれ。2012年より京都市立芸術大学ギャラリー@KCUAで学芸員として勤め、16年4月より森美術館に勤務。森美術館では17年「SUNSHOWER：東南アジアの現代美術展　1980年代から現在まで」、18年「MAMプロジェクト025：アピチャッポン・ウィーラセタクン+久門剛史」、19年「六本木クロッシング2019：つないでみる」などを担当。平成27年度京都市芸術文化特別奨励者。

PRODUCTION NOTES —— COLUMN

POP-CULTURE

90年代から2010年代のタイのポップカルチャー

文＝木村和博

2003年頃のGig grocery　Photo by Jesper Haynes

ウィスットのデビュー作で、現在も連載が続く『hesheit（ヒーシーイット）』の初期単行本の表紙。Bakery musicの出版部門のKatchで連載をスタートした

木村和博｜Kazuhiro Kimura
Maamaa inc. 代表。1979年生まれ。東京外国語大学、タイ・チュラロンコーン大学で語学留学後、大手メーカー勤務を経て、遠藤治郎のSOI MUSICに参加。タイと日本を結ぶ音楽イベントの他、横浜トリエンナーレや東京都現代美術館「Show Me Thai」展などでタイのアーティストをユニークな形で紹介している。タイの漫画家ウィスット・ポンニミットのマネージャーとしても活躍。

『プラータナー』は1992年の政変「暴虐の5月」事件を起点に話が進む。原作者のウティット・ヘーマムーンは75年生まれの地方出身で、92年当時は高校生だった。本稿では、90年代から2000年代のバンコクのポップカルチャーの状況を概観する。

90年代バンコクの音楽シーンを語るうえで欠かせないのが、音楽レーベル「Bakery Music」だ。大手音楽事務所のグランミー社やRS社に対するアンチテーゼ的な立ち位置で登場した独立系レーベル＆マネージメント会社で、海外で音楽を学んだ3人のプロデューサーのもと、ロック、ポップス、ヒップホップなど数々のミュージシャン及びその周辺クリエイターを排出した。アイドルレーベル「Dojo city」はファッションともリンクし、都市圏の若者に大きな影響を与えサイアムスクエアのシンボルとして「サイアム系」的な現象を生み出した。

ヒップホップのJoey Boyはタイヒップホップ界の重鎮として、現在でも若いヒップホップスターたちへの影響力が強い。漫画家のウィスット・ポンニミット（タムくん）もこの会社の出版部門からデビューしている。特にオルタナティブロック部門の代表バンドModerndog（92年結成、94年に1stアルバムをリリース）は、硬派なサウンドながらも奇抜なパフォーマンスと文学性の高い詩で国民的バンドとなった。彼らは名門チュラロンコーン大学出身で特にボーカルのPodは、ウティットとも親交が深い。バンコクの音楽家、アーティスト、写真家、建築家、学芸員らが集まる「Gig grocery」というサロンを運営するなど、2000年代前半までバンコクのカルチャーソサイエティのリーダー的存在であった。

00年代のバンコクのポップカルチャーといえばインディー音楽の時代と言える。「Panda Records」「Hualampong Riddim」「Smallroom」といったインディーレーベルが99年頃から活動を始める。特に「Smallroom」は、94年にデビューした"タイのフリッパーズギター"とでもいうべき英国音楽に影響をうけたバンドCrubが、その解散後に立ち上げた広告音楽制作兼インディーレーベルの会社で、インディー専門ラジオ「Fat Radio」とともに00年代のバンコクインディーブームの立役者となる。こうした90年代カルチャーに影響を受け、07年頃にはDesktop ErrorやYellow Fangなどの日本の音楽ファンの間でも知られるバンドが活動を開始した。

その後、しばらくは落ち着いて感じられた独立系音楽の動きも、SNSやサブスク系サービス（Apple music、spotifyに代表される月額利用の配信サービス）の影響を受け、この数年で再び活力を取り戻し、18年以降は第2次インディーブームと呼べるようなバンドブームに沸いている。

かなり駆け足で説明してきたが、つまり90～00年代のバンコク／タイはウティットの同年代がリーダーとなって活躍してきた時代である。映画ではアピチャッポン・ウィーラセタクン（70年生まれ）、建築／現代美術のウィット・ピムカンチャナポン（76年生まれ）、文学のプラープダー・ユン（73年生まれ）など、現在も第一線を走る作家は多い。幼い頃から日本の漫画や洋楽や映画に触れてきたタイのポップカルチャー第一世代は、同時に『プラータナー』で描かれた政治の時代を生きてきたのだ。

軍事クーデターを経た19年の総選挙では、40代の党首が率いる若い政党も立候補する。この世代は、今や政治の「主役」でもある。彼らは、何を思い、この時代を生きてきた／生きているのだろうか。

PRODUCTION NOTES —— COLUMN

GEO-BODY

「国家の身体」とは何か？
地理的身体から想像する現代東南アジアのリアリティ

文＝井高久美子

著＝トンチャイ・ウィニッチャクン
訳＝石井米雄（2003年、明石書店）

『プラータナー』は、バンコクに暮らすアーティスト・カオシンが、絵画表現による身体描写を通じ、人間内部に深く浸透する欲求を吐露する様子が、象徴的に描かれた戯曲だ。それと同時に、この物語は、カオシン自身に憑依した「国家の身体」との葛藤としても読み取ることができる。カオシンに憑依した現代タイの「国家の身体」とは何だろうか。その一片を「地理的身体（Geo-body）」という概念を照射することで間接的に想像してみたい。

東南アジア研究の大家として知られる歴史家 ベネディクト・アンダーソンが、著書『想像の共同体』(1) の改訂において、トンチャイ・ウィニッチャクンによる優れた論考を参照し、いかに「地図の作成が、国民主義的想像力にどのような貢献を行ったか」について、入念な考察を行なっている。

「そのはじまりは案外、無邪気なもので、帝国国家が地図の上でその植民地を帝国の色で染めるという慣行にあった。[...] それ（地図）は純粋な記号となり、もはや世界への羅針盤ではなくなった。そしてこのかたちで、地図は、ポスター、公印、レターヘッド、雑誌・教科書の表紙、テーブルクロス、ホテルの壁などに、いくらでも無限に複製できるものとなった。こうしたロゴ地図は、一見しただけで直ちにそれがなんであるかがわかり、どこにあってもすぐ目に入る、そういうものとして人々の想像力に深く浸透し、ちょうど折りから生まれつつあった反植民地ナショナリズムの強力な象徴となった。」(2)

ウィニッチャクンは自身の著書 (3) にて、このロゴ化された地図によって生み出される国民意識を「地理的身体」と表している。ご存知の通り、東南アジア諸国は、19世紀の欧米列強による支配を受け、植民地化されてきた歴史を持つが、その地域にあって唯一植民地化されなかったのは現在のタイ王国であるシャムであり、ロゴ化された地図は、近代前にシャムの人々の間で支配的であった仏教的な空間認知にとってかわった。「地理的身体」という人々の国民国家が想像されることで、それに伴って、国境・主権・周縁という概念がそれまでの封建的なものから転換し、国民国家をかたちづくっていったと述べた。

19世紀以降、東南アジアは第二次世界大戦、そしてベトナム戦争を経験。終戦後は、反植民地主義の勃興による列強からの独立、その後、1960年代には冷戦によって、左右のイデオロギーによる色分けがアジアの国々を染め上げていた。近年は、日本も含めたアジア全域に巨大な中国資本が流入しており（もはや世界全域であるが）、不動産投資や資源の獲得によって、また新たな色分けが進んでいる。

2018年、私は、マレーシアの演出家であるマーク・テとともに、日本も含めたアジアの「地理的身体」を考察する展覧会「呼吸する地図たち」(4) の企画に関わり、リサーチのためにマレーシアとフィリピンを訪問した。1日に10名近いアーティストやキュレーター、研究者、ジャーナリストと面会するというタイトなゲリラ旅行であったが、限られた時間のなかでも、自ずと個人史や家族の系譜について多くの時間を割いていった。なぜなら、一人ひとりの身体に宿る複層的なナショナリティが、とても興味深く感じられたからだった。東南アジア諸国は、ロゴ化（象徴化）された地理的身体からは想像もつかないほど、多様な民族、宗教、言語が複雑に混じり合い、もしくは互いに反発しながら形成されてきた地域である。このようなリサーチ旅行の束の間の交友関係のなかにですら、人々の越境や混血の歴史が、ロゴ化不能な複雑な身体性を思い起こさせた。

いっぽうで、東南アジアの地理的身体は、グローバリズムの縮図として、経済的大国の身体をも容易に乗り移らせてしまう。このような国民国家の憑依によって生じる複層的な身体性こそが、今日のアジアの真のリアリティを表現していると言えるのではないだろうか。

1　1976－79年初版、1991年に改定
2　『定本 想像の共同体』(P290、2007年、書籍工房早山)
3　『地図がつくったタイ』(2003年、明石書店)
4　「マーク・テ＋YCAM共同企画展 呼吸する地図たち」[2018年12月-19年3月、山口情報芸術センター[YCAM]、国際交流基金アジアセンター共同主催]

井高久美子＝Kumiko Idaka　キュレーター。1982年生まれ、愛知県生まれ。東京藝術大学大学院映像研究科修士課程メディア映像専攻修了。2012年4月より山口情報芸術センター[YCAM]スタッフに着任（2019年3月）。14年「地域に潜むアジア：参加するオープン・ラボラトリー」、18年「マーク・テ＋YCAM共同企画展 呼吸する地図たち」等を企画。

第2幕　第1場

2001年のあなた

2001年、タックシンがタイ愛国党を創設。そして首相に就任した。出身地であるタイ北部を重視する政策を進めた彼は、大衆からの強い人気を得るいっぽう、多くの政敵も生んだ。この頃のカオシンの精神は荒んでいた。映画制作の現場で働きはじめたが、演出助手の座はニューヨーク帰りの裕福な帰国子女ファーに奪われた。やがてファーと親密な関係になったカオシンは、プロムポン近くの彼女のコンドミニアムに通っては、お菓子（コカイン）を常用しはじめる。

about SOUND
SE_バンコクのフィールドレコーディング
（俳優向き可動スピーカー出し）

「タックがうろつくシーンで、リハ中に下見に行った先の路地で録音したフィールドレコーディングを再生。鶏の声やラジオの音、バイクの音など、作中に沿った音が録音できたので使用。2018年夏に録った、唯一の現地の音。」

TIPS
タックシン・チンナワット

政治家。1949年、チェンマイ県生まれ。警察中佐を経て、コンピュータのレンタル事業に進出。わずか10年で携帯電話、ケーブルTVなどを扱うタイ最大の通信財閥を築く。94年に外務大臣に招聘されたのをきっかけに、政治家に転身。副首相を歴任したあとタイ愛国党を創設し、2001年に51歳の若さで首相に就任した。
　市場のグローバル化、自由化、IT革命を目指す「タックシノクラシー」を推し進めたほか、実質的な国民皆保険制度「30バーツ医療サービス」などを実行し、地方民を中心に高い人気を誇ったが、その急進的な政策はしばしば王室との対立を生んだ。06年のクーデターで失脚後も、タイ国内に強い影響力を保っている。

1幕目冒頭と同じく、2幕目も同じ俳優（ピッチ）のスピーチから始まる

「2001年のあなたには、野蛮が取り憑いていた」

全員　ピッチーーーー！
塚原　すごいな。やっぱり、ピッチの声は届く。思わず聞いちゃう。
松見　普通に客で正面から見たいですよね。僕らは舞台にいるから絶対無理やけど（笑）。
荒木　（ピッチの出演した）映画も見たいよね。子役時代？
松見　10代後半かなあ。俳優もやってたしアイドルもやってたって。
塚原　自分のルックスについてばかり言われるから、音楽活動も辞めたって言ってたな。

ブーペ　私たち、けっこう右側に偏って集まりすぎてるね。
ジャー　タックシン・チンナワット元首相を「この国の新たな養父」と言ってる。この言葉が好き。このシーンは薄暗いセクシーな照明。
チン　うん。箱の照明しか使ってないから本当に薄暗い（笑）。
ブーペ　座っているあいだ、スラムみたいだと思ってた。この2人のアングル、ずっと見てたから印象に残ってるな。
チン　私はこのコンポジションがセクシーに感じる。遠くから見ていると特に。人だけじゃなくて美術も含めて絵画的というか。

ブーペ　なんとなく裸っぽさがあるのかな？
チン　そうそう。
ジャー　昔、TSUTAYAで何か借りたまま返却しなかったことあるな。
ブーペ　この頃って、みんなレンタルビデオ屋に行ってたよね。ビデオを借りるっていうアクティビティのあった時代。
ジャー　センパイ（＝俳優たちからの松見の愛称）の登場だ！　先輩の短パン姿がムカつく（笑）。
松見　じつはこの日はめちゃ風邪引いてたから、他の日より厚着なんですよ。

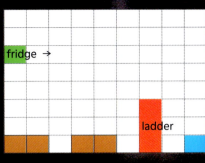

STAGE : 4

第1幕ラストの転換にわずかに手を入れる。2つのトラフィックバリアが舞台前方に移動

ファーの部屋／2001年

チェット・ベイカーの曲のかかる部屋でまどろむ2人。カオシンは数年前の話をする。当時、映画記事のライターをしていたカオシンは、TSUTAYAで出会った青年店員ナームと親しくなり、彼の映画を撮りたいという欲求を持ちはじめる。バイクだけが趣味で、高い望みを持たないナーム。スラム近くにある彼のアパートやカオシンの部屋を互いに行き来し、映画を見たり、アダルトビデオとアート映画の違いについて議論したりした。

個人的な映画の撮影が始まると、カオシンはナームのバイクの後ろに乗って、タルコフスキーの映画を思わせる荒地や廃墟に通うようになる。急スピードで走るバイクは、2人の距離をいっそう近づけた（その話を聞くファーとカオシンの間にも、親密な雰囲気が漂う）。

2001年のカオシンとファー。そこにナームと出会った数年前の時間が混入してくる

ナームとの「個人的な映画」は、舞台上で撮影され、同時に背景に投影される

フー　私は、いつも靴下を見ちゃうな。「今日はどんな靴下を履いているの？」って。

ジャー　私たちの「想像」は先輩の靴下ばっかりか（笑）。

フー　いやいや。モナリサとか、作品のシーンに関係した柄の靴下を香子が選んでるんだよ。毎回違うの。

松見　ここはカオシンがナームの家をはじめて訪ねたシーンで、そこで映像を撮ってたっていう設定。僕がカオシンの撮影役を代替してる。

塚原　ここで大切なのはナームの生活背景を示すこと。この後にアメリカ帰りの金持ちの女の子が登場するけど、他の登場人物とナームの間には暮らしている地域や、文化的な豊かさの点で大きな格差がある。もうちょっと具体的に示してもよかったかもしれないけど、背景で流れている野外音に、鶏の鳴き声とか、バイクの通る音が混ざってて、「これで完璧やな！」ってなった。

荒木　たまたま散歩してて出くわした路地の音の風景。うすーく流れてる歌謡曲は、隣の店のラジオから流れてて、ほんと奇跡みたいな場所だった。

ジャー　映画の路上上映を見てる感じがするな。物がいっぱいあって、大きなスクリーンがあって。まさにタイっ

て感じ。

ベスト　僕もそう思ってた。

大田　格差や身分差の問題ってタイの若者にとってかなり重要なトピックだったから、個人的にはもう少しわかりやすくしたかったな。

松見　リハのときにタックが財布を持ってて、見た目バンパンやけどお金が全然入ってなかった。岡田さんが「そのリアルさがよい」って言ってましたね。

アダルト画像サイトのきわどい盗撮物にインスパイアされたカオシンは、郊外のデパートのトイレに通っては、同性愛者同士の密会を盗み撮るようになる。あるとき、個室の壁に開けられた穴から誰かの男性器が挿し込まれたことがあった。触ることを拒むナームのかわりに、カオシンは自分の手でそれを擦る。
　帰路のバイクで激怒するナーム。「なんであいつのチンコなんか触ったんだ」。その瞬間、バイクはバランスを崩し、2人は道路に叩きつけられた。大怪我を負うカオシン。

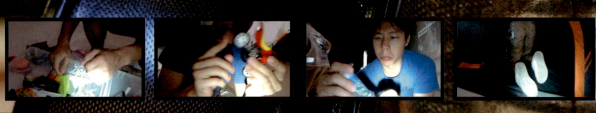

「個人的な映画」で、ナームはさまざまな小道具を拾ったりする

「劇中映画」である映像を、舞台上で眺める俳優たち

バイク事故を片付けるように、女性俳優（ジャー）が舞台上を清掃する

ジャー　ここは、台詞を言う人にとってはかなり難しいシーンだよね。
ブーヘ　そうだね。この長いモノローグを、維持させてくれるものは何か。岡田さんが言ってたのは、カオシンが語るナームの話は、もう過去のものになっているということ。ただ過去の話をしているだけ。だから感情に溺れるのはダメ。
ジャー　観客から見た全景の印象もそうだよね。俳優は、単にナレーションする声であって……朗読みたい。
ベスト　ジャーさんのショットあるかな。先輩のカメラにチラッと視線を送るんだよね。じつは毎回チェックしてるんだ（笑）。
ブーヘ　そして（ジャーは）照れるんだよね？
ジャー　最初は本当に照れくさかったのを覚えている。掃除してて「は？ 私？」みたいな。なんだか盗撮されているよう。公演数が重なると「あ、そろそろ来るぞ」ってわかってるから、心の準備ができてたけど。
ブーヘ　ルッケオさん、綺麗。彼女はからだのラインが綺麗で、舞台上にいるととても映える。
ジャー　さっきのノートの足も好きだな。
ブーヘ　こうやって映像で見返すと、ちょっとでも自然じゃない動きがあったら観客は疑問を抱いてしまうだろうね。すべての動作が意図的じゃないものにならないといけない。

自室で療養中のカオシン／2001年

満足に動けない療養中のカオシンは、ある夜のこと。猫の鳴き声のような奇妙な声に気づく。その声の主は、頭が猫で、身体は赤ん坊。カオシンは、それが金縛りの霊だと知った。「なんの夢を見てたの？」とナームは尋ねながら、カオシンの股間に触れた。薬でもやっているのだろうか？でも、それはコカインではなくヤーバーだ。大衆層で流行の気付け薬（バカの薬）。タックシン政権が厳罰化を進めようとするその薬のことを、ファーも知っている。ナームとカオシン、カオシンとファーのそれぞれのセックスは、まるで同じ時間・場所で行われているかのように重なっていく。

ファーは結婚や性交についての、親世代との価値観の違いを語り、カオシンは同性同士でセックスする際の正常位の難しさについて語る。ナームのアパート周辺では、とある集団を捜索する警察の声と、薬の売人を撃ち殺す銃声が聞こえた。けれどもカオシンたちは気にしない。ナームはカオシンの肛門に精液を放つ。ファーは言う。「映画にしなきゃ。その話を」。

TIPS
ヤーバー

メタンフェタミンやカフェインを混ぜて錠剤にした麻薬。タイでは、トラック運転手が使う眠気覚ましとしてガソリンスタンドで販売されていたが、1970年代に違法薬物に指定。タックシン政権による薬物密売排除キャンペーンの主な対象ともなった。

about SOUND
ノートのワイヤレスマイク
（俳優向き可動スピーカー出し）

「ノートの頬にマイクをつけて、声を拡声。ルッケオとノートの顔が近づいて、1つのマイクを2人が共有する時がいい。」

「なんの夢を見てたの。すごく苦しんでた」

療養中のカオシンのもとを訪ねるナーム。彼は眠るカオシンに寄り添って言う

ジャニ　綺麗な構図。
ファースト　岡田さん、ここはベルトリッチの『ラストタンゴ・イン・パリ』を参考にしてたはず。主人公とヒロインが座ってヤるショットがあるんだよ。
塚原　このあたりの「まぐわい」のアクションについては、みなさんにお任せ（笑）。リハーサルの段階からみんなめっちゃチューするから驚いた。岡田さんは、キスシーンをほんまにキスしながらも、それをどう相対化するかっていうのをたぶん考えてたはず。
荒木　2人がマイクをたまに共有するのが好きやったな。距離が近いから、ノートのマイクを2人で使うのがめっちゃエロい。
フーヘ　芋虫みたいじゃない？そして出産するようにも見える。
ジャニ　ああ！ノートの脚がすごく綺麗！ちくしょう（笑）。
松見　英語の字幕で「彼のチンコが邪魔して自分の穴に入らない」って表現に関して議論がありましたよね。「his dick」って言ってたけど、あれは「our dicks」なんじゃないか？って岡田さんが言ってて。お互いのチンコが邪魔し合って入らないんじゃないかって。
塚原　片方だけのせいにするな、ってことか。
大田　3Pも「threesome」にしたよね。3Pは日本語英語やねんな。

第2幕　第2場

3Pの撮影／2005年

コンドミニアムに集まり、カオシン、ナーム、ファーは3Pを撮ろうとしている。カメラの前で欲望をさらけ出し、セックスを始める3人。

それと並行して語られるのは、タックシンの失脚だ。4年の任期を終え、2期目に入ったタックシン政権は、資産隠し、汚職などを積み重ね、いまや権力に狂った独裁者に姿を変えていた。その邪悪な魔力を暴くには、民主主義の形式のひとつである選挙のシステムを抑止しなければならない。

2006年9月19日、ソンティ・ブンヤラットカリン陸軍大将がクーデターを実行し、タックシンを追放した。人々は街に出て、兵士たちの銃口に花を挿し、悪魔を追い出してくれた軍への情愛を示した。

カオシンは、この政治状況をまったく認識していなかった。芸術家としての人生で、政治家という人種は避けておくべきだから。しかし、カオシンは30歳になっても、まともな作品を何ひとつ残していない。

about SOUND
カセットテープ＿チェット・ベイカー

「岡田さんと、なんか曲でも軽くかけますか、となり、作中でも出てくるチェットベイカーの別曲（Let's Get Lost）を再生。たしか岡田さんが選んだような？」

ナームとのセックスは、やがて2005年のファーとの3Pに移り変わっていく

ナームとファーの交わりを、背後から映像に収めようとするカオシン

塚原　そして3Pのシーン。
全員　きれーい！
ジャニ　ルッケオさんは自分の見せ方を知っているんだよ。
チン　香子さんの衣裳のセレクトも、どこを見せたらいいかよく熟知してたな。顔より脚を出してきた。
ブーペ　脚が綺麗。本当に。
松見　ここからはノートが撮影役で、途中から塚原さんが引き継ぎます。僕は特に指示してないですけど「よい3Pのホームビデオ」をつくろうとしてるシーンなわけだから、画角を気にしようって話がありました。とはいえスクリーンの映像を確認する余裕はないから、進行を記憶して、あとは勘に頼るしかないけど、ここの塚原さんのテキパキ具合がめっちゃ好き（笑）。
荒木　いちばん楽しんでる感あるよな。タイミングが難しいんだよ。
松見　塚原さんとカゲの2カメ映像をスイッチングしてます。
ファースト　空間の真ん中に照明の箱が止まっているのがすごく好きだ。
ベスト　次第に上がっていくんだよね？
チン　タイミング的には二段階。前のシーンの猫の話が始まったあたりで下ろして、3Pシーンに切り替わるとちょっと上げる。それが終わって最後に取り残されたルッケオが立ち去ったら、一番上まで上げる。
荒木　霧吹き担当のウェイちゃんがおもしろくてマイクにめっちゃ霧かけてくるけど、ここのマイクめっちゃ高価なやつで。「まじでやめてくれ〜！」と思ってた。
塚原　ここで高いマイク使う意味ないのに（笑）。アクション指導は一切しなかったけど、みんなノリノリでいいよね。特に、悪ノリはカゲの得意種目。
ジャニ　正直言うと、この絡みのシーンを大きいスクリーンで見るのはけっこう苦しいね。
チン　そういう気持ちにさせるためのシーンだからね。
ジャニ　うん。だから、見てて苦しい。ホームメイドのアダルトビデオなんて思えば気分がちょっと楽になるけど。ここで起きてることは本物じゃないんだって思えるから。
ブーペ　リアルすぎる？
チン　私、このブーペの衣裳が超好き。タイミングとシーンにぴったり合ってる。どう説明すればいいかわからないけど、よく選ばれた色合いだと思う。元気づけられる明るい色であると同時に、やんちゃで悪戯っぽい感じ。

チンが考案した箱型の照明。
可動式で、手動で上下する

TIPS
2006年9月19日のクーデター

反タックシン連合「PAD」とタックシン支持勢力「UDD」の対立など相次ぐ政治混乱を受け、軍部が起こしたクーデター。主導した改革評議会は全国に戒厳令を敷き、タックシン支持の多い北部・東北部タイで厳しい監視を行った。海外出国中だったタックシンは、2008年2月に帰国するまで、17ヶ月に及ぶ海外生活を送ることになる。

架空のアダルトサイト。ドメインは
「www.homemade3some.com」

他の俳優たちも加わり、個人的な3PはAVの撮影現場のように変わっていく

AV撮影の狂乱に、2006年9月のクーデターの顛末が重なっていく

対照的に、他の人たちの存在感はやや落ちて、スラムっぽくなる。ぐちゃぐちゃ。
ブーペ（私の）上から目線の声が、すべてを覆い隠しちゃうのかな。
チン そんな感じ。
ジャー このシーンは、起きていることに無関心な人々や社会に訴えてるようにも見える。同時に、目の前の3Pのシーンのインパクトとも戦っているようにも。でも、どんなにその必要を訴えても……。
ブーペ あいつらはヤリ続けている！
全員 （笑）
ブーペ 上演ごとに驚くくらいに自分の気持ちが変わっちゃう。例えば、彼らを力で抑えつけようとして戦う日もあるのね。「お前ら生意気だ！」って強い対抗心を燃や

す。でも別の日は「誰も聞かないんだね。じゃあいい、私はもう他のことをするわ」って投げやりな気分にもなる。
ベスト ここで描かれてるタックシンの時代って、本当に重要な時代だったよね。ここでヤっている登場人物にとっては重要じゃなかったわけだけど（笑）。
ジャー すべての勢力・派閥の政治ゲームのやり方が変わったように思う。2006年のクーデターの時、私は大学2年生だった。後輩から舞台の稽古の呼び出しがあって、ちょうどその日にクーデターが起こった。市民が銃口に花を挿す光景がニュースで流れてるのを見ながら、「（こんな状況で）まだ稽古をする必要がある？課題を提出する必要あるの？」って、よくわからなくなってた。
ジャー 92年のスチンダーのクーデター（『暴虐の5月』）の時も、人々が銃口に花を挿したっていうニュースが流れ

たのを覚えている。でも、92年はその後に銃を撃ったんだよ。でも06年は撃たなかった。
ブーペ クーデターが成功した後だったはず。だから、06年の花は平和の象徴じゃないんだ。国民からの感謝の象徴の花だった。当時は兵士の銃に花を挿れる意味がよく理解できなかったけれど、今にして思うととても最低。
ベスト そうだね。
ジャー でも、私はその時にほっとしたよ。やっと喧嘩が止まったって。
ファースト 僕は中学1年生頃。父が学校へ車を運転していたら「クーデターだ。じゃあ家に帰ろう！」って。
ベスト 僕は夜に酒を呑んでたけど、タマサート大のランシットキャンパスに帰らなければならなくなったよ（笑）。

第2幕　第3場

未来の幸福の前借り／2005年
コカインで心身のバランスを崩し始めるファー。ある日のこと、ファーはシャワールームで自分の腕を傷つけた。

動画の流出
カオシンがデパートのトイレで盗撮した動画がネットに流出し、ナームの環境は変わった。レンタルビデオ店にやって来て、「性器を触らせてくれたら動画を消してもいい」と提案する知らない男もいたという。カオシンをなじり、これまで自分を利用してきたことを批判するナーム。だが、カオシンは話をはぐらかす。

カオシンの部屋を荒らすナーム／2006年
画像ファイルを探すため、カオシンの部屋に忍び込んだナーム。本棚やビデオテープを漁り、手当たり次第に部屋を散らかしていく。

TIPS
バンコクのコンドミニアム事情
一般的にコンドミニアムとはキッチンや洗濯機などが付随した中長期滞在用の宿泊施設だが、バンコクでは住居として使っているケースも多い。

これまでのタイの家といえば、土地付きの一戸建てか商店も兼ねた3階建ての長屋（ホン・テーウ）が一般的だったが、不動産バブルが盛り上がった1993年以降、投資目的のコンドミニアム購入が大ブームに。最初の数年間、そして98年の通貨危機以降のコンドミニアムはほぼ無人のゴーストタウン化していたというが、現在は居住空間として活用されている。

ドラッグ中毒に陥ったファーは自殺未遂事件を起こす

ネットに流出したトイレでの盗撮動画の件で、カオシンになじられるナーム

松見　ひと段落すると、音楽が流れはじめる。
荒木　チェット・ベイカーね。ここは明確に指定がありました。冷蔵庫の上にカセットデッキを置いてます。
ジャー　このシーン好きだな。音楽も好き。
塚原　ここの荒木くんの漠然とした佇まいがすごいよね。
荒木　猪八戒みたいな感じでしょ（笑）。
大田　ルッケオが冷蔵庫によりかかると、動いちゃうんよね。だから荒木くんが密かに固定してたんやな。
荒木　そう！　単に長い棒持ってるわけじゃないんです！
塚原　ごめん、ちゃんと理由があった（笑）。
ジャー　第2幕って怖いよ。演じながらそう思った。いろんなことを自分のなかに受け止めることの怖さ。
プーペ　ストーリーが、人間の恐ろしさへと導いていくから？
ジャー　いや、役者の立場としてね。状況を受け止め続けて、突然自分が語り手になるけれど、どこに行けばいいかわからない。自分の感情をセーブしすぎるのもダメで、その気持ちを受け止めたうえで、どうやって次へ進めばいいのか。
プーペ　受け止めて、それを置いて、そして演技を続けるみたいな感じ。私たちはその物語を演じている俳優を、さらに演じているわけだから。
ベスト　みんながカオシンだからね。カオシンに見せるために、みんな演じている。
ジャー　そうだね。たまに自分自身に自分の経験を見せるとしたらどうするだろうと想像する。「過去はこうだったよ」と言い訳っぽく振る舞うのかもしれないけれど、それは自分を騙すようなものでダメ。本当のことは違うんだ。
プーペ　このシーンのノートが最低だと思う日がたまにある。つまりキャラクターとしてね。ナームへの返事を避けて、質問を無視して薬の話に切り替える。そんな答え方をするお前は、最低！　自分自身も彼なのだと思うと、「私／俺はなんて最低なことをしているんだ」って思う。
ジャー　はじめてこのシーンを稽古した時、岡田さんはすごくスマートだと思った。本当の暴力を感じたから。「そう、これだ！　これが階級の爆発だ！」って思った。
チン　私はこのシーンが嫌い。物が割れるのがイヤ。物が壊れることからもたらされる危険が本能的に怖い。
ジャー　物語上でも衝突を扱う大切なシーン。ナームや、彼が背負っているものの怒りが、破壊というかたちで現

第2幕　第4場

PADのデモ／2006年

PADのデモ集会にファーと参加するカオシンだが、映画業界、音楽業界、俳優の友人たちがタックシン体制に反対する演説や演奏を行う集まりに違和感を覚える。

会場で見かけた、若い頃に焦がれた女性詩人の姿は大きく変わっていた。彼女はインターネットでタックシンへの苛烈な批判に溢れた論考をアップしていた。そこに美しい詩はもう存在しなかったが、彼女を賞賛する声は多かった。

カオシンはファーを誘う。「ねえ。部屋に戻って続きをしよう。黄色い光の中で、めちゃくちゃになろう」。

傷ついた？／2006年

散らかったカオシンの部屋に帰ってくるとナームがいた。彼は、動画を消してもらうために知らない男に会ってきたのだという。あの動画は目の前で削除されたが、その数日後、男とナームがやっているところを盗撮した新しい動画がアップされた。ナームは尋ねる。「まだぼくのこと、愛してくれるの」。

TIPS
民主主義市民連合（PAD）

Peoples' Alliance for Democracyの略。タックシンの強権政治に反対するグループとして2006年2月に発足。メディア・出版王のソンティ・リムトーンクンと、「暴虐の5月」事件で知られるチャムローン・シームアンが中心となり、10万人規模の反対集会を行うなど、大きな影響力を持った。ラーマ9世のシンボルカラーである黄色のTシャツやスカーフを身につけることから「黄服・黄シャツ」とも呼ばれる。王室擁護派、都市中間層の市民が多く参加すると言われるが、現在はより多様な価値観を持つ人々の集団と言える。

ちなみに中心人物であるチャムローンは、指導者養成塾を運営し、国軍、実業界、政界などに大きな影響力を持っている。第1幕で言及されたサンティアソーク教団の支援者でもある。タックシンを政治の世界に導いたメンターだが、98年のタイ愛国党結党を境に決裂。

自暴自棄になったナームはカオシンの部屋に侵入し、手当たり次第に破壊する

PADのデモに参加したカオシンとファーは、現実から逃れるようにキスをする

れる。中流階級に生きる、ちっぽけなカオシンの安定を破壊した。

ブーペ　でも、結局できるのはただ彼の部屋を荒らすだけなんだ。激しそうに見えるけれど、結果は些細で小さい。

ベスト　彼の部屋を壊して、そして彼に見せつけるように死ぬ。

ジャニ　そう。結局彼に見てもらいたかっただけ。

ブーペ　悲しいよ。

ファースト　公演の最初の頃は、このシーンになると、みんな別の方向ばかり見てたよね。

ジャニ　だって暴力は見たくもないし、関わりたくもないでしょう。

ブーペ　私たち自身が中流階級の出身だから、そこからみんな逃げてしまう。

チン　私もずるいことをした。照明を暗くしてしまった。

塚原　ここから再びベルトコンベアを動かし始める。これは、このシーンの直後に死んでしまうナームを予兆するものというか、写真とかバイクとかコンドームとか漫画とか、彼にまつわるアイテムを流していく。

松見　ナームがまき散らかしたものをベルトコンベアに乗っけるんですが、最初の頃はみんな熱心に集めすぎて、片付けてる感が出てしまった。

塚原　岡田さんから「やりすぎないでくれ」ってリクエストが（笑）。これが重要アイテムのバイク。タイの100円ショップみたいなところで20バーツ（約60円）で買ったおもちゃが大活躍。

大田　意外なものが、すごい活用されてたね。

荒木　ちょっと要素多すぎる気もするけど、バンコク公演はちょうどいい雑さがあったね。

大田　パリ公演は、段取りが整いすぎてカオス感に欠けたかな。洗練されすぎ？

塚原　それをカオス方面に寄り戻すのが、また難しいんですよね。

ブーペ　私的に、このシーンのナームはとてもナイーブに感じる。動画を消してもらうために知らない男の家に出向くなんて。絶対に隠し撮りしていると予想できるはずなのに。なんて世間知らずなんだろう。

ジャニ　ナームは素直な子なんだよ。

ブーペ　わかるよ。だから、なおのことつらい。

| 第2幕 | 第5場 |

ナームが死んだあと／2006年

高級コンドミニアムでのパーティーに参加していたカオシンとファーは、捜索にやって来た警察に身柄を拘束される。名門家系の居宅や有名人に守られたコンドミニアムは、簡単に人が撃ち殺されるスラムの小道とは違うはずなのに。放免されたものの、実家で薬物依存の治療や厄払いの読経に参加する耐え難い暮らしを送っていたファーは、やがてニューヨークに移り住む。

ナームの遺体は実家に送られ、寺で葬儀が執り行われた。彼の身体は煙となって空に消えたが、性的感情を喚起するむき出しの世界のアーカイブのなかで、もうひとつの形象は飛び舞っている。世界の誰かが再生ボタンを押すたびに。

TIPS
インラック・チンナワット

タックシンの妹で、タイ史上初の女性首相。2011年の就任時はタックシンの操り人形と批判されたが、経済の好調が追い風となり支持率は高かった。だが、14年に職権濫用の疑いなどで失職。その後、国外に逃亡した。

白黒の「個人的な映画」はナームの死を悼むようだ

「青年が向こう側に飛び出した。命がドンッと鳴る、大きな音がした」

ジャー このシーン、ほとんど真っ暗だね。
チン この後に、さっき先輩が撮っていたナームの映像が投影されるので暗くしておく必要があったんだよ。
塚原 松見くんがさっきリアルタイムで撮っていた追悼映像が流れて、ルッケオが話す。
大田 ナームがバイクを持ったりしたあと、表情が見えるところまで待たないといけないから、すごい待機時間があったな。
ベスト かなり長かったです。
チン でも、すごく気持ちいい「待ち」のシーンだよね。
荒木 みんな、じっと見てるなあ。タックのベルトについてる「PIRELLI」のロゴ、かっこいいよね。
塚原 これはキョンちゃんのよい仕事。小道具としてPIRELLIのタイヤを買ってきたんだけど、その包装紙を渡したら、ベルトに貼り付けてくれた。
大田 お、やっと顔映った！そしてみんなが動き始める！
ジャー この後は着替えたりトイレに行く必要があるから、みんな片付けが素早いんだ（笑）。
松見 映像がさすがに長すぎるんで、じわーって再生速度上げてる回もあるんですよ、じつは。
ブーペ 表情が見えるとビデオの印象が変わるね。
ジャー そして「映像を通してみると、その人が実際以上に重要に見える」って言っちゃうんだよ。酷いよね。
チン でも、私はこのシーンがすごく好き。意図的に感動的にならないようにしていて、だからこそ感情が動く。すべてが一点にまとめられてるところが好き。
ブーペ さっきまであんなに散らかっていたのに。超アメージング。
ファースト すごく気持ちいいよ。散らかってたゴミが全部、すっとなくなってしまうから。
ジャー まさにビッグ・クリーニング・デー（笑）。この作品で、タックのファンが増えたんだよ（笑）。
ブーペ マジで！
ジャー ファーストのソロ！
塚原 天才のシーン！
ブーペ 超好き！ 今日はどんな風に脚とタイヤを捻じ曲げるのか、毎回楽しみにしてた！
ファースト かんべんして〜。ちょっと僕は離れていようかな（苦笑）。
ブーペ でも、本当によい演技。辛いソムタムを食べてるみたいな気持ちになるんだよね。
塚原 この時の衣装、僕はすごい好き。MADのTシャツ。

第2幕　第6場

炎上／2011年

女性詩人の書いた、ニュースサイトの記事。「タックシンの政党は復活を遂げてしまった。選挙によって。悪の民主主義によって。教育に欠けたイサーンや北部の人々、下層階級の人間どもによって。インラック・チナワットという女性首相とともに戻ってきた闇に私刑を加えよう。殲滅しよう」。
　その記事にカオシンが書き込んだ意味深なコメントは、大勢に詮索されはじめ、やがて実名が晒される。冷徹なオンラインの世界で、わたしたちは燃やし焦がされる。血が流れることが望まれている。

TIPS
新未来党

2019年3月24日に行われた総選挙で軍事政権打倒を訴え、ミレニアル世代の若者から多くの指示を集めた新進政党。オレンジがキーカラー。選挙後、党首のタナトーン・ジュンルンルアンキットは15年に反政府デモで扇動を行った容疑や、選挙法違反容疑で告発された。違反が確定した場合、タナトーンは議席獲得の権利を失う（4月23日現在）。

STAGE：5

ladder standing
move at 50
fridge
later

脚立が舞台上手奥に移動。冷蔵庫を中心にしてゴンゾムーブメントのシーンが展開するため、舞台前方に大きなスペースが設けられる

about SOUND
ビート②（スピーカー全体出し）

「ファーストの長セリフ中に、デモビート②。このあたりから演技が本来の客席に向けて行われるということもあって、映像でタマリンドも出るし、アクセント的に。」

反タックシン派へのカオシンの投稿とその顛末を、俳優（ファースト）が語る

「あなたのアカウントが調べられた。あなたの血が流れることが望まれていた」

あと、マントは某航空会社のブランケット。
松見　帰りの飛行機で一枚確保しといてくださいって指令が（笑）。
チン　ここは照明的にすごく重要な部分で、急にステージライトを使う。
ペスト　カオシンであることを観客に投げかけるように。
ファースト　冷蔵庫の上にはオレンジの靴とタマリンドの木。後ろの背景にも映ってる。
松見　ここでサブリミナル的に首吊りの写真が一瞬映る。タマリンドの木の配置が、なるべく写真と同じ画角になるように意識してます。
ブーペ　靴について質問されたりした？ 私は、ある観客から真剣に聞かれた。「何か意味があるはずだ」って。先輩のカメラもずっとそれを追いかけてるから。私は「あなたが観て得られたことと同じだろう」って答えたけど、引き下がらなかった。
ジャー　新未来党って言っちゃえ（笑）。もうすぐ、新しい未来が来るという予兆。
ブーペ　『プラータナー』は新未来党に買収されたんだ（笑）。
ファースト　悠也、もう（オレンジは）使えないよー。
塚原　この靴、バンコク現地採用やってんけど（笑）。オレンジをキーカラーにしようっていうのは僕が現場入りする前から決めてたし。ベルトコンベアのアイデアもそう。
チン　黄と赤が混ざるとオレンジだって言ってたよね。
塚原　それは若干、後付け。この作品って、赤（タックシン派）か黄（王党派）かといった政治的な選択をすべきではないと思ってた。そもそも1年前くらいから蛍光オレンジがマイブームやったこともあって、じゃあ『プラータナー』で自分のなかのオレンジを成仏させようと。
ペスト　でも、あの靴を本気で考察しようとすると、解釈が広い。いろいろ考えられる。
ジャー　流動的！
ブーペ　この章は、すごくスカッとする。最近起きたことについて、言いたいのに言えないことをすべて代弁してくれてる。
ファースト　これまでの4つの章とは違う感じだ。ずっとシーンに出ていなければいけない。座って見るような時間はもうない。みんな、今すぐ話を聞くんだって。
ジャー　これがメッセージだ。聞け。
ブーペ　当時の私は、バンコク県の放送局でアナウンサーとして働いていて、いろんな考え方の溢れる状況のなかにいたよ。自分自身と葛藤して、反対側に傾いてしまっ

こういったことが、かつても起きた。草地の上を引きずられ、タマリンドの木に吊るされる。魂の抜けた身体の口に靴が突っ込まれ、語ることは許されない。特定の人々の欲望のためだけに、不可能が歪曲され可能となる。アピシット・ウェーチャーチーワが新政権を樹立し、軍の庇護下にある国家を運営しはじめる。

美には政治がない

美にはわたしたちを変えてしまうだけの力がある。カオシンは、赤と黄の思想の両方を嫌っていたが、それらの側に存在する美の、FacebookやInstagramをフォローした。

ニール・ウールビッチ　06 October, 1976

TIPS
血の水曜日事件
（76年10月6日事件）

1973年に15年間続いた軍事政権が崩壊し、それを契機にタイの民主化は大きく進展した。しかし、危機感を抱いた保守勢力が巻き返しを図り、反共運動が拡大。そして76年10月6日、学生・活動家と右派団体・警察がタマサート大学内で衝突し、前者に多数の死傷者を出した。右派の男性が左派学生の遺体を木に吊るし、椅子で打とうとする写真は77年にピューリッツァー賞を受賞。21世紀の政治動乱のなかでも繰り返し言及される重要なイメージとなった。

冷蔵庫の上の靴を手に取り、観客に問いかけるように語る俳優（ピッチ）

意味ありげな微笑みを残し、暗闇のなかに去っていく

た。そして、それはPDRCがデモ活動をする時代まで続いた。彼らが使っていたホイッスルの音を、ニュースで毎日のように聴いていた。そして、それがどんな方向へ導こうとしているのかもわかっているから、日々心が蝕まれていた。
ファースト　この「タタッタタ」っていうサウンドがいいんだ。
ジャー　演技の助けになった？
ファースト　これがなかったら演じられないよ。正直に言うと、最近のバリ公演ではなんの想像も見えなかった。流れに任せてた！
ジャー　岡田さんが読んだら怒るぞー。
ファースト　困ったな（苦笑）。

ベスト　「私たちは黒く乾き、私たちは燃やし焦がされる」。
ファースト　なんだか運動会の掛け声みたいだ。
ブーベ　私たちは！燃やし！焦がされる！
ベスト　日本公演、また盆栽を探さないといけないな。
ジャー　吊るされた木、タマリンドじゃなくて鳳凰木っていう説もあるよね。結局どっちなの？
ベスト　王宮前広場ならタマリンドじゃないかな。鳳凰木があるのはタマサート大の中。
ジャー　タマサート大にはタマリンドの木はないっていう記事を読んだけれど、つまりね、何も信じられない。私たちは何を信じればいいかわからない。
ファースト　そうだね。
ベスト　とにかく、吊るされた人はいた。これだけは確か。

ジャー　観客は、1幕と2幕でピッチがシャツを変えたってわかるかな（笑）。
チン　私知らなかった！
ジャー　生地が違うんだよ。あと、かたちも。第1幕のほうが学生っぽい。
ベスト　そう。これは完全にワーリーじゃなくて、同時にカオシンでもあるから。
ブーベ　あ！振り返る瞬間を見て！
ジャー　さすが映画俳優。
ブーベ　このショットを見ると、フェルメールの《真珠の耳飾りの少女》を思い出す。

第2幕　第7場

縛られたい欲望／2016年

ワーリーは自分に触れることを求めるが、カオシンはその先に生まれるぎこちない感情や関係を警戒する。道徳家のように一般論を話して自分からは何もしようとしないカオシンを、ワーリーはからかうように批判する。「あなたは縛り付けられることを欲望している。自分が定めた制限や規則に罪悪感を覚えずに済むから」。ワーリーにされるがままのカオシン。

TIPS
人民民主改革委員会（PDRC）

タイ最古の政党である民主党傘下の武装組織で、ステープ・トゥアックスパン元副首相が創設。タックシン元首相派の集会を襲撃するなど暴力的な実力行使で知られ、赤白青三色の国旗柄とホイッスルは活動の象徴だった。ステープは10年のデモ隊強制排除の司令官を務め、14年にはバンコクの主要交差点を封鎖する「バンコク・シャットダウン」も主導している。

TIPS
アピシット・ウェーチャーチーワ

2008年から11年まで首相を務めた政治家。イギリスで生まれ、オックスフォード大学で経済学の修士を得た。国粋主義・民族主義にもとづく強硬的な政策を掲げ、2010年5月にはラーチャプラソン交差点でのデモ隊の強制排除を実行。一般市民約90名が死亡した（「暗黒の土曜日」事件と呼ばれる同件では、取材中だった日本人カメラマンも亡くなっている）。首相退任後の13年、発砲を許可した責任でステープ元副首相とともに起訴されるが、17年に無罪が確定。

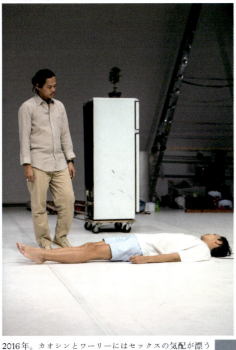

2016年。カオシンとワーリーにはセックスの気配が漂う

2人の股間に向けられた、「男性器」のようなマイク

ブーベ　カゲさん、このシーンではすごくミステリアスだ。
シャン　ビッチの目線！「ハメよう？」って誘惑するんだけど、公演ごとにどんどんヤバくなってくんだ、誘惑が（笑）。
ブーベ　小さいシーンだけれど、超盛りだくさん。
塚原　ここは、「皮膚の沼」が最大の威力を発揮するシーン。じつは上演のあいだ、常に僕や俳優の皮膚や服をスキャンした画像を床面に投影してるねんけど、それがくっきり見えてくる。
チン　ここで照明をまったく使わなかったのは、ちょっとした実験。プロジェクターがあるから「（状況が）見えない」という風には感じない。
塚原　僕の太ももの毛がキモい（笑）。
大田　グッとくるよ。
チン　うん。（塚原のパンツの）水玉模様がむかつく。
松見　ビッチが寝そべったら徐々に映像の速度を上げるんですよ。心拍数が上がるみたいに。
塚原　そうなんや。
チン　この暗さはいつも不安だった。（俳優は）見えるのかな、転んだりしないかなって。
ベスト　実際には、そんなに暗く感じないよ。でも、たまにマイクにぶつかったりする。夢中なんだろうね。動きに集中しているから。
塚原　とはいえ、俳優のみんながほとんどぶつからないからすごい。
荒木　ぶつかっても「まあ問題ないわ」とも思ってるしね。直しに行けばよいし。
ベスト　ウェイは物語の冒頭と後半ですごく印象が変わるキャラクターで、このシーンは特によい。
塚原　ここは自分も参加してて楽しい。お客さんからわからんかったはずやけどパリでは床に頭をぶつけた。そ

肉体における徐々の崩壊

何かを欲する欲望は、カオシン自身にも痛みを与え、それを手に入れた頃には自分の人生も崩壊している。愛の欠落した欲望を身体に入れる。満腹になれば止める。渇きを満たすためだけの行為。そういうものをカオシンは望んでいた。

マッサージ／2016年＝足たち／2010年

ワーリーの両足に挟まれるようなかっこうで座ったカオシンは、フットマッサージを始める。汚いものに触れる足は、大切にしていないということを示すのに用いられる。解剖学の授業で、カオシンは同じ人間の足と顔の大きさは同じくらいなのだと習った。だが、足が顔に変化することはない。腕、手、顔に幸福を享受させるために、足は忍耐とともに生計を立てている。

アクロバティックな姿のワーリーに、カオシンはセルフフェラをさせようとしている。

TIPS
タイにおける「足」

タイ王族による著作には、社会の成員を身体の各器官と比較する「有機的国家論」が数多く記されている。「国とは身体のようなもの／王は魂（中略）／王侯貴族は両手／軍は足（中略）」（ラーマ1世）。また、ラーマ4世の親王であるワチラヤーナワローロット大僧正は「髪は、毛は人民と比べることができる。一本欠けてもどうということはない。しかし、多くかけると、薄く見える」と書き残している。

about SOUND
カゲとビッチのシーン（スピーカー全体出し）

「カゲがビッチをのけぞらせて対話する声を、ひとつのコンデンサマイクで拡声。マイクをビッチの股間に向けると、2人の声を一番よく拾う。」

TIPS
ビッグ・クリーニング・デー

2010年に発生したデモと、その鎮圧後に起きたボランティアによる清掃活動（折り込みマップ内のスポット「ラーチャプラソン交差点」を参照）。

ワーリーの足を揉むカオシン。「気持ちいいか？」「マッサージできるの？」

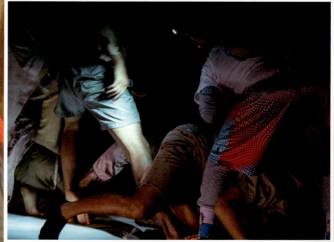
マッサージの背後で進行する俳優たちの格闘シーン。崩れる肉の塊にも見える

の瞬間、真顔のマックと目が合って、思わず笑ってしまった。その流れで彼の足をガッて噛んだら「Fuck'n Crazy！」って小声で叫んどった（笑）。
ペスト 悠也が演技に加わると質量が変わるんだ。全体が安定してるように見える。
ジャー 下の方にいすぎないように気を付けないといけない。じゃないと抜けられなくなる。
塚原 僕自身は、（みんなの）補助からはやく卒業して、自分を解放するぐらい動きたいとは思うねんけど、ある程度補助しないと怪我人が出てしまうから。エーちゃんから言われたのは、役者ってそんなにフィジカルな訓練をしてないから、ドライブかけすぎると危ないってこと。だから基本はみんなを補助しつつ、落ち着かせるのが役割。パリを経て、東京ではもうちょっと楽しめるようになってるといいけど。
荒木 ここのカゲのマッサージ、見るからにテキトー（笑）。なんか知らんけど、タイっぽくない？
プーペ タイ式マッサージだからだよ（笑）。パンパンパンって、足の裏を叩く。
塚原 まさにここで、足の話がめっちゃ出てくるんですよ。ある批評家が面白いこと言ってたな。足の話、脚立に大きな意味がある、と。「王様の足元に民衆がいる」みたいな表現がタイにはあるらしく、だから脚立がとても効いている。漢字だとまさに「脚（足）」ですよね、って。そして「最後は脚立が倒れるんですよね……」と、しんみりした顔で言ってました。
ペスト このシーンの「頭」と「足」の意味、外国人にわかるんだろうか？
ジャー 日本人はわかるんじゃない？ インド人ならきっとわかるはず。アジア人の把握する身体の意味。ここ、自分の芝居が少しダルいなー。
チン でも、『プラータナー』の物語って、こういう時間の感覚だと思う。輪ゴムを引っ張っているみたいに弛

2010年。足たちは狙撃され、抑圧され、口を塞がれる。だが死ぬわけにはいかない。夕飯を買って、家に帰って妻と子どもに会うんだ。そして突然、ひゅうっと消える。その社会は、誰が来て、誰が消えるのかに関心を払わない。手も汚さず、責任を取らない社会の興味は、そこにいる人間だけ。そして去っていく人間にいつも意味を与える。

ビッグ・クリーニング・デイ／2010年
ビッグ・クリーニング・デイに参加したワーリーは言う。「ぼくは誰も殺してない。ただ街の掃除をしただけだ」。

TIPS
反独裁民主戦線（UDD）

2007年5月に結成した、タックシン元首相支持者を中心とした市民団体で「タックシン派」とも呼ばれる。また、赤色の衣類を身につけていることから「赤服・赤シャツ」とも。2008年12月に発足したアピシット政権下で特に激しい抵抗を見せ、09年にはバンコクの主要道路を封鎖、東アジア首脳会議に乱入し中止に追い込むなどし、それまで非暴力を訴えていた同グループに粗暴なイメージをもたらした。
　10年3月にはタックシン一族の資産を凍結する司法判断に抗議し、首相府や民主記念塔のある官庁街の大通りを占拠。それに対して、アピシットはバンコクとその周辺に治安維持法を発令し、治安部隊5万人を投入した。5月後半まで続いたこのデモを巡っては、銃撃や爆発で90人超が死亡、2100人以上が負傷。また、暴徒化したデモ隊によりショッピングモール「セントラル・ワールド」をはじめ37の建物・施設が放火されるなど経済面に与えたダメージも甚大だった。

「足は、大切にしていないということを示す行為に用いられる」

「足は、忍耐とともに生計を立てている。腕、手、顔に幸福を享受させるために」

緩しているけれど、まだ硬さもある。特にこのあたりはその印象が強い。悪くない。
ペスト　輪ゴムみたいに奇妙なかたちになって、過去が自らを歪めている。
ジャー　さっきの私のモノローグ、パリとバンコクでは意識して違う演技にしてた。バンコクでは、あまり共感しないように演じてた。難しいんだけど、出来事そのものの想像ではなく……例えば「死角から銃弾が飛び出す」あたりは、逃げる野生動物を想像したりした。なぜなら、私にとって共感したくないことだから。でもパリの時は、フランスの観客にはわからないことだから具体的に事件やニュースを想像してみた。その結果は不明だけど。
チン　アクションを起こす力が重要なんだと思う。アクションが張り詰めて張り詰めて……。
ジャー　解放される。社会と同じだね。だんだんよくなっていくように見えるけど、結局どこにも行けない。
ジャー　2010年のデモ鎮圧が終わった後、銃撃が止んだ翌日に私とカゲは車で出かけた。いたたまれなくて、現実がどうなっているのか見ておきたかった。すべてがぐちゃぐちゃで、バンコクは静かだった。戦勝記念塔に向かうディンデーン通りには車の残骸とかいろいろ。よくわからないまま歩いていたら「このエリアから出てください」というアナウンスが聞こえた。そこにはまだ兵士がいたの。怖かった。サイアム・ワンの向かい側の水道管から滝のように水が流れて綺麗だった。カゲも映像を撮っていたっけ。それは、もうどこに行っちゃったかわからないけれど。ディストピアのようだった。

第2幕　第8場

同情を誘う身体／2016年

カオシンは自分の身体に老いを感じる。肩と腕が引きつるような姿勢で眠ると、いつも金縛りが起きて首すら動かせない。もしも天井に目があれば、カオシンの意識と真っ向から対立するものが見えるだろう。わずかに痙攣するだけの、悲しげな身体。

舞台下手奥で、スマートフォンの向こうのカオシン(カゲ)と通信するワーリー(ビッチ)。その表情は客席からはうかがい知れない

about SCENOGRAPHY
オレンジの靴

「この舞台では、どこに何があるのかすべては把握できない。いっぽうで、小道具には小道具自身の運命がある。あるシーンで採用されたり、しなかったり。そこにあるのに誰にも見てもらえなかったり。このオレンジの靴は結構移動するな、恵まれた運命にあるなと気づいてから、転換中に何処にあって誰が拾うのか、その命運を辿ろうと、撮影してもらっている。転換のメタファーでもあるが、物語にも多少の影響を与え始めた。」

カオシンの寝るときの姿勢を真似る俳優（マック）

LINE通話。カオシンは、自らの衰えた肉体をモニター越しにワーリーに見せる

フーベ　カゲが、とても儚く見える。カオシンは大芸術家なんだよ。ずっとクールだったのに、この瞬間に普通の一人の男になってしまっている。ただ、相手とヤリたいだけ。仰天するほど、普通過ぎる。
シャー　いまはただの性欲まみれの人。
大田　ファーストが話してると、マックが前のほうに出てきて横になる。これは何をしてるんやろ？
松見　寝るポーズの説明をしてるんですよ。「寝るときに楽だった姿勢は両腕を頭の上に置くものだった」というテキストをそのままなぞってる。
荒木　でも、腕の位置間違えてない？ 頭の後ろで組んで枕みたいにしちゃってる。
塚原　そこは俳優に委ねている部分。岡田さんも僕もそこまでコントロールしようとは思ってないから。
大田　あまりにも意図と違っていたら指摘するけど、岡田さんは基本的にお任せよね。それは、演劇の力みたいなものをすごく信用しているから。どの作品でもそう。何をやられても（演劇は）成立するという前提がある。
塚原　それは僕も驚かされた。提案がどんどん採用されていって、もはや「そっちで決めてください」ぐらいの勢いでした。
松見　ここの場面、ビッチとカゲは実際にオンライン通話してます。角度的に僕と荒木さんは通話画面が見えるんですが、めっちゃ面白い映像になってます（笑）。
荒木　じつはビッチ、SNOWで遊んだりしてるやろ。猫になったり。
塚原　さすがやなあ。クライマックスやのにそれができる。俺らは4時間近くやってきて、もう明治神宮の森のように清らかな気持ちになってんのに（笑）。
フーベ　私たちずっと寝てるから、ビッチがどう演じてるのか見たことない。
荒木　この、ブリケツ見て！『プラータナー』ベスト！
塚原　見事ですよね。「桃(尻)」ってこういうことやんな。

第2幕　第9場

オンライン通話／2016年
LINE通話をするカオシンとワーリー。カオシンは自分の素肌をディスプレイ越しに見せつけ、若いワーリーとの違い、そして24年前の少年だった自分といまの自分について考える。

政治を意識しはじめた自分に、「本当に変化を感じたのか？」という言葉を投げかけた教師。もしカオシンなら、ワーリーにどんな言葉をかけることができるだろう？　互いに自慰を見せ合っているうちに、ワーリーは自分の性器を口で上下させていた。同じ場にいたなら、カオシンは少年の頭を押さえつけ、自分のものを根元まで飲み込ませたいと思った。

PDRCのデモ／2013-2014年
この時期に続いたPDRCのデモの動静は、ほぼすべてのテレビで連日レポートされていた。軍隊は遠くから状況をコントロールするタイミングを窺い、100万の人々はコメディアンや俳優たちがステージに立つイベントに興奮していた。インラック首相をシャム国史上に残る不名誉と罵り、道徳や善は「人は平等だ」という思想によって破壊されたと大勢が嘆く。「農民は米を植えていればいい。ほどほどに生きろよ！」。

ショッピングモールで爆弾テロが起こり、レストランの駐車場では白昼堂々銃声が響いた。

麻痺した国家の身体
インラック政権が議会の解散を宣言し、選挙の実施を発表しても、事態は収まらない。国家の身体は麻痺している。誰が命令を下し、操っているのか、今さら隠す必要もない。

about SOUND
尺八30%（スピーカー全体出し）

「不穏な感じでもあり、聖なる感じでもあり、時空を越える感じでもあり。」

デモの状況を語る俳優（ファースト）の背後では、民衆によるリンチが進む

舞台の前後を分断するベルトコンベア。2台のカメラは「状況」を多元中継する

プーペ　これは武器やね！
ジャー　ここは観客が加害者になるような印象を与えるね。役者が死んだように寝転がっていて……。
プーペ　これはあなたとあなたたち（観客）のした結果。
ジャー　カゲと観客の関係が、鏡像のようになっている。
ジャー　ファーストは何を持ってるの？
ファースト　香子に「持ってて」って言われたんだけど、いまだにそれが何だったのかわからないまま（笑）。
塚原　ここで人力ベルトコンベア。『プラータナー』に登場するあらゆるコンベアの原型。でも、パリでは客席の構造上再現できなかった。東京でも難しいかなあ。

大田　ちょっと考えてみるわ。
ジャー　後ろにいる私たち、まるでダンスをしているみたい。
チン　私の場所からは何をしてるか見えないけど、時々、喘ぎ声みたいなのが聞こえてくるのが好き。でも怖いんだよ。大勢が人を殺そうとしているみたい。
ベスト　KKKの儀式のよう。
松見　この分割画面の映像、すごくよかった。ベルトの両面を向かい合わせのカメラが映し出す。ここで流れてくるのは王宮前広場に群衆が集まってデモをしている写真とか、ちょっと政治的な画像を使ってます。
荒木　ここの音楽は、とある尺八の曲を再生速度30％にしてリバーブを多めにしたもの。

塚原　めっちゃいい。おどろおどろしい印象もあるけど、けっして怖くはない。ノリとしては『プラータナー』のすべてを総括してる感じ。で、この時の僕は次のシーンのために、ピッチのお尻にカメラと照明を合わせることに全神経を集中してます（笑）。そしてそのあいだにタックは冷蔵庫からビールを取り出して、床にこぼす。
ファースト　おお、（ビールが）もったいない！
ジャー　タックは、汚す仕事が得意。この作品にも合っている。ぶっかけ。さらに「シンの水」だけに。
プーペ　照明かっこいいね。舞台前方が帯状になっている

デモにおける流血／ＡＶにおけるぶっかけ

デモ集会で起きた衝突で、一人の人間が銃弾に撃たれる映像をカオシンは見たことがある。とめどなく流れていく真水のような血。それはアダルトビデオの大人数での性交やぶっかけのシーンを想像させた。ものが勃たない脇役の男優は、それでも自分自身を刺激して演じ続けなければならない。やがてカメラは愛想を尽かし、脇役は画面から外れていく。物語も感情も主役のところにあり、あなたにはない。カメラの外で脇役たちは自分の傷を舐め、主役たちはトンロー周辺の有名レストランでパーティーを開き、万歳を叫ぶ。2014年5月22日。公共の場でサンドイッチを食べたり、ジョージ・オーウェルの『一九八四年』を読む。そういったシンボルを用いた反対運動を行った若者たちも、軍人に拘束され、宿舎に連行されていった。身体は過去の意思に操られて動く。その身体は憑依から再起して、動き出す。

TIPS
2014年軍事クーデター

現首相であるプラユット・チャンオーチャー陸軍司令官率いる国家平和秩序維持評議会(NCPO)が起こした現時点での最新のクーデター。インラック政権退陣による混乱を収めるという名目で実行された。デモ活動の禁止、言論弾圧、表現規制を強化し、多くの活動家・知識人を拘束した。クーデター直後の反政府活動では、架空の管理社会を描いたジョージ・オーウェルのSF小説『一九八四年』(1944年)や、同じくディストピアの未来社会を描いた映画『ハンガー・ゲーム』(2012-2015年)内に登場する三本指サインが象徴的に用いられた。『一九八四年』では、「ビッグ・ブラザー」なる指導者の管理下で思想統制される人民たちの姿、『ハンガー・ゲーム』ではゲーム性を伴う殺戮ゲームが権力による統治機構の一部として描かれているが、そういった物語にも、タイ国民を引きつける理由があるのかもしれない。

倒れた人を足で踏み、リンチし続ける民衆＝俳優たち

舞台上にこぼれるビール。「血が、水のようにとどまることなく流れていく」

照明。後ろの役者たちと映像が、2枚のレイヤーのように見える。

ジャー 世界を区切っているみたい。

チン そういう意識はなかったけど、これまで作品になかった明るさがほしかった。床が白いから、照明が反射して顔を下から照らすわけ。直接人に当てるより面白い効果が生まれる。

塚原 そんな後ろで、僕はケツの映像がんばってます（笑）。

荒木 舞台の転換の最中、ピッチが口元に人差し指を当てるじゃないですか。「秘密だ」って感じで。あれは演出？

塚原 たぶん自発的。あのピッチがすごい。身震いしてしまう。「こいつ天才かな」って思う。

荒木 見ちゃいけないものを見てて、さらにそれを見られてる感じがする。

塚原 床の「皮膚の沼」の素材も変わってます。サウェーン・ソンマンミーの彫刻《ターントーン（ウェルス・オブ・タイランド）》の図版をスキャンしてリミックスしたもの。そして転換して、脚立が倒れる。

チン 暗闇のなかで脚立を倒すとか危ないよ。

ジャー そんなに暗くないんだよ。物語はもうすぐ終わり。カオスな光景で始まって、そしてカオスで終わる。でも感覚はまったく違っている。

ベスト そりゃ違うでしょう。4時間もやってるんだから！

全員 （笑）

ジャー 最後のセッティングで思い浮かべるのは、誰かと一晩ヤッて、酔っ払って帰って、朝になったら荷物を片付けて家に帰る。なんかそういう感じ。

第2幕　第10場

STAGE：6

				fridge	ladder
			→		
		lay down			

あなたはもう感じない

ポール・セザンヌ、マルセル・デュシャン、クリスト、ヨーゼフ・ボイス、ナム・ジュン・パイク、マーク・クイン。それらは西洋の思想であって、僕たち東洋の人間、タイ人が生きるための精神・方法ではない。

でも「あなたはもう感じない」。熱意や欲望は、安定した生活を得て、心身の健康を保つ必要性のうちに溶け消えてしまった。一人でパリに旅し、オルセー美術館でクールベの《世界の起源》の前に立った「あなた」。同時にファーもパリに来ていたが「あなたはもう感じない」。

ファーと一緒にパリの街やポンピドゥーセンターを歩いたが、歩けば歩くほど「あなた」は芸術に距離を感じた。作品が語ることに到達できない。理解できない。
「じゃあ、こういうのは感じる？」

最後の転換。上手奥に屹立していた脚立が横倒しに。脚立を源流とするかのように、舞台美術でつくられたチャオプラヤー川が現れる。

about SOUND
アホマイク_
あなたは何も感じない

「ビッチを残して他の俳優全員が客席と舞台の間に並び、アホマイクで「あなたは何も感じない」というセリフを舞台に響かせる。」

キュスターヴ・クールベ　世界の起源
1866　オルセー美術館蔵
撮影＝島貫泰介

舞台転換。カオシンとおぼしき俳優（ビッチ）は、映像内で力なく倒れたまま

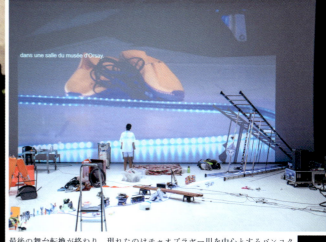

最後の舞台転換が終わり、現れたのはチャオプラヤー川を中心とするバンコク

ブーベ　もうすぐ目覚めるバンコクって感じがするね。ゴミ清掃員が道を綺麗にして、もうすぐ朝が来る、みたいな。あと3時間で渋滞が始まる。
ベスト　この回の川のかたちは綺麗だ。
塚原　道具の並べ方は、わりと細かく指定してるけど、毎回まったく同じってわけでもない。チャオプラヤー川のかたちもそこまで厳密ではないし、カメラに映らないといけない小道具なんかは、照明の向きを意識して置くようには言ってますけど。
シャー　最初のシーンの川沿いにいた少年が戻ってきたみたいだよね。もう一度、同じ衣裳で語っている。

ブーベ　時間が経って成長したみたいに。
松見　オレンジの靴があるのは川の下流、いちばん下手側。靴の前にくしゃくしゃしたイヤホンを置いてくれたのは荒木さん。
荒木　イヤホンのイメージは陰毛。これは岡田さん指定でした。
塚原　倒れて客席側に開いた脚立が母体の股みたいに見える。あるいは口とか。開いて何かが出てきてるイメージ。
シャー　これは、クールベの《世界の起源》だよね？
ブーベ　このシーンでは、私たちは客席の最前列の前に並んでいるから、観客が見ているものとほぼ同じものを見

てることになる。
シャー　みんなは実物の《世界の起源》は見れた？
ベスト　パリ公演のタイミングはオルセー美術館に展示されてなかったんだよ。同じパリ市内のユダヤ美術館に貸し出されていた。
シャー　『プラータナー』は、二人の人物の物語として解釈できるね。そして、他の人はこの二人に憑依する。
ブーベ　これまで動いていたたくさんの人たちは、じつはこの二人のなかに入っていっただけ。
シャー　ビッチとエーが最後は二人のワーリーに見えるね。

第2幕　第11場

2016年10月13日

チャオプラヤー川沿いの飲み屋にいるカオシンとワーリー。他の人間はみな、首相が何かを発表するテレビ画面を、凝視している。

　夜10時。2人はラーマ8世橋に登り、西のトンブリー側と東のプラナコーン側の真ん中で足を止めた。

過去は輪ゴムのように奇妙なかたちに自らを歪めて見えるが、カオシンはそれが元からのかたちだと理解していた。そのかたちがゆるんだとしても、カオシンには茫然自失と驚きとともに見ていることしかできない。

　ワーリーは欄干の外側に立っていた。ワーリーは言う。僕たちがカチッとはまって、ぴったりだと感じる時間には限りがある。いまこの瞬間、ぼくはあなたのために死ねる。でもあなたは僕の代わりに本当に死ぬことなんてない。あなたはこれからも長く生き続けるんだ。

　「手を離して」と訴えるワーリー。カオシンは腕が痺れ、痛むまで引き留める。そして、もはや身体が耐えていられなくなる。

TIPS
2016年10月13日

前国王であるラーマ9世が崩御した日。10月14日から1年間を服喪期間とし、期間中は弔意を示す服の着用などが求められた。

TIPS
ラーマ8世橋

交通渋滞緩和のため、2002年にチャオプラヤー川に開通した壮麗な大橋。非対称の斜張スタイルでは世界で5番目に長い橋として、バンコクのランドマークになっている。『プラータナー』では、2006年にナームがこの橋の上でトラックに飛び込んで自殺し、16年にワーリーは橋の上から身を投げる。カオシンにとって、繰り返される悲劇の場である。

夜のバンコクを歩くカオシンとワーリー。演じるのは第1幕冒頭と同じ2人

「ぼくがなにものかっていう事実を認めてくれた？ぼくの手を離して」

ブーベ　ラストの小さな脚立、バリ公演のほうがバンコクより重かったね。「バーン！」って音に驚いた。
荒木　（最後）見せますね〜。
ジャー　客電がついたときびっくりした。国王賛歌が流れ出した感覚に似ていたな。
松見　みんなで一緒におじぎするべきなんですけど、テクニカルチームは舞台上でおじぎするの慣れてないから……。
塚原　おじぎのタイミング早いんよな（笑）。それにつられて役者が慌てておじぎするっていう。
松見　（テクニカルチーム一同）「おつかれさまっす！」って気持ちでいっぱいなんですよ。
塚原　しかしたっぷりやったなー。
ブーベ　4時間あるからね。それにしても舞台上散らかりすぎ（笑）。
ジャー　イエーイ！ 私たちすごい！ 観客もすごい！
ブーベ　私たち偉い！
全員　おつかれさまー！！ パチパチパチ！！

[終演]

カオシンに別れを告げるワーリー。暗転と同時に脚立は音を立てて倒れる

（パリ公演カーテンコールの様子）

コメンタリー取材・構成＝島貫泰介
解説執筆＝島貫泰介、木村和博　協力＝福冨渉
通訳・翻訳＝パタラーソン・クーピパット

※ 掲載した上演写真は、主にパリ公演（2018年12月13日〜16日）の図版を使用した。
また、座談会はバンコク公演（同年8月22日〜26日）の記録映像に基づいて行われた。

PRODUCTION NOTES
backstage

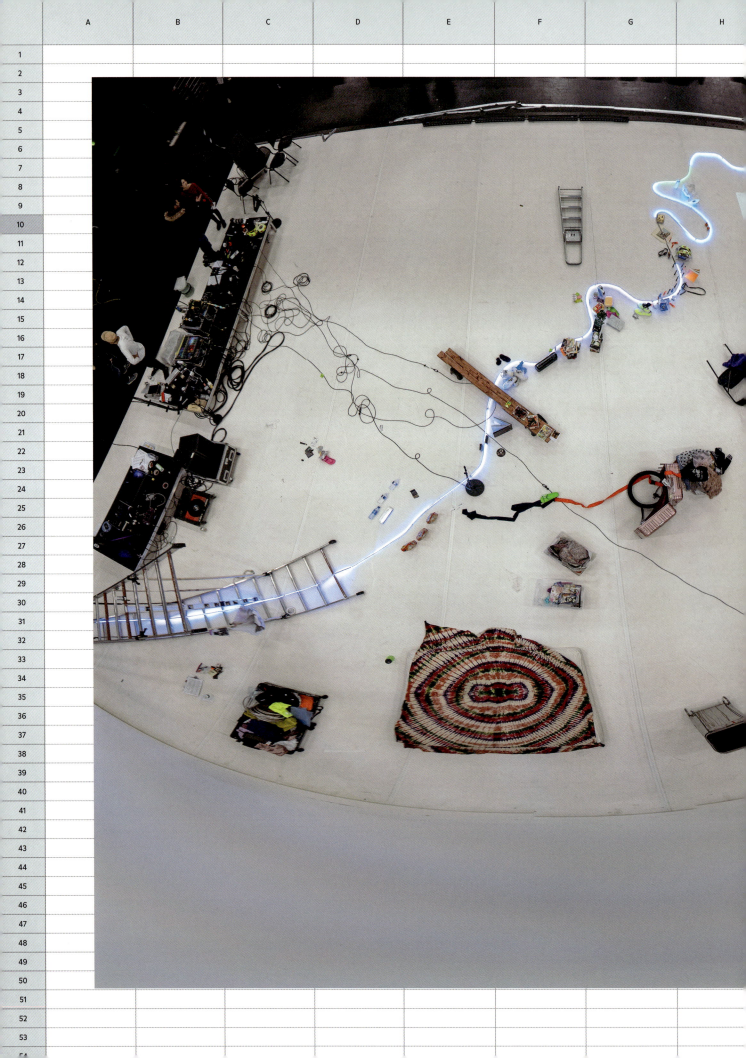

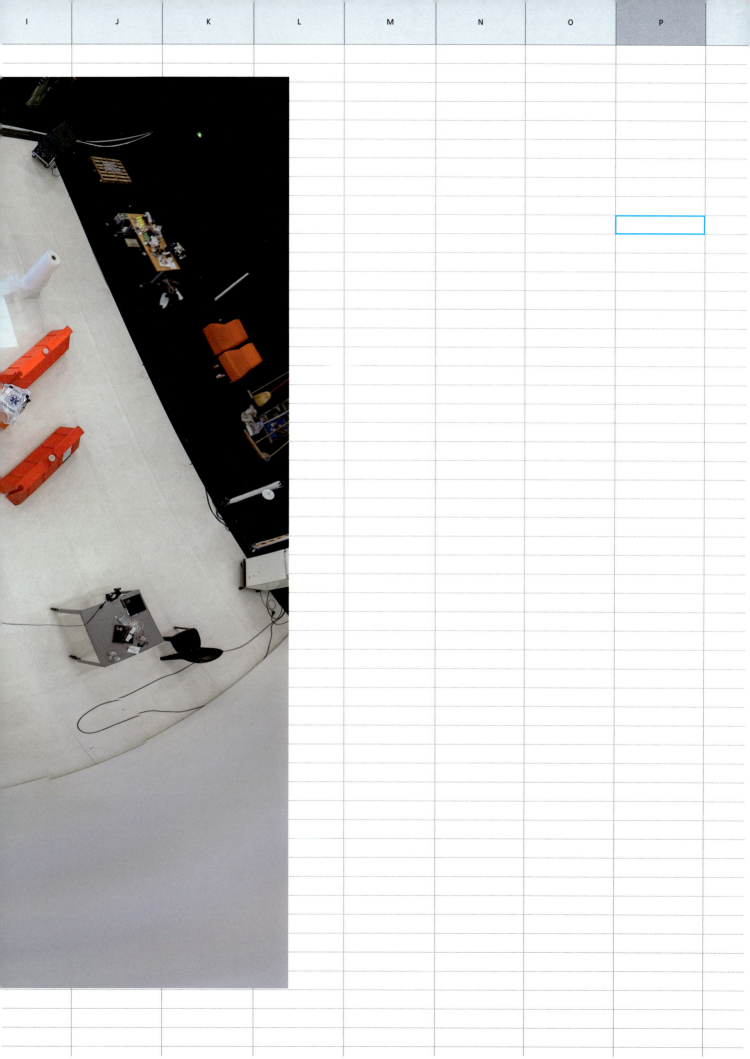

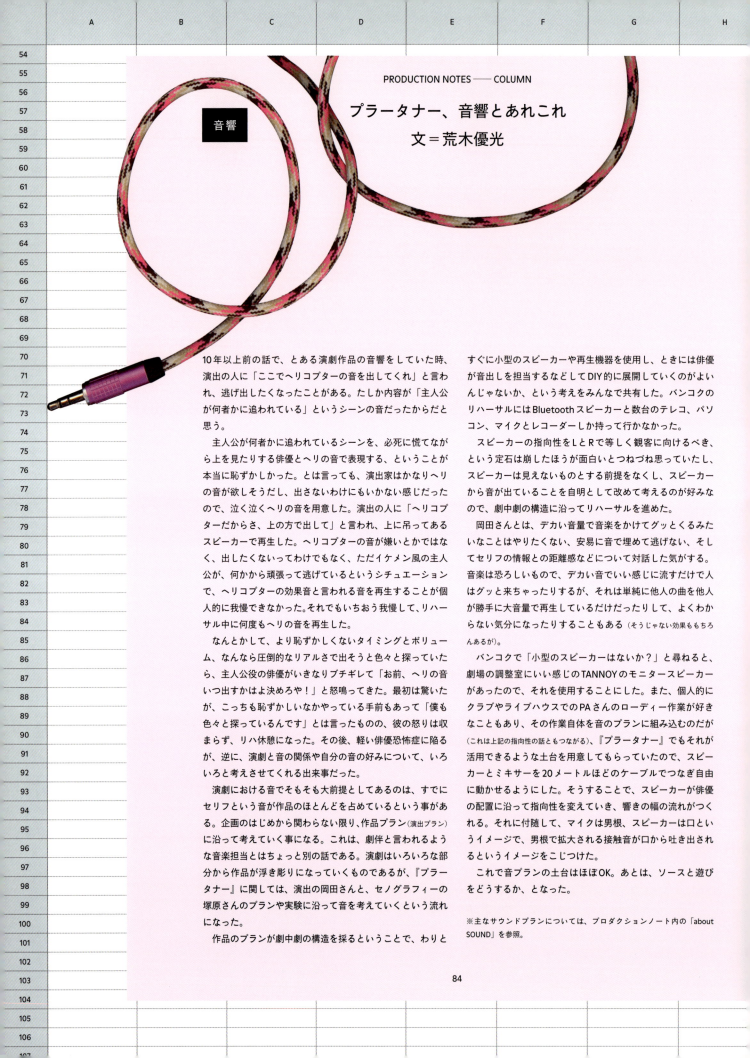

音響

PRODUCTION NOTES ── COLUMN

プラータナー、音響とあれこれ
文＝荒木優光

　10年以上前の話で、とある演劇作品の音響をしていた時、演出の人に「ここでヘリコプターの音を出してくれ」と言われ、逃げ出したくなったことがある。たしか内容が「主人公が何者かに追われている」というシーンの音だったからだと思う。

　主人公が何者かに追われているシーンを、必死に慌てながら上を見たりする俳優とヘリの音で表現する、ということが本当に恥ずかしかった。とは言っても、演出家はかなりヘリの音が欲しそうだし、出さないわけにもいかない感じだったので、泣く泣くヘリの音を用意した。演出の人に「ヘリコプターだからさ、上の方で出して」と言われ、上に吊ってあるスピーカーで再生した。ヘリコプターの音が嫌いとかではなく、出したくないってわけでもなく、ただイケメン風の主人公が、何かから頑張って逃げているというシチュエーションで、ヘリコプターの効果音と言われる音を再生することが個人的に我慢できなかった。それでもいちおう我慢して、リハーサル中に何度もヘリの音を再生した。

　なんとかして、より恥ずかしくないタイミングとボリューム、なんなら圧倒的なリアルさで出そうと色々と探っていたら、主人公役の俳優がいきなりブチギレて「お前、ヘリの音いつ出すかはよ決めろや！」と怒鳴ってきた。最初は驚いたが、こっちも恥ずかしいなかやっている手前もあって「僕も色々と探っているんです」とは言ったものの、彼の怒りは収まらず、リハ休憩になった。その後、軽い俳優恐怖症に陥るが、逆に、演劇と音の関係や自分の音の好みについて、いろいろと考えさせてくれる出来事だった。

　演劇における音でそもそも大前提としてあるのは、すでにセリフという音が作品のほとんどを占めているという事がある。企画のはじめから関わらない限り、作品プラン（演出プラン）に沿って考えていく事になる。これは、劇伴と言われるような音楽担当とはちょっと別の話である。演劇はいろいろな部分から作品が浮き彫りになっていくものであるが、『プラータナー』に関しては、演出の岡田さんと、セノグラフィーの塚原さんのプランや実験に沿って音を考えていくという流れになった。

　作品のプランが劇中劇の構造を採るということで、わりとすぐに小型のスピーカーや再生機器を使用し、ときには俳優が音出しを担当するなどしてDIY的に展開していくのがよいんじゃないか、という考えをみんなで共有した。バンコクのリハーサルにはBluetoothスピーカーと数台のテレコ、パソコン、マイクとレコーダーしか持って行かなかった。

　スピーカーの指向性をLとRで等しく観客に向けるべき、という定石は崩したほうが面白いとつねづね思っていたし、スピーカーは見えないものとする前提をなくし、スピーカーから音が出ていることを自明として改めて考えるのが好みなので、劇中劇の構造に沿ってリハーサルを進めた。

　岡田さんとは、デカい音量で音楽をかけてグッとくるみたいなことはやりたくない、安易に音で埋めて逃げない、そしてセリフの情報との距離感などについて対話した気がする。音楽は恐ろしいもので、デカい音でいい感じに流すだけで人はグッと来ちゃったりするが、それは単純に他人の曲を他人が勝手に大音量で再生しているだけだったりして、よくわからない気分になったりすることもある（そうじゃない効果ももちろんあるが）。

　バンコクで「小型のスピーカーはないか？」と尋ねると、劇場の調整室にいい感じのTANNOYのモニタースピーカーがあったので、それを使用することにした。また、個人的にクラブやライブハウスでのPAさんのローディー作業が好きなこともあり、その作業自体を音のプランに組み込むのだが（これは上記の指向性の話ともつながる）、『プラータナー』でもそれが活用できるような土台を用意してもらっていたので、スピーカーとミキサーを20メートルほどのケーブルでつなぎ自由に動かせるようにした。そうすることで、スピーカーが俳優の配置に沿って指向性を変えていき、響きの幅の流れがつくれる。それに付随して、マイクは男根、スピーカーは口というイメージで、男根で拡大される接触音が口から吐き出されるというイメージをこじつけた。

　これで音プランの土台はほぼOK。あとは、ソースと遊びをどうするか、となった。

※主なサウンドプランについては、プロダクションノート内の「about SOUND」を参照。

PRODUCTION NOTES —— COLUMN

タイの光を探す
文＝ポーンパン・アーラヤウィーラシット

照明

　塚原悠也のセノグラフィーと岡田利規による演出の方法論が、本作のライティングデザインの方向性を決めたことは否定できないだろう。

　彼らが何をしているのかを理解するまで時間がかかった。それもあってだろうか、稽古やさまざまな進行の方法を試していた初期段階では、ライティングデザイナーである私も俳優の仲間入りをしていたように感じていた。タイ人チームと日本人チームの役割や関係が分かれていたから、というのではない。私や俳優たちが、この作品の表現方法に入り込めていなかったからだ。コンセプトは理解できた。けれども、セッティングと動きに合わせて変わる自然な流動性に慣れるためには、もっと時間が必要だった。

　私はこれまでずっと、悲しみ、幸せ、希望の瞬間を光によって助ける世界で過ごしてきた。だからこそ、『プラータナー』に関わって最初の課題は新たな方法論を理解することだったのだし、稽古のプロセスに多く参加して、演出家のアプローチを知ることだったのだ。そうやって岡田の演出に接することで、私は自分を取り巻く光の特性をもっと深く見据えることができるようになった。

　舞台上にいる登場人物、あるいは登場人物にはなっていない俳優たちを照らす光。登場人物としての役割が重ねられた俳優を照らす光。その時間と登場人物を中立に重ねてくれる光。感情も共感も誘引することのない光。

　私にとって本作のセノグラフィーを構成するのは、カオシンの人生のさまざまなかけらだ。それらが舞台上に持ち寄られ、混ぜ合わせられる。ときには規律正しく並べられ、ときには雑然と、混沌とさせられる。まるで記憶の像みたいに。

　これらがあったからこそ、劇場用の照明器具を使う代わりに、カオシンの記憶に残るはずの光の生まれる場所に触れ、それらを利用してみたくなった。つまり、タイ人が親しんでいる日常の光源のこと。例えば蛍光灯。街灯。屋台の売り子が吊り下げる電球。ほとんどは、そのあたりの市場や店で手に入る、安価な光源だ。

　当初、これらの電灯の色の温度も光の性質も、ほとんど変わらないと思っていた。だが、稽古のなかで使っているうちに、自分なりの可能性を見つけることができた。それ自体の特性を、つぶさに見抜くこと。空間、時間、俳優の動きと合わさったとき、光には特別さが生まれ、登場人物たちの感情で満ちたカオシンの過去に連れていってくれるようだ。

　だが同時に、毎日出会うそれらの光に慣れ親しんでいくと、それらが固く無気力なものにも見えてくるのだ。まるで「これはただの物語だ、共感してはいけない」と書かれたカードを掲げているみたいに。

　こんな光から、舞台上の登場人物たちの時間とイメージの複層的なレイヤーは生み出された。観察者として、あるいは劇中劇の一部として岡田が創り出した舞台上の俳優たちの役割と、光のレイヤーがぴたりと重なったのだ。

［翻訳＝福冨渉］

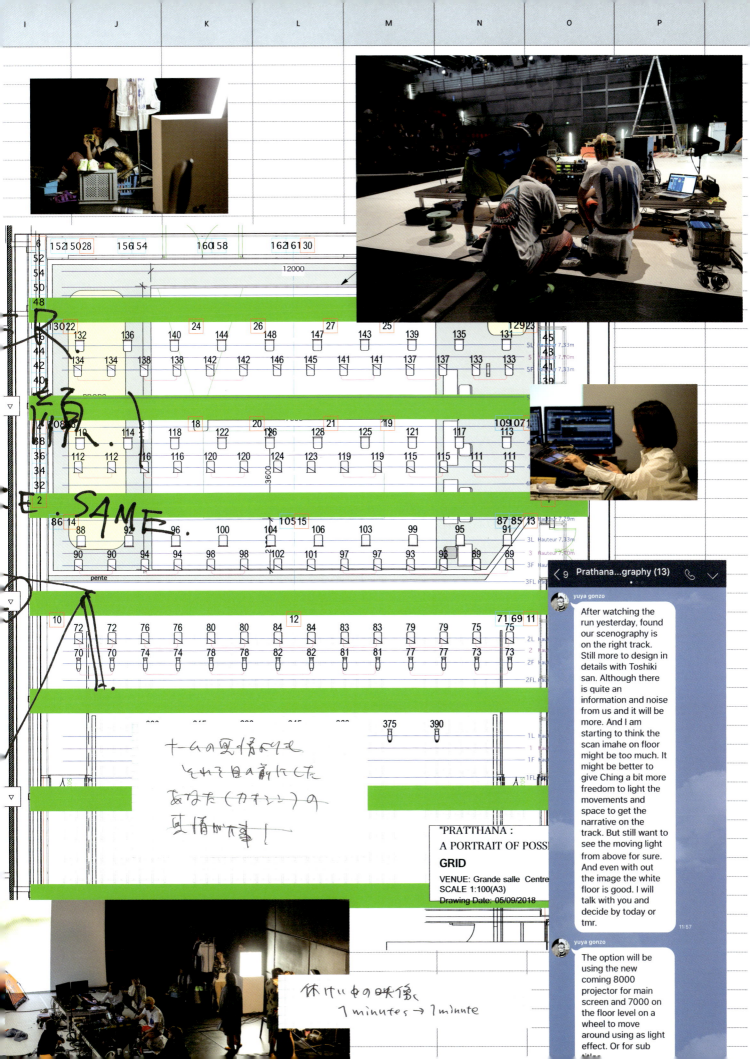

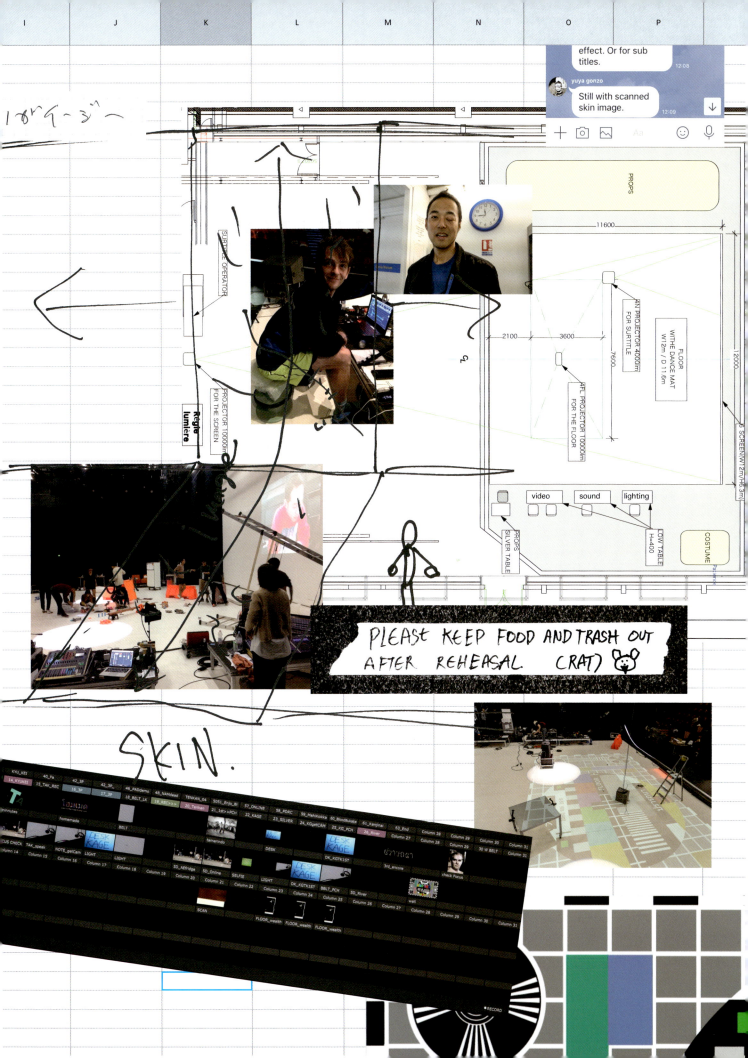

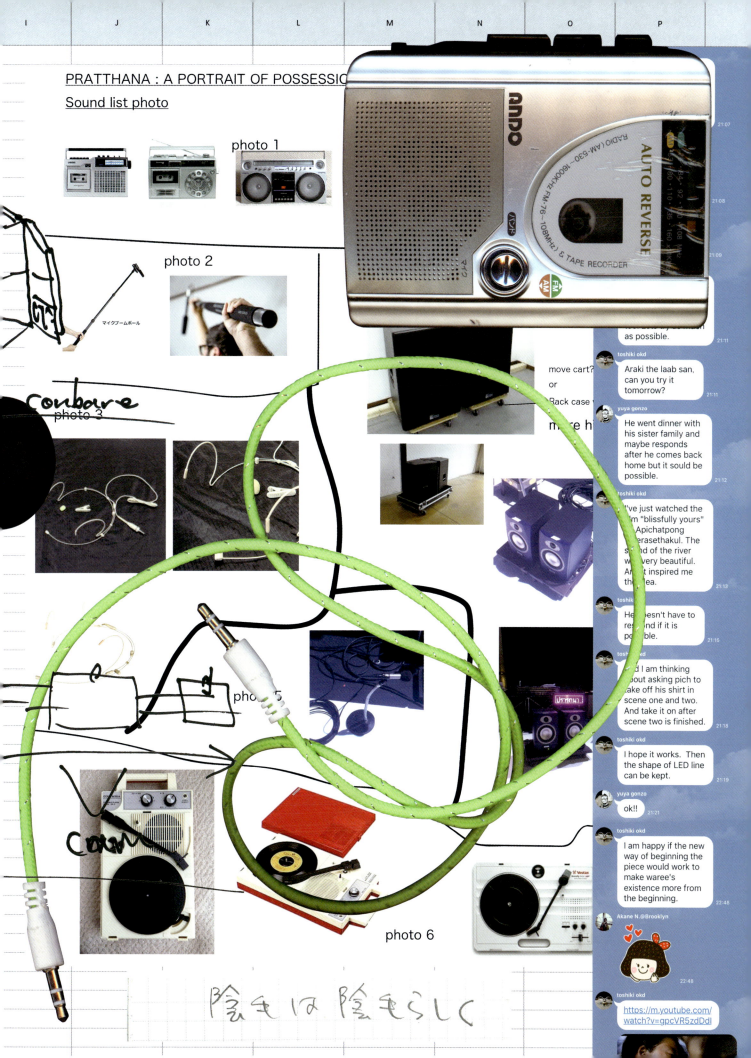

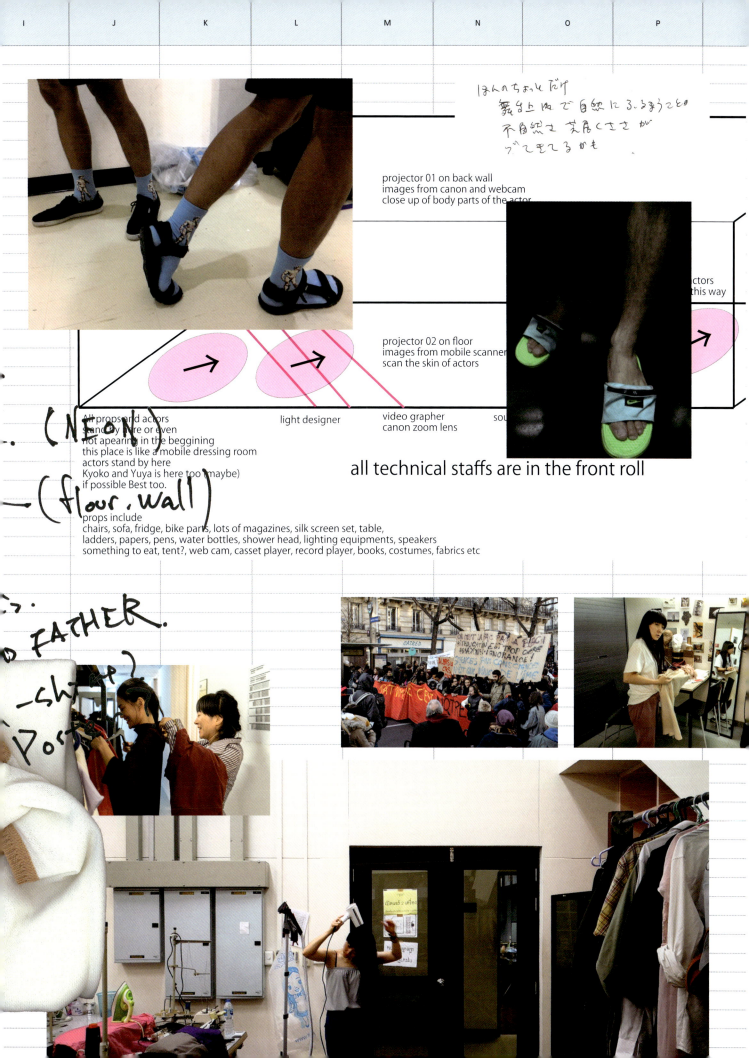

PRODUCTION NOTES —— COLUMN

演助ノート：金縛りと想像力の身体

演出助手

文＝ウィチャヤ・アータマート

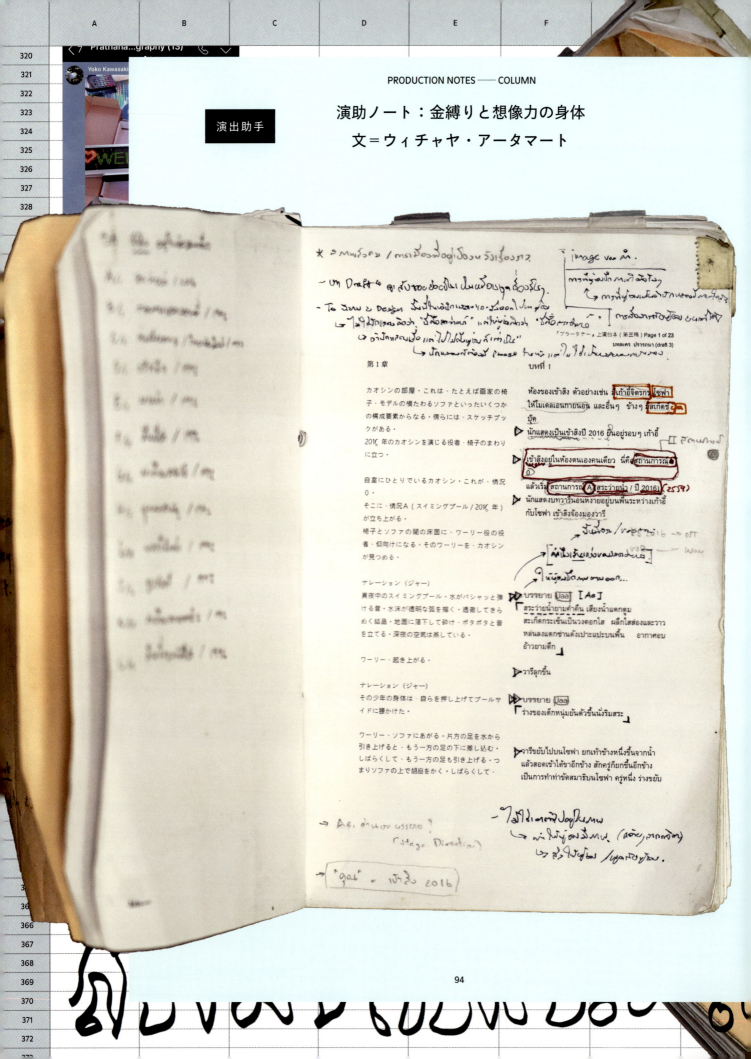

私は密かに、これが『プラータナー：憑依のポートレート』の最後の執筆課題になることを願っているが、書くことそのものをやめるという意味ではない。先月、ウティット・ヘーマムーン×岡田利規×塚原悠也『プラータナー』での演出助手としての仕事についてエッセイを書いて欲しいと言われ、1か月遅れの今日、タイ総選挙の日にこれを書いている（2019年3月24日）。

岡田の作品が目指すのは、芸術家カオシンのプライベートな性生活を、20年以上の月日を通してタイの政治的状況と並走させながら描くこの小説、その背景にある文化的状況を明らかにし、それを観客とつないでいくことである。

私の『プラータナー』での仕事は、脚本の推敲中およびリハーサル中に、すべての可能性を観察し、メモを取ることが大半だった。それにより、タイと日本のチーム間でのコミュニケーションを図り、作品全体における異文化のあり方を通じて政治的背景をよりよく理解することに努めた。

例えば、カオシンは1992年にタイで起きた「暴虐の5月」事件の夜に、カトゥーイ（タイ語でトランスジェンダー女性の意）からこっそりフェラチオされた。作者のウティットは、彼が「ピーアム（Pee-Am）」と呼ばれるゴーストの金縛りにあったのだと説明する。そのゴーストは、カオシンの性的体験と政治的出来事の両方を意味する。「ピーアム」のメタファーは、カオシンが年を重ねたときに経験する金縛りでも繰り返される。それはウティットが「金縛りにあった身体としての国家」と呼ぶ、人民民主改革委員会（PDRC）による2013年タイ反政府デモ運動と並行して語られる。もしかしたら、この金縛りは、本の最後で終焉を迎える晩年の██████とともに現れるものなのかもしれない。

小説のなかの「政治」は、登場人物の生活とともにある政治的な出来事だけでなく、タイ社会のなかで非常に長い間、さまざまなかたちや状態をともなって成長してきた政治の構造にも言及している。セックスも政治もタブーと見なされ、タイ人はそれらについて語ろうとしない。誰もが暗黙に了解していることについて、何か別のことを言っているようにしながら巧妙に話を隠したり、言及せずに済むようにしたりする言い方がたくさんある。これは自己検閲と言えるのだろうが、同時に私たちの生き方なのだ。もしかするとこのことこそ、ウティットが小説を書かねばならず、岡田がそれを舞台に上げる選択をした理由なのかもしれない。

タイの文化は「頭は神聖、足は不浄」、「同じ手でも指の長さは皆違うのに、人間が皆平等であるはずがない」など、タイ人の身体を規律によって管理しようとする言説に満ちている。これらの考え方は、物理的な身体に影響を及ぼすだけでなく、トンチャイ・ウィニッチャクンの著書『地図がつくったタイ：国民国家誕生の歴史』（2003年、明石ライブラリーTI刊）で言及されている「国家の地理的身体」の概念にも大きな影響を与える。トンチャイは、近代的な地図作製技術がタイの国家概念に及ぼす影響を調査することにより、国が始めた新しい領土の「実体」をつくり出そうという試みを追求する。国としての身体を物理的な人間の身体と強く結びつけ、領土の一部を失うことは体の一部を失うことだと思わせようとする試みだ。このプロセスは、国家という概念を人とではなく土地

と結びつけ、ナショナリズムを強化してしまうと私は思う。そしてタイ社会も、同じ方法で人々を分類している。

『プラータナー』は、活動領域も政治的観点も異なる複数のタイ人俳優たちを集めた。彼らは岡田のアプローチに従い、同じ舞台で一つの物語を演じる。演出家の視点に立って考えることは、演出助手の私に課された最も大事な仕事の一つだ。これまで彼の作品はいくつか観たが、いつも何が演者の身体を突き動かしているのか、興味があった。今回このプロジェクトで仕事をともにすることで、その答えが「イマジネーション」だとわかった。リハーサルの間、私たちは俳優の身体を動かすイマジネーションについてたくさん話をした。体を通して自分たちの想像力を伝えることが俳優たちの仕事であり、何が俳優たちの体を突き動かしているかに気づくのが私の仕事だ。抽象的な仕事に聞こえるだろうが、その通り。そのやり方を学んだ。

同時に、作品をつくるには無数の方法があるので、選択がすべてだと学んだ。この作品に対する私の印象は、岡田がどのようにして小説のなかでカオシンを指す代名詞として使われていた「He（彼）」を、脚本では「You（あなた）」に変えたのか。そして、彼がどのようにして舞台上に見る・見られるの関係をつくり出す「演劇の中の演劇（劇中劇）」の概念を、小説におけるカオシンの眼差しにうまく重ねながら舞台に持ち込んだのか、というところにある。そして、塚原は可動する舞台装置や俳優の身体を巧みに操り、バンコクやタイの地理的、政治的な風景を舞台上に立ち上がらせた。

岡田と仕事をすることで、タイと日本のチーム間のコミュニケーションだけでなく、言葉を理解しない海外の観客とのコミュニケーションにも意識を向けるようになった。それぞれの文化の文脈のなかで何が重要なのか、そしてそれをどうやって観客に伝えるかを学んだ。パリでは、字幕をフランス語に翻訳する際、フランス語の観客にも可能な限り包括的に理解しやすいようにするため、かなり内容を削ったり省略したりする必要があった。字幕はもはや、ある言語から別の言語にテキストを置き換えるだけの問題ではない。というよりも、どの情報を残す必要があるか、何を省略したり要約したりすることができるのか、ときには削除することさえも含めて慎重に見極め、もっとも効果的なコミュニケーションの方法を探るプロセスであった。

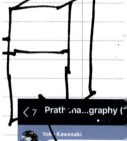

私にとって、『プラータナー』の演出助手としての活動でもっとも重要だったことは、書くこととコミュニケーションを取ることである。クリエーションのプロセスにおいて、チーム間のコミュニケーションのためにたくさんのテキストを書くことを求められた。書くこととコミュニケーションを取ることは訓練を要するスキルであり、私にはまだまだ訓練を続ける必要がある。そう思うと、この先また『プラータナー』についてテキストを書く宿題をもらっても、それはそれでよいのかもしれない。

［翻訳＝田村かのこ（Art Translators Collective）］

PRODUCTION NOTES —— COLUMN

『プラータナー』の衣裳について
文＝藤谷香子

[衣裳]

この作品の衣裳はほぼバンコクで手に入れています。東京から持ってきたものはたぶん全アイテムの10％くらい。あとは俳優と舞台上のテックチームの私物（2019年3月5日現在）。タイの作家が書いたタイで暮らす青年の話で、タイの俳優が出演、そしてタイでクリエーションするので土地の影響を受けながら進めるのがいいと、制作初期に方針を決めました。

タックが演じたナームの「napster Tシャツ」、美大生時代のだべりシーンで3人が着ていたTシャツ（カゲ＝sonic youth、ファースト＝pulp fiction、タック＝joy division）は、塚原さんが時代をあらわすものとして買ったもの。

時代、物語のなかの時間の流れ、階級をあらわすのはいつも難しい。特に難しいなと思っているのは、カオシンとナームの階級の差をあらわすこと。ナーム役のタックには、タイヤの包装紙（塚原さんが小道具用にバンコクで購入した）でつくったベルト（3Pシーンで暴れるたびにぼろくなるのを、適度に修理してない）と、けっこう履きこんだタック私物のスニーカーを履いてもらっています。他にも試せることはあるんじゃないかと、まだ思っています。

俳優たちが「観客」役の時は、物語と関係ないノイズが欲しかったので（役の衣裳の上に）上着を着てもらっています。そして「さて、ここから自分のターンです」というタイミングでは、物語上の役にスイッチする意味を込めて、記号的に上着を脱いでもらいました。このアイデアは、バンコク初演の劇場の空調が強すぎて寒かったので、リハ中、何人かがそれぞれ自分の上着を着ていて「自分がセリフを言うときは脱ぐから着させて〜！」と言っていたのがきっかけで、そのまま衣裳プランに入れました。かと言って、全員にそのスタイルを当てはめていないのは、そのほうが作品に合っているから。今回の衣裳に関しては、わかりやすく同じルール上に全員がいなくてもいい、と考えています。

同じ理由で衣裳を着替える人、着替えない人がいます。多い人だと、ラックチャオなどを演じるウェイちゃんが3ポーズ＋上着。詩人などを演じるプーペちゃんはじょじょに着替えていくので、4ポーズ＋上着2パターン。ファーストとタックも、Tシャツだけで3パターン用意しています。誰も気がつかないくらい些細な衣裳チェンジは、常に流動してる舞台上と物語の時間の流れを換気するためのノイズのようなものとして心地よく乗っかるだろ、そうであってくれ、と思っています。

また、みんなには舞台の物陰や端っこ、幕間の楽屋で着替えているのですが、ウェイちゃんはだけは岡田さんから「印象を変えたい」という注文があったので、しっかり見えるところ、映像の光が当たるところでがっつり着替えてくれとお願いしました。

テックチームの衣裳は私物です。ある程度指定しますが、日替わり上等けっこう自由です。これらは、先ほどの「換気」に大いに効果をもたらしている、衣裳的には、ほぼ「風」です。

私からのチェック事項は「暑苦しくしないこと（体調不良の際は可）」「爽やかな配色であること」くらいです。俳優たちの無差別なカラフル配色を避けたので、その反動がテックチームに向かっているのかもしれません。バンコクでの滞在制作中、服以上に、気温・湿度含めた風景や雰囲気がカラフルな気がしました。その情景が舞台上につくられていて、そして、その情景が身体に叩き込まれた出演者たちがいることもあり、印象的でない色を衣裳のベースにしました。

そういえば、ファーストの靴下はモナリザとかムンクとかアートシリーズ靴下ですが、これは日替わりです。テックチームで固定なのは、音響の荒木さんと映像の松見さんがお揃いのミケランジェロ靴下、同じく松見さんのジャケットがMobilなことくらいです。

フランシス・ベーコンの名前が台詞で登場するので、塚原さん、荒木さんがそれぞれフランシス・ベーコンの展覧会Tシャツ（私物）を着用することもあります。荒木さんがパリ公演で着ていたベーコンTは、白地に青でフロントに「BA」、バックに「CON」の文字が大きく入ったもので、ショートパンツが赤。トリコロールでかっこよかったです。ところが、劇場テクニカルのスタッフが指を差して笑っているので理由を聞いてみたら「CON」がフランス語でバカとかクソという下品な意味があるらしいのでした。「なんてことだよ。持ってますね」ということで、その服のままフランス公演を終えました。この調子で、公演を積み重ねていければと思います。

衣裳の決め手は作品に与える効果ですが、出演者の私物そのものや着方、好みからもたくさんの影響を受けます。理由は、似合うから。そして、衣裳を気に入って、自分のものとして着こなしてくれたら最高、着た時の気持ちも一緒にあがってくれ、と考えるからです。

衣裳は、作品が観客にとってより大きな経験になるためのものであれ、と努めています。作品に出演する人の正装・装束にふさわしいもので、尊敬と愛情、あとは刺激（これは主に自分に）、風通しのよさが必要。そして強さも欲しい。もちろん素敵なものがいい。求めるところは多いですが、結果的に、テックチームを含めたクリエーションチームのおかげで、いつも衣裳は成立しているわけです。

対談・岡田利規＋塚原悠也

バンコクでのコラボレーションに挑んだ
二人の新境地

ドローイング＝ティーラワット・ムンウィライ｜カゲ

『プラータナー：憑依のポートレート』で中心的な役割を果たした岡田利規と塚原悠也。
タイと日本のアーティストたちのコラボレーションから生み出された本作の意義、
日本人アーティストが海外で活動することについて語り合った。

生活のリズムがビールによって刻まれていく

——『プラータナー』の美術面を支えているのが、塚原さんたち「contact Gonzo」を中心とするテクニカルチームの仕事です。本作に参加することになったきっかけは、なんだったのでしょうか？

塚原 プロデューサーの茜ちゃん（中村茜）から依頼を受けたのが最初です。たしか2018年の2月。その1ヶ月前に、神戸のダンスボックス（ArtTheater dB KOBE）で、寺田みさこさんの作品（『ダンスボックス・ソロシリーズvol.2 寺田みさこ「三部作」』）の振付を担当させてもらったんですよ。その横浜公演を茜ちゃんが見て、誘ってくれたんです。

寺田さんの作品というのが3つの小品を3人の振付家に依頼するというプロジェクトで、僕のほかに韓国のチョン・ヨンドゥ、ブラジルのマルセロ・エヴェリンが参加していました。僕はそのなかの、いわば「ワイルド枠」を担っていて（笑）、舞台の上に角材なんかを渡して、その上を寺田さんが移動していくという内容でした。その美術の一つとして、機械式のベルトコンベアを2台使ってました。

——ここ数年、contact Gonzoの作品でもベルトコンベアが多く登場していますが、『プラータナー』ではそれが「人力コンベア」というかたちで表れたわけですね。中村さんのオファーは、当初から現在の『プラータナー』のかたちに近いものでしたか？

塚原 かなり近いです。寺田さんへの振付でも、舞台上に僕やアシスタント、照明スタッフの人など、たくさんいて、ダンサーの特権的なあり方をあえて無視するような条件をつくりつつ、しかし同時に

『ダンスボックス・ソロシリーズvol.2 寺田みさこ「三部作」』のなかの塚原悠也振付作品より。横浜ダンスコレクション2018の一環として横浜賑わい座のげシャーレでも上演。

パフォーマーにも関心が集中していく……という内容で。そういったあり方が「(『プラータナー』に)ハマる」と茜ちゃんが言っていたのを強く覚えてます。

——塚原さんが参加する以前、岡田さんは何らかのイメージを作品に持っていましたか?

岡田 いちおうはありました。ウティットの小説が6章に分かれているので、それぞれの章に登場する代表的な空間、例えば大学の教室だとか、恋人の部屋に相当するものを6つ用意する、とか。あと、舞台上に冷蔵庫があってほしいということは最初から思っていました。セノグラフィーに関わる具体的なアイデアとして僕が持っていたほとんど唯一のものがそれです。なかにはたくさんのビールが入っている。それをカオシンが呑み続けるというイメージ。

塚原 ウティット自身もビール好きですしね。あと、タイでずっと暮らしていると、生活のリズムがビールによって刻まれてく感じがあります。タイでは、お酒を買える時間が決まっているんです。11時〜14時と、17時〜24時のあいだしか買えない。今の政権(プラユット・チャンオチャ政権)になってからの変化で、つまり四六時中酒を呑むなと。それもあって、僕らにとっても、17時が大事な節目の時間になってくる。

岡田 だいたい16時ぐらいには稽古を終えて宿に戻ってましたもんね(笑)。僕はビア・ラオが好きでしたね。おいしい。シンハーやチャーンよりちょっと高いんですけどね。セブンイレブンで買うと65バーツだか66バーツだか、そのくらい。タイはワインとかウイスキー、いわゆる洋酒は酒税がバカ高いので、飲む気にならない。結果、ビール一択になる。

塚原 ワインが出てきたら「だいぶ奮発してるな!」って感じ。

「セノグラフィー」という言葉を導入して

岡田 『プラータナー』で塚原さんがやったことは、ビジュアルをつくることというよりは、上演内に重ねられる物語とは別のタイムラインをつくることだったと言えます。

塚原 当初は劇場のほかに美術館で上演するパターンも構想にあって、まったく違うコンセプトで設えられた6つの展示室を移動することで時間の推移を見せるというプランもありましたね。実現しなかった美術館版も、作品の態度としては一緒ですが。

——具体的にプロダクションが始まったのはバンコクに入ってからですか?

岡田 そうですね。最初は Democrazy Theatre Studio (出演者のパーウィニー・サマッカブットが共同創設者の劇団)のスペースを借りて。執筆途中の台本を読み合わせしながら、書き直したりして。

塚原 僕のほうはその横でベルトコンベアを人力でつくり直すテストをしたり、Webカメラを使うことへの役者の反応を試したりしてました。

ダンスと演劇の稽古はだいぶ違うものだろうと予想してたんですけど、思いのほか違和感なく入っていけましたね。あと、僕がGonzoをやってるマインドも、自分が「面白い、すごい」と思う人や事物を紹介したいというのが主なので、自分がプレイすることも楽しめるけど、客観的に見ることも同時にやってきた感じがあります。あるいは自分で自分を操作してる感覚もあるし。

——プロダクション後半は、より具体的に協働を進めていったのでしょうか?

岡田 そうですね。僕のなかで大きなターニングポイントだったのが、6章構成だったテキストを、より細かく60数個に断片化していくという方針です。そうすることで、シーンとシーンをつなぐ流れをテキスト上では問題にしない。そこは、塚原さんがつくるタイムラインに委ねられるので。

塚原 舞台美術、もしくは「セノグラフィー」という言葉を導入するときに考えたのは、舞台上に大きな造形的な何かがずっと存在するということの正反対をやろう、というものでした。例えば役者やスタッフがうろうろしてたり、掃除をしたり、次に行うべき照明や音響のプランについて考えている

バンコクでのコラボレーションに挑んだ二人の新境地

プロセス自体が舞台美術になる。大きく言えば、それは「移動」ということです。最初の構想としては舞台下手前方から上手奥の隅に向かう、冷蔵庫を中心としたベルトコンベア状の仕掛けがあり、進行に沿って全部がゆっくり移動していくというプランもありました。移動することが僕らにとってもお客さんにとっても変化の過程と、時間の目安になるわけです。

岡田 たぶん塚原さんの今回の仕事の根本は、ビジュアル以上に Excel 表づくりですよね。タイムラインというか、動きのための譜面と言えるもの。でもじつを言うと、制作過程で僕はその表自体はほぼまったく見てません。舞台上で行われている結果としてだけ見ていました。

塚原 茜ちゃんからも「(塚原さんにお願いしたいのは)岡田さんがやる演技のディレクションとセリフを書くこと以外の全部」と最初に言われて驚きました。そういうオーダーということもあり、僕からお願いした条件の一つがチームごとつくらせてもらうこと。音響の荒木（優光）くん、映像の松見（拓也）くん、舞台監督に維新派の大田（和司）さん。衣裳のキョンちゃん（藤谷香子）や照明のチンさん（ポーンパン・アーラヤウィーラシット）はすでに参加が決まっていて、そこからチームを組んでいきました。

役者のなかに想像をインストールする

――いまの話を聞いて驚くのが、『ブラータナー』では、作品に関わるほとんどの役割を岡田さんが他に委ねる決断をしていることです。

岡田 最近、演出家は作品の中で仕事していなければしないほどいいんじゃないかと思いはじめてきてます。舞台美術はこう、衣装はこう、俳優の立ち位置はこうで、発話の仕方はこう、みたいな表層部分のディレクションはできるだけしない。コラボレーターに任せる。表層の下部にある、それを生み出すための想像力について問いかけるということだけをする。その想像力を持ってパフォーマンスすることが面白いのかどうか。もっと面白いのがあるんじゃないか。演出家としては、そういったことだけを問題にする。

塚原 岡田さんがいま言ったことは、『ブラータナー』の前に、俳優として参加した映像演劇の展示（「渚・瞼・カーテン　チェルフィッチュの〈映像演劇〉」熊本市現代美術館、2018年）でも感じました。出演だけっていうオファーが僕はすごく苦手で、思わずいらんことをやってしまうんですよ（笑）。このときも、頼まれてないのに小道具をたくさん持って行って「鹿の角、使えるんとちゃいますか？」とか提案してたんですけど、すごくオープンに聞いてくれて採用してくれる。それは今回もそうで、逆にあまりにもアイデアが採用されるので責任感も増しました。

岡田 今回に関して言えば、塚原さんが物語とか制度という意味での「演劇」を壊す仕事を思い切りしてくれたわけで、僕としては安心してコンサバティブな仕事のほうに邁進できました。つまり物語がちゃんとわかるようにするとか、そういうことですね。

――その作業において重要なことはなんでしょうか？

岡田 何を思い描きながら演じればよいのかを探ること、つまり、先ほども言いましたけど、想像力をめぐる試行錯誤のプロセスです。

テキストをみんなで読み込んで行って、配役を決めていき、そしてそれぞれの俳優がセリフを読むときにどんな想像を持つとおもしろいのかについて話し合っていくわけです。「それだとテキストの内容に対して律儀すぎるからもうちょっと飛躍があったほうがいい」とか、「身体を動かす力を得るには、その想像だと足りないんじゃないか」とか言いながら、ひたすら探していく。とても地味だけど、大事なプロセスです。そのプロセスを経て、演じる人の身体が、その想像によって振り付けられ、動かされるようになっていく。僕の仕事はそれだけです。

――想像というのは、演じる人が内発的に起こすものでしょうか？ それとも外から持ってく

るもの？

岡田 面白ければどちらでもいいんです。例えば「軍隊が人々を蹴散らす」といった政治的な内容のテキストを読むときに、蟻の行列を見ている想像をしてみたりするわけです。そうすると、たとえばその気になれば、蟻を踏み殺してしまうこともできる。蟻のことを想像することで、想像が展開していく。そしたら面白いことが身体に起こる可能性が生まれる。爆発のポテンシャルですね。想像が役者のなかにインストールされていて、そのポテンシャルさえある状態ならば、あとはどんな服を着ていようが、舞台上の環境がどんなであろうが、僕は構わない。

「同時代」を僕たちは意識している

——タイでの滞在制作は、作品に多くの影響を与えたと思いますか？

塚原 僕の場合、それはあまり意識しないようにしていました。そもそもタイについての作品をタイでつくる以上、どうしたって必要な情報は滑り込んでくるので、逆にそこはあまりコントロールしないほうがいいだろうと。

僕自身、ずっとアジアのコンテンポラリーな表現に関わってきて、主にヨーロッパから日本や東南アジアに向けられた眼差しやエキゾチシズムを考えてきました。そういった関心や文脈から作品がフェスティバルや劇場に買われていくことについて、現地の人はどう理解し、接しているのか。よい面も悪い面もさまざまだと思いますが、僕が心がけているのはタイ人が見て「外国人がいかにも扱いそうなエキゾチック素材で、寒っ！」って思うような演出には絶対にしないこと。

『プラータナー』でタイを扱うことは命題でしたが、セノグラフィーという仕事において作品とタイは主従の関係ではないです。結局のところ、自分自身の美学（aesthetics）でどんどん進めていくほかない。その結果として、ラストシーンではタイの人から「あなたはタイのことをよく分かっている」と言ってもらえたのは嬉しかったです。どの要素を指して言ってたのか、僕には分かってないですけど（笑）。

岡田 僕も近い感覚です。例えばミュンヘンでドイツの俳優と新作をつくると、日本のジャーナリストの人とかは当然「ドイツ人と日本人で俳優はどう違いましたか？」みたいな質問をしたくなりますよね。でも、僕はそれにはうまく答えられない。一緒に仕事をする経験をしたことで、その俳優は僕にとって〈ドイツ人俳優〉から、その人個人になるから。

塚原 もちろん、その国「らしさ」を求められることにはプラスもマイナスもあって、そこはジレンマです。例えば10年間フランスに留学して、作家としての思考は完全にヨーロピアンな日本人がいたとして、向こうでそのノリで作品を発表しても売りにくい。結局期待されるのは「日本人の作品」であることが多い。その問題を、作家はかなり考えていかないといけない。

——難しいですね。作品への導線をどうつくるか、やっぱり伝達の効率や精度を考慮すると「この作品は、日本とタイが合作したものです」という面を強めたくなってしまう。タイに関心のある人にも手に取ってほしいから。

塚原 出来事全体の結果を考えれば、もちろんそれが理想です。事実ですね。ただ、舞台でも美術でもときにエキゾチズムを利用したある種の利害を共有した合意的共犯っていうのもあって、作品から臭ってくるんです。最初から自分で作品に拾ってもらう為の杭を打っておいて、批評家にそのまま拾ってもらったところで「何を喜んどんねん」と思ってしまいます。だから、Gonzoでは杭がないままにわけのわからん作品を出していきたい。なんなら、定義され、言語化されることから全力で逃げることが僕らのキャリアのすべてと言ってもいい（笑）。

僕らも知らなかった杭の出っ張りを見つけてくるような批評こそを読みたい。それが作品と批評の

70年代土方巽の代表作の一つ『疱瘡譚』より。「無知と悲惨」を作風とし、日本的身体を母胎とする踊り。撮影=鳥居良禅・土方巽記念アスベスト館所蔵

ポジティブな共犯関係かな、と思います。「批評的な作品=最初から杭が目立ってる」ではないはず。だから逃げ続けますよ。

岡田 J.M.クッツェーの『エリザベス・コステロ』（2005年、早川書房）っていう連作小説集があって、そのなかの「アフリカの小説」という一篇の中で、アフリカの小説はアフリカ人のために書かれておらず、ヨーロッパのほうを向いている、という議論が起こるくだりがあるんです。それってこの10年の、僕自身の問題とも大いにかぶるので、折に触れて読んでたんですが、ここしばらくは忘れてた。でも『プラータナー』のパリ公演をやったときに久しぶりに思い出しました。

ウティットが書いた『プラータナー』の原作小説は、タイの作家がタイの人に向けて書いた小説です。それはとても重要なことだと思ってます。例えばドストエフスキーだってロシアの人のために書いてたはずだけれど、今や世界的な普遍性を得ていますよね。ウティットのこの小説だってそうなる可能性はあるけど、現時点ではそうなっているわけではない。そういう作品を原作にした舞台をつくることができたということは、僕としてはとても大きいです。

パリ公演のあいだ考えていたのは「この小説をこのような形で舞台化したことは、タイ人に向けて書かれたこの物語がその外に届く可能性を大きくすることに少しでも貢献できるのだろうか」ということでした。

僕はこの物語はタイ人にとってだけしか重要なものではないとは、これっぽっちも思ってません。国家とそこに属する人々のあいだのテンションというのは、誰にだって関係のあることです。

——実際、パリ公演の直前には運転手ら労働者が、燃料価格の上昇や労働環境の改善を訴えて「黄色いベスト運動（ジレ・ジョーヌ）」のデモをフランス各地で開始しましたね。2019年4月現在も、断続的に続いていますが、作品との不思議なリンクを感じる事件です。

岡田 さっき塚原さんが言っていたことは僕も感じていて、つまり「同時代」を僕たちは意識していると思うんです。ウティットと僕はほぼ同世代で、映画や音楽の世界的流行を共有している。それを接点にして、タイの役者たちや作り手たちとも直感的に理解し合えたりする。そして、会話を重ねるなかで、タイと日本の社会の共通部分が見えてきたりもして、ひとつ例を挙げると、タイ人も日本人も、自分たちの力で社会を変えることはできないと思ってる。それについては、例えば韓国は違う。彼らは変えられると思ってる。実際、大統領を辞めさせてますよね。

——韓国というのは自分たちの手で革命に類するアクションを起こした経験を実感している国民だからでしょうか。

岡田 成功体験があるから、変えられるんですよね。だからそれは正のスパイラル。タイと日本にあるのはそれとは反対の、負のスパイラル。

——フランス、特にパリは18世紀末にフランス革命を経験して、近代社会の礎を築いた経験がありますから、それが『プラータナー』を理解する糸口になるのかもしれません。あるいは、タイや日本の不可能さを理解できない理由になるのかもしれないですが。

塚原 日本とタイの微妙な違いというのもあります。いちおう日本はまだ言いたいことは言えるけれど、タイでは王族のことはほとんど喋れない。法律で不敬罪が定められているから。僕から見ると、そのことによってすごく独特な社会が形成されていると感じました。もちろん、個人のプライベート

対談・岡田利規+塚原悠也

な空間はまた別だと思いますが。

既存のルールや文脈があるからこそ創造できる

——岡田さん、塚原さんに共通するのは、国境を越えて作品を発表するインフラを持っている点だと思います。このアドバンテージは、どのような機会、発見を与えてくれるでしょうか。

塚原 僕はもともと関西学院大学の文学部美学科出身なので、大前提としては西洋美術史、つまりヨーロッパから入ってきた哲学や美学のルールに乗るところからスタートしました。デカルトから始めて、ドゥルーズとか頑張って勉強するのも楽しかったけれど、いっぽうで、自分の手元にルールがないことにちょっとムカついたんですね。今もですけど（笑）。だから、僕の側からどうしたらルールを無効化できるか、ひっくり返せるかをやってきたわけです。それは楽しい作業ですよ。既存のルールの細かい仕組みがあるからこそ、リバース・エンジニアリング的に遡ることも可能で、いろんな介入・侵食の手段を創造できる。だからこそ『プラータナー』で、西洋のコンテクストに飽きた主人公のカオシンがドロップアウトする、「もうええわ」って美術館を後にするシーンにすごく共感できます。僕自身も憧れを抱いて高校のときに海外に行った口なんで。

——ロンドンで、ロイター通信のインターンをなさっていたんですよね。

塚原 その経験はショックでした。僕、昔ちょっとだけアメリカに住んでて、その影響で子どものときに思ってた「欧米＝すごい」は「自分もトム・クルーズやブラッド・ピットになれる！」という謎の自信と結ばれてたわけですけど、ロンドンでインターンをやってると「俺、アジア人やん」って現実に気付かされるわけです。しかし、それによって西洋への憧れを崩すことができた。ただ、軸を失って「これはやばいぞ、どうにかせなあかん」となって、極端ではありますけど土方巽を見つけた。

——暗黒舞踏の創始者ですね。土方も、ドイツのノイエタンツやフランシス・ベーコンの絵画とかに触れながら、日本人の可能なダンスに至った。

塚原 土方が面白いのは、自分が憧れてたものを否定せずに、つけ加えながらリミックスして、自分の作品をつくったことです。前提となる全部を否定しちゃったらジーンズすら履けなくなるわけですから。

——ある面では、そのこと自体を面白がったり、楽しがりながら。

塚原 そう、楽しむことですよね。それがあれば、ヨーロッパに行ってアートのルールの源流に触れたとしても、そこでどういう「態度」が可能かを思考できる。この「態度」こそが今回の「セノグラフィー」だと言えます。音楽の歴史において、パンクやノイズの発生が重要な理由も同じ。美術館行って「ベーコン、カッコイイな！」と思ってしまうことを否定しない。大切なのはその後、いかに楽しみ方を開発するかだと思います。

〔構成＝島貫泰介〕

だがやボモール ใช่ ช้าง
㊛ を逃避
　　　　　　　　ช้าง ๏
西洋 重さ 奥を使う 700c
ช้าง ช้าง
ストリート　　　ช้าง
ポンピドゥー　　　ช้าง
ช้าง　　　ช้าง　　　๏
　　　　　　　　　๏
ช้าง 体重後傾
　　　　　　　　　๏
ช้าง ๏ してなくて ใช่ ช้าง
ช้าง　ช้าง
VRを見せるには角度 66 หมวด
─────────────────
モップの音がない！

論考 | ESSAYS

文脈に関するオブセッション
文＝ダグマー・ヴァルザー

（自身の）持ち主になるための奮闘
——政治的身体と現代タイのパフォーミングアーツ
文＝アミター・アムラナン

「インターカルチュラリズム」と「国際共同制作」
——『プラータナー』を正しく歴史的に理解するために
文＝内野 儀

「すべての人々よ、団結せよ」
——タイの hiphop プロジェクト〈rad〉がアゲンストするものとは？
文＝福冨 渉

媒介するコトバ
——共同制作の新しいバイオロジー
文＝マッタナー・チャトゥラセンパイロート

文脈に関するオブセッション

文＝ダグマー・ヴァルザー

『プラータナー』ヨーロッパ初演（フェスティバル・ドートンヌ・パリ／ジャポニスム2018公式招聘作品）より。ポンピドゥ・センターにて。
Photo by Takuya Matsumi

　昨年12月半ばパリの劇場で舞台を観ている間、一度ならず、ここ以外の場所にいられたならと感じた。退屈すぎて会場をあとにしたかったわけではない。フランス語力が不足するあまり字幕を追い切れなかったからでもない。そして、実際長時間である上演を、長すぎると感じたわけでもない。逆に、上演が進むにつれてますます濃厚かつ刺激的な体験となり、語られる物語に一層ひきこまれていったのだった。

　実際のところ、ポンピドゥ・センターでの上演中繰り返し思いをはせたのは、バンコクの観客のことだった。かの地ではパリ公演の4か月前に『プラータナー：憑依のポートレート』が初演されている。バンコクの観客はいったいどの箇所で笑ったのだろう？どこで息をのんだのだろう？誰がどの場面で、物語の主人公および多くの出演者たちと自分を重ねたのだろう？そして終演後どんなことが話され、あるいは話されなかったのか？

　観る前から、ゆかりのある公演というものがある。私自身、その数週間前に東南アジアの演劇のリサーチで初めてバンコクを訪れ、演劇シーンが直面する課題などに触れていた。『プラータナー』の出演俳優にも会い、タマサート大学構内の1976年10月6日事件の記念碑の前にも立った。タイの日常のなかにある歴史と現在の継ぎ目を理解しようとした。

　本作品に参加している日本のアーティスト、岡田利規とcontact Gonzoの塚原悠也の作品には以前より接しており、高く評価してきた。岡田によるチェルフィッチュの作品はここ何年もの間、欧州でも上演されている。岡田はさらにこの数年、定期的にミュンヘン・カンマーシュピーレ劇場で演出を手掛けている。2016年同劇場での岡田の初演出作品の初日を観た際、「ドイツの」俳優がチェルフィッチュの美学を取り入れて「日本の」身体を演じていることを示そうとしているようにみえたことを思い出す。その2年後、岡田の同劇場での3作品目の初日には、そのような違和感は全く覚えなかった。私の視線が変化したのか、もしくは俳優の演技のありかたが変わったのだろうか？

　演劇において、身体と空間は常に政治性を帯びる。そして国際的にツアーを行う作品が持つ創作地の文脈は、実はもろい。凡庸に聞こえるかもしれないが、どの演劇作品の上演にも、必ず固有の観客がいる。観客の注意深さ、観客が備えている特有の参照系、そして公演毎の情動があってこそ、共同の観劇体験となり演劇公演の成功へとつながる。その体験は上演毎に新しく、会場毎に異なる。と

すると、この公演をバンコクで観たとしたら、パリでのそれより深く理解できたのだろうか？かの地での観客とその空気の中で、それは、私に何か別のことを語っただろうか？なぜ、この上演作品を真に理解するには、文脈に関する自分の知識が不足していると何度も考えてしまうのか。そして、芸術において「理解する」とはどういうことなのか？

上演中一部の小道具に、ほとんど強いられるように反応した自分がいたのを覚えている。オレンジ色の靴が幽霊のように何度も出現し、時にクローズアップでスクリーンに映し出され、その後すぐに俳優が履いて舞台を横切っていく。黄色はタイでは国王の色。赤は親タックシン勢力の色。ではオレンジは？より一層強迫観念にかられたように目が追ったのはLEDのデジタル時計で、今私たちがどの時代にいるのかを示していた。バンコクではどの観客も1992年、2010年あるいは2014年にタイで何が起こったか、そのとき自分がどこにいて、何を感じたかを思案することはないだろう。それはすでに彼らの身体に刻まれていて、集団の記憶として思い起こされるだろう。少なくとも私はそのように想像するしかなかった。2016年10月のプーミポン国王死去の日付で終わる――私には少し唐突に思われた――この作品の最後の場面に、タイの観客はどう反応したのだろう？

他の作品に比べ、『プラータナー』の上演は、自分自身の知覚をより直接問い直すものだった。「見つめる人間と、見つめられる人間」とは、モットーのように同作品を貫く一文である。役者は互いに観客となる。凝視と誘惑が、するりと監視と暴力へと変容し、権力、つまり誰が誰を監視してよい、または監視できる、という権力に関する問いが、間接的に繰り返しなされる。見つめる方と見つめられる方が入れ替わる瞬間は、芸術上の意図で決まる。主人公の私的な問いが、脆弱な社会的身体をうつしだすとき、それはカメラとプロジェクションにより複製され、同時に多数の破片へと切り刻まれる。芸術家本人が個人としてさまよう中から、トラウマを抱える、とある社会のイメージが明確に浮かび上がる。

国際的な演劇作品は、観る者に（その人の／文化的な）知覚の歴史をつきつけるという点においても、魅力的で強い。そもそも「本当の」文脈を理解したいという衝動はどこからくるのか？そこには、とある（西洋的な）姿勢、つまり距離を置きながら客観的にみることができる／みなければならない、という態度が反映されているのだろうか？私にとって説明可能な解釈を探すことが、（西洋的ではない）視点を先入観にとらわれることなく知覚することを、不可能にしているのだろうか？カオシンが、タイにおける民主化への苦痛に満ちた希求に対してもっと明確に態度を表明していれば、芸術だけでなく政治に対する主張を打ち出していれば、私にはより理解しやすかっただろうか？何かを理解したいという興味と衝動は、いつの時点からオブセッションへと変わるのだろう？

問いに次ぐ問い。幸いなことに、あの上演はすっかり私をとりこにしている。言語の響き、俳優が発する演技への喜び、彼らの多様な演技のスタイルを喜ばしく思う。常に新しい展望と空間を開いていく演劇的状況にどっぷりと浸る。岡田と塚原が、ウティット・ヘーマムーンの原作とタイの俳優とともに、全員にとって新しい道に踏み出したこと、芸術上の新天地を開拓したことに感嘆する。私自身も舞台上でおきていることの一部となり、私の中に問いが生まれては消えていくのをよりリラックスして観察している。

上演の終わりのほうで、主人公がまさにポンピドゥ・センターの中を歩き回り、4階・5階の（西洋の）美術史上の重要作品をみてまわる場面では、虚構としての空間的近さにもかかわらず、主人公は思いがけず再び、私から遠ざかる。この美術館は、彼自身の芸術家としてのアイデンティティ探索の上でどのような意味をもっているのか？これは欧州への逃避なのか、あるいは共通しているらしい基点なのか？いずれにせよこのシーンは、『プラータナー』が「普遍的」な芸術家の生涯を語ろうとしているのではないことをあらためて明確に示している。むしろこの上演の持つポテンシャルは、その物語の固有性にあり、その解釈はみる人の見解や視点によって異なる。タイの芸術家がポンピドゥでさらされた視線はどんなものだったか、スイスやフランスのアーティストが体験しえないその眼差しとは？

あのパリの晩を振り返ると、次の東京公演の場にも身をおきたいものだと思う。日本の観客が、公演で体験したことと、それまでの経験および知識（もしくは知らないこと）を照合し調整するであろうその場に。世界の知覚と芸術について、私は彼らから何を受け取るだろうか？

［翻訳＝山口真樹子］

ダグマー・ヴァルザー
Dagmar Walser

演劇批評家、スイス・ラジオ局番組制作者。2012年秋セゾン文化財団ヴィジティング・フェロー。チューリヒ・テアター・シュペクターケル（2007-2017）、ミュンヘン・シュピールアート（2018-）など国際舞台芸術祭のキュレーションやコンサルティング、スイス国内および海外の舞台芸術に関する書籍・編集も手がける。バーゼル在住。

（自身の）持ち主になるための奮闘
——政治的身体と現代タイのパフォーミングアーツ

文＝アミター・アムラナン

『プラータナー』の俳優の一人ティーラワット・ムンウィライ（カゲ）が演出・出演した『Iceberg』（2014年チュラロンコーン大学文学部演劇学科 ソッサイパントゥムコーモン劇場にて）。

タイの軍事政権は2018年で4年目を記録した。クーデターの後、14年に成立した政府は、タイが1932年に絶対君主制から立憲君主制へと変わってから19代目の政権となる。この23年間で3度目、この8年では2度目となる軍事クーデターだった。戯曲『プラータナー：憑依のポートレート』の主人公、カオシンにとっては14年のクーデターは3度目だ。彼自身の、そして彼が親密にしている者たちの身体は、自由というものが脆く儚い状況下で生きることがどのようなことかを若い頃から知っている。彼ら自身の身体、互いの身体と親密であるのと同様に、権力とも密接な関わりを持つ。その結果、彼らの身体は、政府機関の監視下で生きることがどのようなことかを知っている。自身の身体を完全に占有することが決して叶わない状況を彼らの身体は知っているのだ。

演出家、岡田利規が翻案したタイの作家、ウティット・ヘーマムーンの小説『プラータナー』は、ある若い名前のない男の、人物自体ではなく、身体についての描写から始まる。男の身体が密かに監視されている。その身体は美術モデルをしている男のものだ。

若い男は、見つめる者の存在と、彼に見つめられている自身の立場を知っている。そして、見つめる者の性的欲望の対象としての自分をも想像する。名前のない男は自身の美しさの持つ力を楽しみ、見つめる者を挑発するかのように陽気に振る舞う。見つめる者をからかうかのように、陽の光を浴びるためにプールサイドに身体を伸ばす前に水面下に姿を消したかと思えば、見つめる者の視線の前に再び身体をさらけ出す。

見つめられている男が気づいていないのは、彼が見つめる者にとって一つの身体であるに過ぎないということだ。彼の身体が咳き込む時、身体は見つめる者にとって生けるものとなり、対象物に対しての関心を失わせる。咳の音は、言葉のようなものと重なると、命あることの象徴だけでなく、人間であるという意味を持ってしまう。見つめる者は、見つめられている者が言おうとすることには全く関心がない。彼は人としての対象物にはまったく関心がないのだ。

演劇版では、舞台全体が観客だけでなく、カメラの監視下にも置かれている。キャストとスタッフはつねに観客の目にさらされており、ステージの片側から俳優は仲間の俳優達が演じているのを眺め、反対側では機材の後ろにスタッフが座っている。小道具や音響効果のための機材はすべて丸見えである。反して、あまり目につかないのはカメラで、どこかに設置されていて、ときおりカメラの見つめる物や人、行為が、皆に見てとれるようスクリーンに投影される。舞台、そして舞台上で起こることのすべてが監視下にある。

俳優が舞台の片側で位置につくと、何人かのスタッフが水の音をつくり出す。床の上に水のような青い光の筋が現れ、俳優が1人立ち上がり、シャツを脱ぎ上半身をさらけ出す。設定はプールサイド。プールに映る自分の姿のセルフィーを撮ろうとしている若い男─現代のナルキッソス─について話しながら、彼は水のなかをじっと見つめる。もう1人の俳優は、電話を片手にうつぶせになり、カメラを前後に流しながら舞台の様子を撮影している。

タイでは、言葉や写真での身体の性的描写は、日常的なもので、映像や舞台上でよりも一般的に認められている。TVや映画など、スクリーン上ですら、舞台上よりも露骨な身体的かつ性的行為の表現が行われており、小説の登場人物の性的な体験を読むことに罪悪感はないだろう。政治的抑圧の長い歴史の産物としての登場人物や身体を作家が描こうとしたのであれば、作品が日の目を見ることはなかった。

しかし、登場人物が抑圧に対して、いかなる困難を抱えていても、彼らは身体を通じて抵抗する。冒頭のプールで泳ぐ者は、彼の身体の持つ、官能的かつ性的な力を主張することで、見つめる者の視線の力に挑戦する。セックスによって生を謳歌し力を得て超越感を味わう。これらは私的な抵抗行為なのだ。巨大な社会構造への影響力はなくとも、浄化作用があり、登場人物の尊厳を守ることができる。セックスとアートは、無力感と向き合うための一つの方法であり、長く共有されてきた抑圧の歴史によって否定された尊厳を取り戻す。自由になり、己の身体の所有権を主張するために闘う、無力な身体がある。

非民主的時代におけるタイでは、言論や公共空間における言語が、最も抑制しやすいものとなった。言葉が危険である時代に、タイの現代演劇界のアーティストが身体に頼ることが多くなったのは、当然のことと言えるだろう。

私の身体、私のアート

タイのパフォーミングアーツにおける身体は、長い間、国内で最も不可侵な機関との結びつきがあった。タイがまだ絶対王政の頃、王宮は伝統舞踊や舞踊劇が発展しダンサーを訓練する場所でもあった。タイ王国国家芸術家であるマッタニー・モートダーラー・ラットニン[1]は彼女の著書『Dance, Drama, and Theatre in Thailand: The Process of Development and Modernization』[2]の序文で、歴代の王がタイのパフォーミングアーツに与えた影響について「過去には、地域の民俗舞踊や演劇にすぎなかったものが、宮廷に召集され王室の特権となり、一般市民にはタブーとなった」と言及している。

1932年、王国は立憲君主制となり、その翌年、教育省管轄の美術学校が創設され、王室の保護下にあったパフォーミングアーツは、政府の管理下となる。タイのパフォーミングアーツの教育、生徒の養成を行う国立舞踊学校ナータシン[3]が34年に創設された。現在では、高等教育機関は教育省と文化省の管轄となり、タイと欧米のパフォーミングアーツ双方を学ぶことができる。

限りなく豪華絢爛な伝統的仮面舞踊劇、コーンはタイの文化としてもっとも国際的に認められた象徴の一つとなった。シリキット女王は、ラーマ9世の統治下、舞台装置の近代化や往年の壮麗な衣裳の修復を行い、コーンの復興における重要な役割を果たした。2007年からは、ロイヤル・コーン[4]としての上演が毎年行われており、昨年、UNESCOはコーンを人類の無形文化遺産の代表的な一覧表に登録している。

タイの観客が、国内にある諸外国の大使館が後援する各国の伝統的またはコンテンポラリーなパフォーマンスの両方を見る機会があるのに対し、タイ政府は国際舞台では依然として主にコーンを紹介するだけで、現代の舞台芸術のアーティストにはほとんど関心を示していない。タイ国の歴史上、コーンは宮廷、政府の双方から政治的理由を含むさまざまな目的のために利用されてきた。現在、コーンは政府の外交、文化推進、観光のための重要なツールとなっている。

政府や、その政府から独占的な財政支援を受けている伝統劇のさまざまなジャンルが、小劇場演劇の作家たちから簡単に批判されるのは、驚くべきことではない。しかしタイの伝統舞踊への誇りは、小中学校の課程を通して幼いうちからタイ国民に植え付けられている。タイの伝統舞踊は国のアイデンティティに不可欠なのだと若い頃から教えられている。

1　Mattani Mojdara Rutnin／タイ国家芸術家。元タマサート大学の演劇・文学教授。同大にて演劇学科の創設に尽力し、芸術・芸術実践の学部開設の先頭に立つ。タイ、イギリスの舞台・文学に関する執筆だけでなく、TVの脚本の執筆、マクベス、三文オペラ、欲望という名の電車など、西洋演劇の翻訳・脚色も行なった。

2　Mattani Mojdara Rutnin, Dance, Drama, and Theatre in Thailand: The Process of Development and Modernization, (Chiang Mai, Silkworm Books, 1996), XIV

3　Witthayalai Natsin／1934年にタイの歴史家、作家、外交官、政治家のルワン・ウィチットワータカーンがパリの国立高等美術学校、ダンス・音楽アカデミーに倣って設立。現在は国内12カ所の中等・高等教育機関として発展し、そのカリキュラムは西洋のパフォーミングアーツにまで及ぶ。

4　Royal Khon（Khon Phra Ratchatan）／コーンの衣裳を再興したシリキット女王が創始したプロジェクト。女王の支援する財団に関わりのある腕のいい職人やyートの専門家との協働で、仮面を含むコーンの新しい衣裳のセットがつくられた。2007年12月に初めてロイヤルコーンは公開上演された。以来、毎年恒例となり、年を追うごとに公演数も増加している。

5 Manop Meejamrat, Patravadi Theatre／振付家。タイのベテランの演出家・脚本家で、1992年に自身の名で劇団をつくった、パトラワディ・メジュドンの学生の一人。パトラワディ劇場はタイの古典文学を翻案しタイと西洋の演劇形式を併合した舞台で知られる。マノップはタイの伝統舞踊とモダンダンスを融合し、国際的にもっとも認められたダンサー・振付家の一人として、90年代に頭角を現した。2005年パフォーミングアーツ部門のシラパコーンアワードを受賞。タイ文化省現代芸術文化局により制定・授与され、7ジャンルの中堅アーティストの名誉を讃えるものである。

6 Ottamthullal／インドのケララ州由来の舞踊劇。

7 Komonlagoon Dance Troupe／1998年設立。タイの伝統舞踊とコンテンポラリーダンスと多様なダンステクニックを融合したタイのコンテンポラリーダンスカンパニー。2011年に創設者のトンチャイ・ハーンナロンが亡くなり、12年学生の一人スパチャイ・ドントリーがもう一つの舞踊団 Komonlasilp を設立し、トンチャンのヴィジョンを引き継いだが、現在の活動は不明。

8 Thongchai Hannarong／シラパコーンアワード受賞のダンサー・振付家。2007年と2008年、インドネシアのジャカルタ、中国の北京でそれぞれ開催された国際ダンスフェスティバルでの振付によりアワードを受賞した。07年タイ日修好120周年記念の催しでは、日本の振付家、山下残とコラボレーションした。

9 Pichet Klunchun／ダンサー・振付家。2004年、ライフワークカンパニー改め、ピチェ・クランチェン舞踊団を設立。2006年シラパコーンアワード受賞。18年城崎国際アートセンターに滞在し台湾のウーカンチェンと『BEHALF』制作。

10 Chaiyot Khummanee／コーンの踊り手（悪魔役）の重鎮にして、国立舞踊学校の教師。1984年プミポン国王よりコーンの師（krob khru）の地位を授かる12人の一人に選ばれた。2012年ピチェのインタビュー記事（Manager 新聞／タイ語）によれば、チャイヨットはカリキュラムに失望して国立舞踊学校を去ったという。ピチェは16歳のときチャイヨットに出会った。チャイヨットは上の世代の踊り手に向けた非常な訓練ではなく、自身の家でコーンを教えていた。いかにしてコーンが現代のタイ社会のもっと肝要な部分になりうるかというピチェにとっての継続的な問いに対する着想源として、彼は師の教えを信頼していた。

1990年代、タイの伝統舞踊が西洋演劇の美学やコンテンポラリーダンスの技術と混ざり始め、パトラワディ劇場のマーノップ・ミーチャムラット[5]のように、西洋のダンスを学んだ何人かのアーティストがタイの伝統舞踊を取り入れるようになった。こうしたアーティストたちはこれをタイ人としてのルーツへの回帰ととらえた。タイと西洋のダンスの融合は、伝統へ敬意を示しタイらしさへの誇りを表現する一つの方法となった。バレエとインドの伝統舞踊、オッタントゥーラル[6]を学んだコモンラグーン舞踊団[7]の創立者、故トンチャイ・ハーンナロン[8]は、タイでもっとも信仰されている宗教である仏教からインスピレーションを得ることも多い彼の作品のなかで、タイとインドの伝統舞踊に西洋のダンスを融合させた。

しかし、コンテンポラリーアーティストと、長きにわたり国内最強の権力の庇護を受け存続してきたパフォーミングアーツとの出会いが、緊迫したものになることも少なくない。タイのコンテンポラリーパフォーミングアーティストとして現在もっとも国際的に評価されている1人、ピチェ・クランチェン[9]にとってタイの伝統舞踊と向き合うことは、ときに国という体制に対峙することをも意味するのだ。この10年で、より多くの舞台芸術の作家たちが国家権力を批判し転覆させるための手段として、タイの伝統舞踊を利用している。そしてより多くのタイの伝統舞踊を学んだダンサーたちがピチェの後を追い、自身のアイデンティティを主張し、コンテンポラリーダンスの領域に足を踏み入れている。

伝統舞踊では、演者の身体が、役（男性、女性、悪魔、猿）を決定し、一生演じ続けることになる一つの役を修得するために訓練する。コーンでは、男性演者は、身体の大きさによって、人間、悪魔、または猿の役を踊る。踊手はほぼ肌の露出のないきらびやかで凝った装飾の衣裳を身にまとう。猿と悪魔の役の男性舞踊家の頭と顔は仮面で覆われ、彼らは話をすることも歌うこともまったくない。語り、歌、そして会話は踊手以外が行う。

ピチェが、今は亡き彼のコーンの師チャイヨット・クムマニー[10]への賛辞として創作した『I Am a Demon』（2005年）では、コーンの踊手の身体が見え、彼の声が聞こえる。ぴったりとしたショーツだけを身に纏ったピチェが、舞踊ではなく、コーンの足を踏み鳴らす基礎練習を始め、その後、『ラーマヤーナ』のあるシーンのパフォーマンスへと移る。タイでこの作品は観客が50人も入らない小さな空間で上演され、ピチェの呼吸が聞こえ、凍った仮面の表情ではなく踊手の顔の表情が見え、コーンを踊る筋骨逞しい身体が目の前にあった。ピチェと、彼の今は亡きコーンの師の間で繰り広げられる、この芸術形式の発展についての対話。

『I am a Demon』はコーンの個人化を行い、この芸術形式の私有権を宣言している。コーンの華美な衣裳をはぎとるということは、コーンからその壮麗さ、権威の象徴を取り除くことである。その行為によって人間のかたちが暴き出されるのだ。国家権力に密接に結びつきのあるタイの伝統舞踊の持つ力を剥ぎ取るということは、個人の身体の力を取り戻そうという要求に他ならない。

伝統舞踊による自己、身体、そしてアイデンティティの所有権闘争は、ササピン・シリワーニットの『Oh! Ode』にも見られる。ピチェにとって伝統舞踊は、彼の芸術性と美学が枝を広げ、花を咲かせたルーツだが、フィジカルシアターカンパニー B-Floor Theatre のメンバーであり、実験的演劇カンパニー For What Theatre の共同創立者でもあるササピンにとってタイの伝統舞踊は圧制を意味する形式である。

ササピンはタイの伝統舞踊の教育を受けてはおらず、彼女の伝統舞踊とのはじめての出会いは、B-Floor Theatre の共同創立者ジャールナン・バンタチャート演出の『The Test of Endurance』（2015年）だった。2人のパフォーマー（ササピンとジャー）の顔と裸の上半身に、カラフルで抽象的な絵が描かれていく。最後の観客が部屋を出ていくことを決めるまで、2人はあるダンス・シークエンスをノンストップで繰り返す。時には2時間以上続くこともある、身体に負荷のかかる作品だった。

『The Test of Endurance』への出演をきっかけに、2年後、彼女は『Oh! Ode』を制作した。「私の身体のありとあらゆる部分において、この文化のなかで、女性の美の理想型というのがどれだけ不自然なものか理解した」とここでの体験について、『Oh! Ode』の終わりに出てくるメモに書いている。タイ語でOdeとは、不満を言う、嘆く、泣き叫ぶ、といった意味があり、Ohと並ぶことで、痛みや不快感を喚起するタイトルだ。

作品の始まり、ササピンは肌色の下着だけを着て、上半身裸で立っている。それから彼女の周りにいるアーティストの集団が彼女の体中に色を塗り、タイの伝統舞踊家の色彩を纏った彼女は耐え難いほどゆっくりとしたペースで滑らかに動き、タイの伝統舞踊の動きを踊り続ける。体に描いている絵ができあがると、タイ舞踊の型のポーズで停止し、美術館の展示のようにその周りに縄が張られる。

数分後、ササピンは身体をまげ、身体の邪魔をする絵の具から自由になるために顔を伸ばす。私たちの目の前で、身体でありアート作品であるものがまた人間に変化するのだ。

タイでは公共の場でのヌードが軽罪なのは重要なことだ。ササピンによる、裸体になるという選択は、単に美的な選択なだけではなく、政治的な選択でもあるのだ。作品のなかでは裸体は自由な身体だ。非民主的な社会では、権力者にとって自由とは俗悪である。タイの最高位の伝統舞踊の絵柄で自由な身体を覆うということは、道徳的な理想を課し、自由と個人の持つ俗悪さを消去することだ。ササピンの身体の苦闘は、タイの伝統舞踊が象徴する美の理想に対してだけではなく、女性の従順さやしとやかさを評価する道徳的理想との闘いでもあるのだ。

検閲される身体／消去される身体

王室は、タイの中でもっとも保護されている機関の一つで、王国には刑法第112条と呼ばれる厳罰な不敬罪法があり、政治家だけでなく国民さえも政敵に対する武器としてそれを利用している。過去5年間の政府による検閲は、数十年のなかで最悪の事態となり、結果として、メディアやアートの自己検閲の動きが、特にタイの社会で長くタブー視されているテーマにおいて高まった。

政府からも一般市民からも関心を持たれていない演劇は、これまで概して検閲を逃れてきた。その劇場は国内で最も不可侵な機関に対して批判的な芸術作品を見る場所となった。B-Floor Theatreのアーティスト、ダンサー・振付家であるタナポン・ウィルンハクン[11]以外、検閲の問題を取り上げたり、タイでもっとも敬われる機関の批判を行ったりした舞台芸術の作家たちはタイにはいないだろう。

過去10年間で演劇は2度だけ検閲の対象となっている。特に厳罰な処置がされた1度目は2015年だった。13年に学生決起による73年10月14日事件の40周年を記念したイベントの一環として上演された『狼の花嫁』[12]の上演に関わった2人の演劇活動家が、15年、不敬罪の有罪判決を受け、5年間服役（抗弁により2年半に減刑）を宣告されたのだ。

2度目の事件はB-Floor Theatreの『Bang La Merd』(2015) というオーンアノン・タイシーウォン[13]脚本・演出のソロ作品の再上演で起きた。初演前、当局から制作陣に対し、政府から上演許可を得たかどうかという実在しない手続きの問い合わせがあり、『Bang La Merd』の上演中は毎晩軍当局者が2名、ビデオカメラでパフォーマンスの撮影を行っていた。終演後、関係したアーティストや上演会場に対して法的措置が採られることはなかったが、軍政府が演劇作品に対してもっとも強く侵害したケースだった。

『Bang La Merd』で重要なのは、作品に対して何が起きたかではなく、言語と機動の両方を通じて、検閲とタイの不敬罪法の問題をいかに明確に提示したかということである。多くの演劇作品では、言葉を使用したとしても暗号のような言語もしくは身体表現によってしか、王政や現在の軍事政権の問題に取り組んでいないからである。

『Bang La Merd』初演（2012）では、オーンアノンは当初国歌を使用したかったが止めたと告白する。王室と関係のあるものを遊び半分に使って、冒瀆と見なされるのは無駄なリスクだと考えたからだ。オーンアノンの身体は、苦しそうに喘ぎ出し、強ばり、苦痛に激しく震える。不完全な映像、テキスト、彼女が演じる政治犯とのインタビューのように、彼女の身体も部分的にしか見えなくなるよう穴の空いたセットに身体を入れる。目の前にいた、歩き、話す、1人の人間が、隠れ、不完全な、検閲された身体へと変化する。

『狼の花嫁』事件の印象が残るなかで演出された『Bang La Merd』の再上演版では、検閲された身体は、危険にさらされた、脆弱な身体でもあった。オーンアノンは何百ものカミソリの刃を、上演会場の店舗の低い天井から吊るし、あるシーンでは椅子の上に立ちカミソリの刃の海に頭を入れる。パフォーマンスは野外へと移り、この時点で下着一枚になったオーンアノンは、身体を覆い守るものを

11 Thanapol Virulhakul／アワード受賞ダンサー・振付家、デモクレイジー・シアター・スタジオの共同芸術監督。彼の『Hipster the King』はIATC Thailand Dance and Theatre Awardsで3つのアワードを受賞し、ドイツのルードヴィヒスハーフェンでのOFFENE WELT国際フェスティバル、日本のストアハウスコレクションに選ばれた。彼がカールスルーエ・バーディン州立劇場と共同制作した『Happy Hunting Ground』はタイ、ドイツ、スイスで上演された。彼の最新作『退避（The Retreat）』はBangkok CityCity Galleryでのゴーストシリーズの一部であり、今年のTPAMで公開ワークインプログレスを披露したものである。

12 Jaosao Mapa (The Wolf Bride)／『狼の花嫁』の舞台は2010年に設立したプラカーイファイ・カーンラコン（Prakaifai Karnlakorn）舞踊団の再結成だった。政治的抗議として、農村地域で無料上演していたものだ。Asia Updateチャンネルで放送され、そのクリップは極右グループのメンバーの目にとまり、その上演を巻き込んで法的措置を計画することになった。メディアの何人かさえ法的措置を主張した。『狼の花嫁』に関わる3人が告発された。ポンティップ・ムンコンとパティワット・サライヤームは2年の懲役を宣告され2016年8月に放免された。ジャラン・ディッターアビチャイは、フランス政府によって政治亡命を認められた。

13 Ornanong Thaisriwong／政治的なソロ作品でよく知られるパフォーマー、演出家、プロデューサー。初演版の『Bang La Merd』の初舞台でIATCから最優秀脚本賞、最優秀女優賞の2つのアワードを受賞。Bangkok Theatre Festival 2015にてミクニヤナイハラプロジェクト『シーザーの戦略的な孤独』に出演。最新ソロ作『Sawan Arcade』で今年初めにもう一つのパフォーマンスアワードを今年初めに受賞。

14 Satapana (Establishment) trilogy/『Satapana: Red Tank』(2014)『Satapana: Iceberg』(2014)『Iceberg: The Invisible』(2015) の3作品は、2014年の軍事クーデター直後に構成したもの。3部作は政治的暴力、検閲、忘れられたタイの歴史的事件を取り扱っている。

ほとんど身につけない状態で、屋根に上り挑戦的に立つ。

『Bang La Merd』と同様に、B-Floorの共同創立者ティーラワット・ムンウィライ演出、タナポン・ウィルンハグン振付の『Oxygen』でも、苦しそうに喘ぐ身体がある。タイの政治的暴力の長い歴史を扱ったフィジカルシアター作品だ。『Oxygen』では、身体はときおり柔らかくなり、権力に屈服することもあれば、抵抗の精神に溢れ膨張することもある。

『Oxygen』が人間の身体や精神を刺激し、士気を下げるような政治的抑圧を描いているのに対し、タナポンの『幼女X (Girl X)』(2015)では、身体はほぼ死んでいるかのように扱われている。日本の劇団範宙遊泳の演出家、山本卓卓の同タイトルの脚本のリメイクで、床に横たわる身体は「アーティストの名前が現れない」芸術作品を表現している。絵画、日付と作品の注釈が変化するごとに、弱々しく身体は移動していく。すぐに、私たちはこれらの芸術作品が、20～21世紀の主な戦争や暴力的な政治事件の間に制作されたことに気づく。特にタイで起こった事件は、権力者から組織的に抑圧されたり、消去されたりしたものである。

『幼女X』では誰にも名前がない。戦争の負傷者、それを描くアーティスト、暴力の首謀者。床の上のだらりとした身体は、命を失った戦死者であるだけでなく、歴史上でも匿名であり、認められていない者なのだ。そして、ここでの匿名性は力のないものを排除し、権力を持つ者を保護するものだ。

暴力と政治的抑圧の屈辱に長く耐えてきた身体をもっとも直感的に描写しているのはティーラワットのソロ作品『Iceberg』だろう。『Satapana (体制)』[14]三部作の第二部として2014年のクーデターのわずか数か月後に上演された。作品の前半で描かれる暴力は残虐で、仮面と手袋を身につけた人物によって行われる。氷の塊が人間の身体の代わりになり、穴がドリルで開けられ、赤い絵の具が注ぎ込まれていく。そして暴力的に叩かれ、舞台上を引き回され、溶けると共に、血の色の液体の跡で舞台上が埋め尽くされていく。

最終的にティーラワットは仮面も手袋も上着もシャツも脱いで、半裸になる。もはや残酷な権力者ではなく、普通の1人の男性となり、手足を打ち付け、身体を床に投げうち、自分の顔を叩き、思考を黙らせるために、捨て身で踊る。一挙に見苦しく、挑戦的になった身体。ある種の思考は犯罪とみなされ、自己検閲を刷り込まれてきた身体。しかしその絶望と追従のなか、自由を望む身体があるのだ。

〔翻訳＝並河咲耶〕

アミター・アムラナン
Amitha Amranand

バンコク拠点の作家、翻訳家、教師。2006年からタイの演劇、アジア、ヨーロッパのパフォーミングアーツフェスティバルについて執筆。『Art4D』『BK』『ArtsEquater』など東南アジアの出版物に、タイ語と英語でアート＆カルチャーについて寄稿。現在、『Bangkok Post』の演劇評を担当。「バンコク国際舞台芸術ミーティング（BIPAM）」主要メンバー。

『プラータナー』の俳優の一人ササピン・シリワーニット（ブーペ）によるパフォーマンスプロジェクト『OH! ODE (Oh! What Joy, What Goodness, What Beauty Calls For an Ode No.7012)』(2017年 WTF Gallery and Cafe にて)
Photo by Wichaya Artamat

『プラータナー』の俳優の一人ジャールナン・パンタチャート（ジャー）が演出・出演した『The Test of Endurance』(2015年 B-Floor's Room, Pridi Banomyong Institute にて)
photos by Wichaya Artamat

「インターカルチュラリズム」と「国際共同制作」
──『プラータナー』を正しく歴史的に理解するために

文＝内野 儀

「インターカルチュラル演劇」とは何か

『プラータナー』のような作品の創造形態をどう呼ぶのかについては、確認できただけでは「国際共同制作」という当たり障りのない呼称が多く使われているようだ[1]。そのことにわたし個人は一種の感慨を覚えているわけだが、というのも、「国際共同制作」といった日本語にかなりの違和感がある、あるいは少なくともかつてはあった、からである。グローバル化によってボーダーレスになったために、近代を特徴づけてきた「国民国家」という枠組みが無効化され、それにしたがって、「国際＝インターナショナル」という概念は、実態を持たなくなると思っていたのである。事実、舞台芸術においては、1980年代以降、アーティストの地理的移動が激しくなり、「ネーション＝国民国家」への言及（＝「インターナショナル」）をあえて回避する「インターカルチュラリズム」という「イズム」、あるいは「インターカルチュラル演劇」なるジャンルが登場していた。この「イズム」に日本語圏が無縁であったわけでなく、「インターカルチュラル演劇」の代表作とされるピーター・ブルックの『マハーバーラタ』(1985)は、インドの叙事詩「マハーバーラタ」に取材した九時間に及ぶ大作で、東京にかつてあったセゾン劇場（1987〜1999）の開場一周年記念に招聘（1988）されている。本公演はそもそもアヴィニョン演劇祭のためにフランス語で制作されたが、世界ツアーが組まれて、言語は英語となったものだった。多様な国籍の俳優が参加するという形態を取っており、よくも悪くもペレストロイカからソ連邦の崩壊にいたる冷戦構造の終焉の予感（「グローバル化」）に満ちた大作であった。そして、日本ではほとんど問題にならなかったと記憶しているが、本作初演当時から、英語圏の言説空間に登場／席巻しつつあったいわゆるポストコロニアル批評からの激しい非難を浴びることになったのである。

問題は大きくいえばふたつあった。いわゆる「インドの壮大な叙事詩」とされる「マハーバーラタ」の所有権、すなわち、「それ」は誰のものか、誰に使用・編集し享受・二次創作する権利があるのか、というオーナーシップの問題と、インド固有とされる叙事詩を旧宗主国の英国出身であるピーター・ブルックが、その固有性を剥奪すること、つまり、脱文脈化してヨーロッパの演劇市場に、「芸術の名の下に＝勝手に」移植するという、旧植民地的心性の再演が疑われる脱文脈化の問題である。

ポストコロニアル批評の端緒を開いたのは、よく知られているように、エドワード・サイードの『オリエンタリズム』の出版（1978）[2]であり、いわゆる東洋趣味における植民地主義（者）的心性を、執拗かつ実証的に理論化するという画期的な書であった。そこからペレストロイカ、ソ連邦の崩壊と時間が経過するにつれ、ほぼ同時進行的に、たとえば、「サバルタンは語ることができるか」のガヤトリ・チャクラヴォーティ・スピヴァク[3]等の登場により、1990年代にポストコロニアル批評言説は人文学において多大な影響力を持つようになったのである。そこでは、「文化帝国主義」「文化盗用」あるいは「新植民地主義」といった批評言語が多用されるようになっていった。多くは旧植民地に何らかの意味での政治的アイデンティティをもつ批評家・研究者による厳しい批判だったが、ブルック批判の急先鋒もまた、インド出身のルストム・バルーチャであった[4]。

リック・ノウルズがその『演劇とインターカルチュラリズム』(2010)[5]で簡単にその歴史をたどってくれているが、バルーチャを含む「第三国」出身の批評家による主として欧米の前衛的とみなされる演出家（ブルック、フランスのアリアーヌ・ムヌーシュキン、米国のロバート・ウィルソン）批判に対して、欧米の人文的（ヒューマニスト・リベラリズム的）伝統を存立基盤にするパトリス・パヴィスなどは芸術の普遍性（＝西

---

1 たとえば、バンコクでの初演時のプレスリリースでは、「本作は、共に1970年代に生まれ、同世代である2人の芸術家を中心に立ち上げられた国際共同制作プロジェクトです」(https://www.jpf.go.jp/j/about/press/2018/003.html)とある。一方、「制作」か「製作」かという日本語表記についての議論もあり、「制作」は「コラボレーション／クリエーション」、「製作」は「プロダクション」にあたると考えられる。この差異を押さえることが重要だという指摘もある。たとえば、KYOTO EXPERIMENTの芸術監督である橋本裕介による2016年の時点での「国際共同制作」をめぐるシンポジウムでの発言を参照されたい (http://onpam.net/?p=2728)。

2 Edward Said, *Orientalism*, NY: Vintage Books, 1979.（邦訳：エドワード・W・サイード『オリエンタリズム』今沢紀子訳、平凡社、1986年）。

3 "Can the Subaltern Speak?," in Cary Nelson and Lawrence Grossberg eds., *Marxism and the Interpretation of Culture* (University of Illinois Press, 1988).（邦訳：G・C・スピヴァク『サバルタンは語ることができるか』上村忠男訳、みすず書房、1998年）

4 Rustom Bharucha, "Peter Brook's Mahabharata: a view from India." 初出は *Theater*, Vol. XIX, No.2, Spring, 1988であるが、その後何度も書き直されている。邦訳としては、1993年出版のRustom Bharucha,*Theater and the World: Performance and Politics of Culture* (London: Routledge, 1993)に収録された版の邦訳が最新である。ルストム・バルーチャ「ピーター・ブルックの『マハーバーラタ』─インドからの眺め」(エグリントン佐藤みか訳、『舞台芸術』3号、2003年、105〜129頁)。なお、この論文の「発展」については、訳者・エグリントン佐藤みかによる「解題」（同上、129〜131頁）を参照されたい。

5 Ric Knowles, *Theatre and Interculturalism*. NY: Palgrave Macmillan, 2010.

6 Patrice Pavis, *Theatre at the Crossroads of Culture*, London: Routledge, 1992. ここでパヴィスは、後年大いに議論されることになる「砂時計モデル (hourglass model)」を提出している。なお、フィッシャー＝リヒテによれば、初出は、E. Fischer-Lichte (et al.), *The Dramatic Touch of Difference: Theatre, Own and Foreign*, Tübingen: Gunter Narr Verlag, 1990 であったとのことである。(Erika Fischer-Lichte et al., *The Politics of Interweaving Performance Cultures* London: Routledge, p. 92.) また、「砂時計モデル」については、日本語での横山義志による的確な解説がある (http://onpam.net/?p=2728)。

7 Daphne P. Lei, "Interruption, Intervention, Interculturalism: Robert Wilson's HIT Productions in Taiwan." *Theatre Journal* 63 (2011), pp. 571-586. なお、Lei による「HIT」の定義は、「特定の芸術的ジャンル及び意識のあり方であり、そこでは第一世界の資本と知力が、第三世界の原料と労働と結びつけられ、西洋の古典テクストが東洋のパフォーマンス伝統と結びつけられる」(p.571、和訳は引用者)。ここでレイは、その代表格として、ピーター・ブルック、アリアーヌ・ムヌーシュキン、リチャード・シェクナーと鈴木忠志、台湾の現代伝統劇場 (Contemporary Legend Theater)、それから「ある意味では」としながら、シンガポールのオン・ケンセンを挙げている。もちろん 2011 年の時点であるので、本論の趣旨は、HIT をポストコロニアルな視点から一方的に批判するというのではなく、その現場でいったい何が成し遂げられたのかということも含め、より客観的な評価をするべきだ、という論調になっている。

8 ノウルズは本書の後半で、「インターカルチュラル・パフォーマンス・エコロジーズ」という概念を提唱し、近年増えてきている「グローバルに出現しつつある、新たなリゾーム的 (多数で、ヒエラルキーがなく、水平的)、下方からのインターカルチュラル・パフォーマンス」を論じようとしている。「HIT」ではない「ローカル、都市的、国家的、グローバルなインターカルチュラル・パフォーマンスのエコロジーの内部における、現実的で物質的な差異を横断するコラボレーションと連帯を胚胎する」(p. 59) のが新しいインターカルチュラル・パフォーマンスであるとして、自身の地元、カナダ・トロントの事例を取り上げることになっている。

9 P. Farfan and R. Knowles, "Editorial Comment: Special Issue on Rethinking Intercultural Performance," *Theatre Journal*, vol. 63, no. 4, 2011, n.p.

10 ここから本論は、フィッシャー＝リヒテの理論へシフトしていくが、ここまで論じてきたノウルズら北米を拠点とする「インターカルチュラリズム」理論の論者たちが、フィッシャー＝リヒテ的なインターカルチュラリズム批判 (後述するように、それはポストコロニアル批評を超えるというモメントを同時に持つ) ではなく、「インターカルチュラリズム」こそが、難民やディアスポラのコミュニティにとっては重要であるとし、ちょうど以下の論集を出版したところである。Charlotte McIvor and Jason King (eds.), *Rethinking Interculturalism and Performance Now*. NY: Palgrave Macmillan, 2018.

11 フィッシャー＝リヒテは、"interweaving perfor-

洋モダニズムの存立根拠) を楯に、そうした批判への反論をするということにもなった [6]。壁崩壊でグローバル化が加速度的に進行した 1990 年代は、「インターカルチュラリズム演劇」「インターカルチュラル演劇」とジャンル化あるいは「ブランディング」が可能な作品が多数登場しただけでなく、それをめぐる理論的・政治的論争も、精密化の度合いが高まるとともに、いっそう賑やかになっていったのである。そこからたとえば、「HIT」つまり、"hegemonic intercultural theatre"(「覇権主義的なインターカルチュラル演劇」) としてひとまとまりにするダフネ・P・レイといった研究者も登場することになった [7]。

ここで一点、注釈的に言っておくべきことは、ポストコロニアル批評が問題にしているのは、根拠なく見下すといったわかりやすい差別意識などではないことである。問題はむしろその逆であり、対象の文化を尊敬・崇拝する態度のほうである。根拠なく一方的に尊敬・崇拝する (少なくとも、そういう「身振り」である) からこそ、「盗用」したと「対象」の側から今度は攻撃される。崇拝するからといって、恣意的な一部だけを勝手に切り出して借りるんじゃない、というわけである (上記、「オーナーシップ」と「脱文脈化」の問題)。さらに付言するなら、ポスト構造主義を経たのちのポストコロニアル批評は、政治的無意識を問題化するのが基本姿勢であり、「そんなつもりはない」とか「そんな意図はない」では反論にならない、ということである。つまり、わたしたちのより深いレベルにまで浸透してしまっている「差別意識」、そしてその「差別意識」を内面化させて固定する教育・社会システムあるいは言語システムそのものを問題にしたのである。

こうして、芸術という (西洋的) 普遍のためだ、いや、文化盗用、文化収奪だ、といった冷戦構造終結期の「インターカルチュラル演劇」をめぐる応酬は、上記ノウルズも指摘するように、二項対立を強化することになったのは言うまでもない。というよりも、この段階になってようやく「二項」が〈双方〉に意識化されたと言った方がよいかもしれない。「西洋とその他 (the West and the rest)」「現代と伝統」「自己 (self) と他者 (the other)」であれなんであれ、「インターカルチュラル演劇」の上演／現場において、政治的非対称性あるいは経済的非対称性が、あられもなく露呈していったからである。

それからかなりの時間が経過し、こうした論争がいまでは忘却されたかのようになっているのは、すでに引用したノウルズが、2010 年の時点で、この本の後半において実演するように [8]、その後のグローバル化過程の超過速度化とでも呼べる状況によって、激しい人口移動が起き、世界の多くの国・地域が多文化化した、あるいは多文化化してしまっていることが自覚されたためである。「西洋とその他」などというあまりに大きなカテゴリーでの対立項には意味がなくなり、よりミクロレベルでのアイデンティティ・ポリティクス、あるいはコミュニティの問題にかかる社会実践や芸術・文化実践へと、ポストコロニアル批評の主要な問題意識が拡散していったのである。たとえば、すでに引用した「HIT」なる用語を使ったレイの論文が掲載された「インターカルチュラル演劇」特集 (『シアタージャーナル』2011 年 12 月) では、そうした「HIT」を批判する言説そのものが、「古典的インターカルチュラル理論」(ウィリアム・ピーターセン) と、「古典的」と定義されている [9]。つまり、いまや、そうした「HIT」ではない、より広汎な地理的圏域で起きている「インターカルチュラル・パフォーマンス」についての論考を集めた特集になっていることがそこでは強調されるのである。こうして、2011 年の段階における「演劇」から「パフォーマンス」へという実践領域あるいはジャンル的広がりが、少なくとも研究的な関心を集めつつあったことが、ここで理解されるだろう [10]。

「インターカルチュラル演劇」から「パフォーマンス文化の織り合い」へ

ゼロ年代末の状況変化を受けるかたちで、ドイツの演劇学者エリカ・フィッシャー＝リヒテが提唱する「インターウィービング・パフォーマンス・カルチャーズ」(以下、「パフォーマンス文化の織り合い」と表記 [11]) 概念が登場してくる。いや、単に概念ではなく、フィッシャー＝リヒテはその名を冠した国際的・学際的研究所をベルリン自由大学で設立 (2008) してしまうのである。その研究所は 2018 年までの 10 年間にわたり、世界各地から研究者やアーティストを長期滞在の研究員として招聘し、数多くの実績を残すことになる。この研究所の正式名称は「国際研究センター『パフォーマンス文化の織り合い』(International Research Center "Interweaving Performance Cultures")」と「国際」を冠していることにも留意しておきたい。

同研究所の最初の成果である『パフォーマンス文化の織り合いの政治学——ポストコロニアリズムをこえて』(2014) という論文集の序文「パフォーマンス文化の織り合い——『インターカルチュラル演劇』を再考する：ポストコロニアリズムをこえた経験と理論に向かって」[12] においてフィッシャー゠リヒテは、上記ノウルズと重なりながらもノウルズの北米的スタンスと微妙に距離を取りつつ、「インターカルチュラル演劇」という語そのものの理論的有効性に疑義を呈し、いま実際にさまざまな境界をこえて出現しつつあるパフォーマンスの芸術・文化実践について、「パフォーマンス文化の織り合い」という絶妙のネーミングでの概念化を試みている。

「インターカルチュラル演劇」が、「文化＝カルチャー」というものに実体があると想定して分別可能なブツとしての文化の「あいだ」という含意を持つために、実践家はある特定の「カルチャー」全体を背負うという発想なのに対し、「パフォーマンス文化の織り合い」は、字義通りに、文化は複数形で何ら大きな実体を指し示すことがない。また、それらが「織り合う」というプロセスについてのみ言及しており、そこから生まれるのは確固としたオブジェクトというよりテクスチャ（肌理）である。

> 大量の繊維がまとめられてより糸になる。それから、大量のより糸が縫われて一枚の布になる。その布は多様な繊維とより糸から構成されている。（略）そして、必ずしも、個別性の痕跡が残っているわけではない。彩色を施され、まとめられ、織り合わされて特定のパターンを形成するので、観者がそれぞれの起源をたどることは不可能になる。他方、織り合いのプロセスは必ずしも一個の全体性を生み出すわけではない。そこでは、錯誤やエラーや失敗、あるいは小さな災厄さえ起こるかもしれず、色褪せたり、織り合わされた布が汚れてしまうかもしれない。織り合いのプロセスは、必ずしもスムーズだったり直線的だったりしないのである [13]。

しかし、単にそうした個別性や細部に注目した実践や批評研究によって、多くのケーススタディを生み出せばよい、とフィッシャー゠リヒテが言っているわけではない。というのも、そこには「ユートピア的側面がある」からだと彼女は続ける。なぜなら、パフォーマンスには、「パラダイムを設定する役割」があるからだ。つまり、人びとの諸価値を組み替え、パラダイム・シフトを起こす可能性があると考えているのである。

> パフォーマンスにおいては、新しい社会的共生の形式が試され、その形式が単に出現してしまうことがある。この意味において、「パフォーマンス文化の織り合い」の諸過程は、社会における前例のない共働的な政策（ポリシー）にかたちをあたえる美学を具体化してみせることで、文化的に多様でグローバル化した諸社会のユートピア的可能性を経験するための実験的な枠組みを与えてくれる。文化的諸アイデンティティの出現、安定化と不安定化をたえず精査することで、これらのパフォーマンスはそこへの参加者をあいだ (in-betweenness) の状態へと変位させ、その結果、永続的な変位とリミナルな状態における行程そのものが、参加者の経験を構成するのである。これらのパフォーマンスの美的経験が、未来の日常生活においても経験されるのである [14]。

ここではドイツ特有の演劇＝パフォーマンスを特権化する思考が見え隠れすると批判することはたやすい。しかしながら、フィッシャー゠リヒテは、演劇ではなくパフォーマンスという語を使っている。また、ここで「美学」と言われているものを「フィクション」と言いかえるならば、未来を構想する場／プロセスとしての、「パフォーマンス文化の織り合い」の実践における「ユートピア的側面」という主張に、否定的になる必要などないのではないか。そして、二項対立を浮上させて強化してしまうポストコロニアリズムの向こうになんらかの「共働的未来」という「普遍性」を召喚するための、道筋を、あるいは希望を見いだすことに、つながるのではないか、と彼女は言うのである。したがって、学際的やインターカルチュラルではなく、「パフォーマンス文化の織り合い」の「国際研究所」は、即ち、国民国家の枠組みが依然として機能してしまっていることを前提としつつ、その枠組みとの関係性の中で織り合わされていく／織り合っていく「パフォーマンス諸文化」を研究する、あるいは実践するという、ポストコロニアリズムの経験を経た後の、現実的な地政学にも立脚した新たな普遍（「共働的未来」）の探求を謳っているのである。

mance cultures" はドイツ語の "Verflechtungen von Theaterkulturen" の英訳だが、ドイツ語と英語は全面的に意味が同じではない、としている（Erika Fischer-Lichte (et al.), *The Politics of Interweaving Performance Cultures*, NY: Routledge, 2014, p. 11. 以下、本書からの和訳は引用者による）。日本語の定訳はないが、同研究所の客員研究員もつとめたダンス研究／ダンスドラマトゥルクの中島那奈子氏の訳語である「インターウィービング・パフォーマンス・カルチャーズ（パフォーマンス文化の織り合い）」を採用させていただくことにした（個人的なコレスポンデンスによる）。もっとも正確に本来の意味を捉えていると考えたからである。ただし、本論で毎回この長い訳語を書くことはできないので、以降、「パフォーマンス文化の織り合い」と略させていただく。

12 Ibid., pp. 1–21.
13 Ibid.
14 Ibid., pp. 11–12. 強調は引用者。

日本語圏における「インターカルチュラル演劇」（1）

日本語圏についてはどうなっているのか？西洋から作品やアーティストを招聘して、何かを上演するという事例は明治期からあり、その時代時代の状況にかかわりながら、継続している。しかし、上記のインターカルチュラル演劇が問題化していた時期についてみれば、「壁の崩壊」という世界史的事態があったためか、少なくとも、ある種の同時性を感得することが可能である。それは単に、ブルックの「インターカルチュラル演劇」としての『マハーバーラタ』が日本でも上演されたという事情によるだけではない。また、上記のさまざまな文献でも必ず言及される鈴木忠志の諸作品があり、鈴木が西洋のテクストとみなされるギリシャ悲劇やシェイクスピアを使っているために、欧米の言説空間では、「インターカルチュラル演劇」として議論されていたからでもない。1980年代以降の、より大きな文脈、すなわち、国民国家としての日本の外交政策との関係において、「インターカルチュラル演劇」の問題が浮上してきていたからである。ただし、日本語圏の場合、日本という地理的想像的枠組みが強固にあり、グローバル化だのボーダーレスだの壁の崩壊だの言われていても、国民国家的枠組みはそれほど揺るがなかったと思われる。そのため、インターカルチュラルという欧米的概念は使われず、「国際共同制作」や「国際コラボレーション」等々、「国際」という冠語が疑問を持たれずに継続していったのである。

こうした潮流の中心には、1972年に設立された外務省と強い関係にある国際交流基金の活動があった。特殊法人として設立された同基金は、バブル期を前後して、日本が国家として、アジア地域との政治経済的結びつきをより強固なものにしつつあった時代的要請に応じ、90年にアセアン文化センター、さらに95年にアジアセンターを設立し、舞台芸術にとどまらないアジア地域における芸術文化の紹介事業を始めていた。その事業には、ジャンルごとに専門員がおかれ、研究と紹介を行うことになっていたが、舞台芸術のジャンルにおいて大きな役割を果たしたのが同センターの専門員だった畠由紀である。彼女の活動については、わたしが行ったインタビュー記事があり（「アジアの演劇人を繋ぐ――国際交流基金の国際共同制作」）[15]、そこでは、研究的なプロジェクトからはじまったものが、次第に招聘事業さらに、国際共同制作へと展開していった経緯を確認することができる。

ここで言及される国際交流基金主導の一連の国際共同制作のうち、欧米の「インターカルチュラル演劇」問題と接触したのは、1997年の『リア』である。原作はもちろんシェイクスピアだが、タイトルから「王」がなくなっていることから理解できるように、本作は『リア王』の翻案である。1992年以降、国際交流基金にその才能を見込まれて何度か作品を日本で上演していたシンガポールの演出家オン・ケンセンが中心となり、劇作家の岸田理生がテクストを担当。伝統芸能の代表的演者を核にしてアジア諸地域からアーティストが参加した大規模な作品である[16]。そしてこの作品について、ブルック批判でその名を知られるようになったすでに紹介したバルーチャが、「シンガポールで消費されて――『リア』というインターカルチュラルなスペクタクル」というモノグラフおよび学術誌の論文を出版したのである[17]。

この詳細にわたる『リア』批判については、バルーチャらしいというべきか、極めて複雑な論理構成になっていて、簡単にまとめることはむずかしい。しかし、多様な社会政治歴史的文脈と実際の上演および岸田理生のテクストを精緻に検討するなかで、たとえば、作品としての美学的価値や岸田のシェイクスピア劇のフェミニズム的改変にある程度の評価を与えつつ、結局この『リア』は、かつて西洋が（たとえばブルックが）〈アジア〉を文化的に収奪して消費可能なインターカルチュラルなスペクタクルに仕立てる（「所有権」を無視して「脱文脈化」する）ことを、「自分たち」でもできる、と言っているだけにならないか、という疑義を呈するのである。その背景には、そもそもアジアのなかで、すでに第一世界であるシンガポールが中心にあり、さらに、同じカテゴリーの日本（国際交流基金）が資金を提供しているという経済的非対称性の問題がある。そして、オンは「大文字の他者を消費する」という選択肢しかないことを受け入れてしまっているのではないか、と批判する。

〔本作は〕あるひとつのレベルでは、インターカルチュラルな「大文字の他者の消費」の自己批評であるとみなすことができる。しかし、大文字の他者――同じ平面にいるとみなされず、消費されるだけにふさわしい――へのほんとうの敬意がないことを正当化することによる自己賞賛に、

---

15 https://performingarts.jp/J/pre_interview/0711/1.html

16 初演時（1997）の公演概要については https://www.jpf.go.jp/j/project/culture/archive/information/old/9708/08-08.html を参照のこと。その後本作は、1999年に再演され、香港・シンガポール・ジャカルタ・パース（オーストラリア）を巡演した（https://www.jpf.go.jp/j/project/culture/archive/information/old/9901/01-11.html）。

17 Rustom Bharucha, "Consumed in Singapore: The Intercultural Spectacle of Lear," *Theater*, Volume 31, Number 1, Winter 2001, pp. 107-127. 本稿もまた当初はシンガポールでモノグラフとして出版（2000）された。

暗になってしまうのではないか[18]。

　ここでバルーチャは、本作が欧米主導の従来的インターカルチュラル演劇とは異なり、アジア地域における新たなインターカルチュラル演劇であり、主題的にも、アジアにおける家父長制の同時代的問題についての新たなヴィジョンを提示するというオンの主張に対し、強い疑義を呈している[19]。そして彼は、インターカルチュラルではなくイントラカルチュラル、つまり、自身が帰属する文化圏の内部における双方向的交流とダイナミズムを見る必要性を、より具体的には、グローバル資本主義の矛盾が「多文化化」という不可視化された具体性を持って露呈しているシンガポールのストリートとどうかかわれるかの方が先ではないか、と反論するのである。アジア地域の優れた伝統演劇の担い手を配置して、アジアの多様性と芸能的強度を謳ったところで、一体何が変わるというのか。バルーチャはそう言うのだ[20]。

　本論のもっとも重要な問いを、恐ろしく単純化してしまえば、もし、アジア圏に帰属意識を持つのであれば、かつての「インターカルチュラル演劇」の「アジア版」を作ってどうする、という問いと言い換えることができるだろう。そしてこの問い——あるいは、もはやパラダイムであるとわたしは個人的には考えているが——こそが、『リア』以降、国際共同制作を考えるときの一つの基準になったのである。そのためもあり、オン自身、『リア』以降、バルーチャの批評に応えるかのような、固有の文脈や「他者」への配慮、および、スペクタクル性の再考といった明示的な応答責任を感じさせる国際共同制作作品を、岸田理生との再度のコラボレーションである『デズデモーナ』(2000、アデレード演劇祭／福岡アジア美術館)やシンガポールの劇作家クオ・パオクンの『霊戯』(2000、シンガポール)とその改変版の『Dreamtime in Morishita Studios』(2001、東京)等で、継続していくことになる[21]。

日本語圏における「インターカルチュラル演劇」(2)

　国際交流基金の国際共同制作の話に戻ると、畠が主導したプロジェクトとは別に、野田秀樹の『赤鬼』のプロジェクトというのも、1997年から進行していた。これについては、野田と鴻英良の共著『赤鬼の挑戦』に詳しいので、詳細はその著作に譲る[22]。ただ、このプロジェクトは、既存の戯曲を「現地」の言葉に訳して、「現地」(英国やタイ、及び韓国)の俳優と上演するという意味で、カテゴリーとして、国際共同制作とまで言えるかどうかは、かなり微妙である。また、そもそもタイ版『赤鬼』は日本の世田谷パブリックシアターで1997年に初演されており、タイでの初演は翌年である。そしてロンドン版(2003)については、国際交流基金は関与していない。

　「持ち込み／乗り込み」系とでも呼ぶべきこの形態自体は、少なくとも当時はそれほど普通ではなく、上記の本では、「タイの現代演劇の現場がわたしの演出を必要としていた。だが『イギリス』はそうではない」[23]として、ロンドン版の実現に至る苦闘に、野田自身の記述の多くが割かれている。ただし、バルーチャのようなポストコロニアル批評の書き手であれば、この一言で、野田の新植民地主義的態度を批判したことだろう。一体何の権利があって、「タイの現代演劇の現場がわたしの演出を必要としていた」などと言えるのか、というわけである(実際に、そういう批判があったという話は聞かない)。しかも、そもそも、資金を日本側が提供して自分の戯曲を現地の言語で上演するというプロジェクトにおいて、である。いずれにせよ、野田がタイ・韓国で行ったような「国際共同制作」という名称の「持ち込み／乗り込み」系は、その後も国際交流基金主導で現在まで継続していくことになる。

　これとはある意味対称的に、畠が主導した『リア』以降の国際交流基金アジアセンターによる国際共同制作は、より実験的な色彩を強めることになった。ただし、方法は一貫している。基金の公的な性格を勘案し、すでに知られている東アジアや東南アジアの現代演劇を今さら紹介し直すのでもなく、今度は南アジアへと、彼女の地理的視座は広がっていったのである。現地で様々な上演に立ち会い、アーティストと話し、そして、プロジェクトを組み立てていくのが基本である。その最初がアジア五か国コラボレーションと呼ばれるプロジェクトで、二年をかけたプロセスを経て、『物語の記憶——サマルカンド・カーブル・ヒンドゥスターン』という作品が上演された(2004/05)。

　この作品では、インド、スリランカ、ネパール、パキスタン、バングラデッシュから一名ずつ演出家が選ばれたうえで、各演出家が俳優三名を推薦し、共同演出するという方法になっていた。また、

18　Ibid., p. 122. 強調は引用者。

19　オン・ケンセンは、『リア』をめぐって数多くの言説を残しており、バルーチャはそれを使って、ここでのクリティークを展開している。たとえばバルーチャらが引用するのは以下のようなオンの発言。「父を殺すことで解決はもたらされない。解決はもっと深いところまで至らなければならない。わたしにはその解決策はない。これはむしろ、わたしたちの現状についてのひとつのステートメントなのである。天安門事件、インドネシアの学生蜂起、そしてマレーシアのアンソル問題。わたしたちは希望とともに新しい時代をいつも始めるのに、希望は不可避的に何か別のものへとしぼんでしまう。だからわたしはあたらしいタイプの蜂起を見いださなければならないのだ」(p.122に引用)。

20　バルーチャがここで特に批判的に言及するのはオンが行っていたフライング・サーカス・プロジェクトである。このプロジェクトは1996年から2013年までオンが主宰するシアターワークスで行われ、バルーチャの定義では「間アジアのワークショップ」で、アジア地域にとどまらず、多様なジャンルのアーティストや研究者が招聘され、さまざまな交流を行っていた。その結果が『リア』のようなスペクタクルに使われる＝消費されるだけだとしたら、いかがなものか、とバルーチャは批判するのである (p. 124)。

21　同じくバルーチャによれば、『デズデモーナ』は、『リア』的シンデレラの醜い姉妹である」とオンは称している (p.15) としながらも、『リア』同様、厳しく批判している。(Rustom Bharucha, "Foreign Asia / Foreign Shakespeare: Dissenting Notes on New Asian Interculturality, Postcoloniality, and Recolonization," *Theatre Journal*, Volume 56, Number 1, March 2004, pp. 1–28)

22　野田秀樹＋鴻英良『赤鬼の挑戦』(青土社、2006年)。

23　同上、14〜15頁。

24　https://performingarts.jp/J/pre_interview/0711/1.html
25　https://performingarts.jp/J/pre_interview/0711/2.html

2003年にまず、それぞれの演出家の作品が、日本の観客に対して一気に紹介されるという機会があった。さらに、関係者がミーティングを重ねることにより、それぞれがどういう演劇的な思想や方法論を持っているのかを、お互いに確認する場も提供されていた。こうした周到なプロセスを経て、次の段階として、出演者全員がインドに集まり、ワークショップを行ってから、作品自体は、日本での滞在制作となったのである[24]。この創作の長いプロセスの期間、ときにヒートアップした議論もあり、最終的には、ムガル帝国の初代皇帝であるバーブル（1483〜1530）の回想録がテクストとされた。そして、共同演出の具体的な内実としては、演出家5名がそれぞれ、その回想録に触発されて場面を作るという、それでも十分冒険的な「国際共同制作」となったのである。

つづく『演じる女たち——ギリシャ悲劇からの断章』では、さらに参加国は西へと広がり、ウズベキスタンとイランから演出家が各1名、また、これまでも基金の国際共同制作に参加しているインドの演出家アビラシュ・ピライの計3名が選ばれ、それぞれの拠点で場面を作るという方式になった。同作品はまずインド・ニューデリーで初演され、その後、東京・渋谷のシアターコクーンでの日本公演となった（2007）。こうした方式での「国際共同制作」に取り組んだ畠は、その背後にある考えについて、こう言っている。

> こうしたやり方は、1人の演出家の才能に全権委任する方法に比べれば、作品のクオリティの保証という面ではリスクを伴うかもしれません。しかし、一人の演出家の下に多国籍の俳優が参加する形は、言わばオペラではごく当たり前になされていることです。私は、文化も方法論も異なるアーティストが同等の立場で一つのものを作っていくことにこそ国際共同制作の意味があると思っていて、必ずしも共同演出と限らなくてよいのですが、この点だけは基本に据えたいと思っています。もちろん、成果としての作品は最も重要です。それをもってしか、プロジェクトの意味は伝えられないわけですから[25]。

わたし個人も、上記二つの国際共同制作にプロジェクト・アドバイザーとして参画しており、進化を遂げつづけるクリエーションの方式と畠の言う「リスク」についても、現場的に経験することが多かった。ここで畠は『リア』について言及していないが、この二つのプロジェクトと『リア』のちがいは、日本国籍のアーティストが演出や劇作あるいは俳優といった上演の主要構成メンバーとして参加していないということである。『物語の記憶』では衣装の浜井弘治が、『演じる女たち』には全体舞台美術で中山ダイスケと照明の大石真一郎にくわえ、それぞれのパートをつなぐ場面等で、ミュージシャンの国広和毅と柴田暦が東京とソウルの公演のみで参加しただけだった。日本が資金を提供している国際共同制作なのに、日本国籍のアーティストが可視的には参加していない、というのが、この一連の

『物語の記憶——サマルカンド・カーブル・ヒンドゥスターン』
2004年東京公演／写真撮影＝古屋均、写真提供＝国際交流基金

『演じる女たち——ギリシャ悲劇からの断章』
2007年東京公演／写真撮影＝古屋均、写真提供＝国際交流基金

プロジェクトの最大の政治的リスクであり、畠はあえてそうしてまでも、引用にあるような、彼女が考える国際共同制作の本来の趣旨を貫こうとしたことは、特筆に値する。

　そのこともあるのか、この二つのプロジェクトについては、特にポストコロニアル批評系からの批判があったとは寡聞にして聞いてはいない。それはひとつには、ゼロ年代に入って、ポストコロニアル批評そのものが退潮気味になったということがあるだろう。それだけでなく、この二つのプロジェクトでは、原理的に考えるならば、パヴィーチ的イントラカルチュラルな方向性が示されたからでもある。それは、インド・パキスタン・バングラデシュ・ネパール・スリランカという地理的には近接しているが、多様で複雑な歴史をそれぞれが相互に関係するかたちで体験している国・地域から演出家が招聘された前者では明らかであろう。一方、後者では、そもそもギリシャ悲劇に登場する女性の登場人物をめぐる作品を45分程度でというかたちに話し合いの結果、落ち着いたため、参加演出家もそれぞれが拠点とする地域での実績もあり、三つの別個の作品の同時上演というショーケース的なイメージが前面に出ることになった。したがって、前者とは異なり、『演じる女たち』は、イントラカルチュラルというより、原理的には、共通のテーマによる差異の上演という相対主義になったのである。というのも、インド・イラン・ウズベキスタンという三か国については、歴史的成り立ちや文化があまりに違うために、そうするほかなかったのである。無理矢理混ぜ合わせたり共通性を強調することは避け、あえて相対主義を原理にしたのである。その結果、そこで提示される三つの作品のパフォーマンス諸文化を「織り合わせ」ることが、本作品が上演されたニューデリー、東京、さらにソウルの観客に、また東京での公演をNHKのTV番組「芸術劇場」(2008年11月8日)で視聴することとなった日本語圏の視聴者にも要請されることとなった[26]。

『プラータナー』における「パフォーマンス文化の織り合い」

　それから十年を経て、『プラータナー』が上演された。その間、「国際共同制作」の主導権は、国際交流基金から文化庁へとうつり、グローバル化の加速化とともに、その数を増やしていった「国際共同制作」については、文化庁が「国際共同制作支援事業」として、財政的支援をするという形式で関与することになっていった[27]。そしてこの文化庁による「国際共同制作」の制度化と呼べる事態により、「国際共同制作」という、少なくともゼロ年代まではグローバル化時代にはアナクロニズムに聞こえかねなかった呼称に、国家的正当性／正統性が与えられたのである。したがって、原理主義的に言えば、文化庁の助成金に応募するアーティストは、「国を背負う」＝「国際」ことが明示的に期待されることになったと考えられる。他方、一時期活動を縮小せざるをえなかった国際交流基金は、2014年に再び設置されたアジアセンターを中心に、新しい世代の「国際共同制作」の形を模索することになる。そして、その先端的事例が『プラータナー』である。

　本作品は、少なくとも外形的には、すでに「乗り込み型／持ち込み型」と呼んでおいた野田秀樹の『赤鬼』プロジェクトに似ている。日本国籍の岡田利規が、タイに「乗り込んで」、日本の公的機関である国際交流基金が財政的に支援する「国際共同制作」というプロジェクトを「持ち込む」からである。しかし岡田は、自身の既存の戯曲をタイ語に訳してタイの俳優で上演するという『赤鬼』の道を選ばなかった。タイの小説家ウティット・ヘーマムーンの小説を、自身が劇作家でもある岡田が上演台本に翻案し、自身がタイの俳優を演出するというかなり特異なことになったからである。その創作プロセスについてみれば、多層的で、字義通り／メタフォリカルな意味での複雑な翻訳のプロセスが介在しているのは、自明なことであろう。そのことによってだけでも、『プラータナー』が、すでに論じてきたような意味での旧来的な、西洋主導であろうがアジア圏内であろうが、「インターカルチュラル演劇」という定義にはなじまないものになったと言ってよいと思われる。

　もちろん岡田は、すでにドイツにおいて「乗り込み型／持ち込み型」の複数年度に渡るプロジェクトを、日本側の資金ではなく、先方の資金によって、行っている渦中でもあった。つまり、ミュンヘン・カンマーシュピーレという公共劇場において、自身の新作戯曲をドイツ語訳して劇場所属俳優を自身が演出し、レパートリー作品として上演するという四年間の歴史的プロジェクトである。したがってこのミュンヘンのプロジェクトは、正確には、「乗り込み型／持ち込み型」というより「乗り込み型／呼び込まれ型」とでもいうべき新しい形式で、ここにおいてすでに、岡田は「国際共同制作」の、

26 『演じる女たち―ギリシャ悲劇からの断章』については、そのテクスト及び演出家のコメント、解説等が、以下にまとまって収録されている。『舞台芸術』第14号、2008年、204〜282頁。

27 「国際共同制作」が、文化庁の指針等に登場してくるのは、管見では、2012年の「文化芸術の振興に関する基本的な方針第3次」と呼ばれる閣議決定された文書内である。その方針に従って、文化庁が「国際芸術交流支援事業」のなかに「国際共同制作公演」という募集項目を作って財政的支援を始めたのである。2008年時点の「文化芸術の振興に関する基本的な方針第2次」では、「国際共同制作」はメディア芸術や映画において言及されているのみだったことから考えると、この時期に文化庁が舞台芸術にかかる「国際共同制作公演」支援が開始され、そうした名称の公演の数が増大することにつながったと考えてよいだろう。

あるいは「インターカルチュラル演劇」の新たな地平へと至っていたのである。

また、先述したように、文化庁による「国際共同制作支援事業」の開始が象徴するように、2010年代には、大小さまざまなスケールで多種多様な「国際共同制作」が実施されるようになってきており、「何をどうするか」にかかる選択肢と参照項は増大していたという環境的変化があったことにも留意しておくべきだろう[28]。そのため『プラータナー』については、すでにパターン化されて想定可能な「国際共同制作」の枠組みや方法論がある程度固定化しつつあったなかでのプロジェクトだったとひとまず言えるかもしれない。その意味で本作は、その創作プロセスについては、他の事例に比べて、十分な時間をリサーチと話し合いにかけているということであるならば、単に「良心的」ということにしかならないだろう。したがって、問題は、実際の舞台がどうであったのか、ということにつきる。

そしてバンコクとパリですでに行われた実際の上演は、他の論者がすでに書いているように、これまでの岡田作品とはかなり異なる様相を呈するものになっていた。俳優は11名のタイ人。セノグラフィーにcontact Gonzoの塚原悠也とセノグラフィーアシスタント・映像の松見拓也、また、音響デザインの荒木優光、衣裳の藤谷香子に加えて、照明デザインのポーンパン・アーラヤウィーラシットと演出助手のウィチャヤ・アータマート、舞台監督の大田和司という布陣である。本作を論じた島貫泰介も指摘するように、その全員が、「あたかも俳優のように上演に関与する。技術ブースは客席から剥き出しで、散乱した舞台美術を移動させたり衣装を着替えるために、俳優とスタッフはコーラ（Chora）としてのプレイグラウンドを激しく往来する」のである[29]。

まずは、スタッフが日本とタイの混成チームであったという事実を押さえておきたい。もちろん、テクニカル・ブースを含めてすべてが剥き出しになり、スタッフまで上演に可視的に関与するという本上演の形式そのものは、「これまでの岡田の上演には見られなかった」ものであっても、上演史的には特に目新しいものではない。むしろ問題は、そのような上演形式を岡田たちが選択した、ということのほうである。本上演では、こうした演出的作為性と呼ぶべきものが大きな特色となっていたのである。

俳優についても、四時間という長時間に及ぶ上演のあいだ、一人の人物が割り当てられているわけでなく、本作のさまざまな登場人物を場面によって演じるのだが、演じていない俳優も舞台上に残って場面を見ていたりもして、演技が、また発語が誰に向かって行われているのか判然としない場面もある。客席に対面せず、他の俳優にあからさまに向かう場面も多々ある。

こうしたことから生起してくるパフォーマンスの時空間の質感／記号的配置を島貫は、「総勢20名弱がてんでばらばらに動き回る風景」であると形容し、そこから生じる「冗長さや散漫さは、ブラックボックスの空間を過密都市バンコクのストリート＝路上に変えていく」[30]としている。原作の主題、すなわち、ウティット・ヘーマムーンの半自伝的小説という激動のタイの歴史と折り重なるようにして展開する語りの時間と演じられる物語の「場所＝空間性」に見合うあるいは拮抗する時空の生成、ということである。

この点については、バンコクでの初演に立ち会った佐々木敦が、さらに立ち入った議論を展開している。本作が、タイ近代化の歴史にかかわる「想像の共同体」としての「地理的身体」というトンチャイ・ウィニッチャクンの概念を参考にしていることに言及する佐々木は、その「地理的身体」を岡田利規が「舞台上の身体」に変換したと論じるのである[31]。「地理的身体」は、タイの近代＝西洋化によって成立した地理学的な〈客観的〉空間把握が与えた／によって獲得された国民＝国家の身体、というくらいの意味である。もちろんそれは、それ以前の伝統的な空間意識（空間―地理的関係性による王国の臣民としての半世俗的アイデンティティ構成）との交渉において、すでにつねに構成されつづけている。そして、明確な国家権力によって、構成されつづける。それを佐々木は、「歴史に蹂躙され、ズタズタ、バラバラにされた」「地理的身体」[32]と呼ぶが、『プラータナー』の俳優の身振りと存在様式と上演のセノグラフィーは、そういう具体的なタイの歴史と作家ヘーマムーンの個人史への参照を意識しながら、「地理的身体」を「舞台上の身体」の現前の諸形式へと「変換」しているとするのである。

確かにそれはそうなのだが、本論の文脈で言うなら、『プラータナー』上演の特質は、統覚すなわち単一の作家性の欠如である。そういう拡散的な質感を上演にもたらしたのは、ほぼ常に舞台上にいるだけでなく、かなり可視的に上演に介入する塚原悠也の存在だったかもしれない。というのも、舞

---

28 国際交流基金については、2009年の政権交代にしたがって事業仕分けの対象になり、事業の大規模な縮小が行われることになったが、それ以前の2004年にアジアセンターは本部機能に統合され、事実上、閉鎖されていた。ところが、2014年に、再びアジアセンターが2020年までという時限付きで国際交流基金内に設置される。新規に活動を開始したアジアセンターは、東南アジアとの活発な国際交流活動を行うことになったのである。そこには多様な事業が含まれているが、舞台芸術関係で象徴的なのは、国際交流基金本体が長らく主催団体に加わっていたTPAMについて、2015年より、アジア・フォーカスとして、アジアとの交流に焦点を絞るようになったことである。こうして「アジア・フォーカス」な「国際共同制作」へと向かう理念的・財政的インセンティヴが、再び基金の主導によって、実装されたのである。

29 島貫泰介「『あなた』の人生の物語」「『プラータナー：憑依のポートレート』バンコク公演レビュー」https://www.pratthana.info/more/review-shimanuki/。

30 同上。

31 佐々木敦「地理的身体たちの演劇――岡田利規『プラータナー：憑依のレポート』観劇記」、『すばる』2018年12月号、72〜79頁。

32 同上、79頁。

台上には、塚原の美術作家とパフォーマンス作家としてのこれまでの活動を想起させるオブジェクトや俳優たちの身振りが、離散的・散発的に導入されるのである。そのこともあって、上演空間で生起するのは、きわめて複雑かつ異なる審級の諸要素の「織り合わせ」であり、それがすでに引用したフィッシャー゠リヒテの「パフォーマンス文化の織り合い」の記述を思い起こさせるのである。

音響や映像、具体的・抽象的オブジェクトの存在感、俳優と技術スタッフの身体性と表情と声と身ぶりと衣装の質感や色彩感、照明の作り出す光と影といった、通常の演劇上演を構成する諸要素は、ここでは、テクストの物語を観客に理解／感得させるためという単一の目的性のためだけでなく、フィッシャー゠リヒテが言うように、繊維からより糸から布へと「織り合い」、あるいは、ねじれ／ほつれ合い、「パターンを形成する」が「全体性を生み出す」ことなく、またほどけていく／ほどけそこねるのである。その諸過程に、タイや日本という国籍、あるいはタイ文化や日本文化というカテゴリーとして認知されうる諸属性が、メタレベルのみならず、リテラルな記号性においても、張り付いていないとはもちろん言えない。あるいは、それぞれのアーティストの個別性が、瞬間瞬間の時空に登記されていない、とも言えない。むしろそれが「ない」と主張するほうが欺瞞である。

しかしこの上演では、こうした固有性をあえて引き受けることで、多国籍／多文化ではなく、タイと日本というバイラテラル／二国籍／二文化間の「新しい社会的共生の形式」を試すことが可能になり、その結果として、その形式が「単に出現してしま」ったのではないか。こうして、『プラータナー』は、作家性を希薄化し多数化することで、権力的空間の代名詞であった近代の演劇＝劇場空間からも、権力性を追放したのみならず、「社会的共生の形式」をたちあげるというユートピア的プロジェクトの実験場ともなったのである。そう、フィッシャー゠リヒテの言葉を再び参照するならば、確かに『プラータナー』は、「文化的に多様でグローバル化した諸社会のユートピア的可能性を経験するための実験的な枠組みを与えてくれ」たのだ。こうして『プラータナー』は、その上演において、「国際共同制作」だの「インターカルチュラル演劇」だのといった歴史的負荷がかかった呼称から遠く離れ、「パフォーマンス文化の織り合い」という新たなカテゴリーの格好の事例として現象したのである。

内野 儀
Tadashi Uchino

日米現代演劇、パフォーマンス研究、学習院女子大学国際文化交流学部教授。1957年京都生まれ。東京大学大学院人文科学研究科修士課程修了（米文学）。学術博士（2001）。2017年まで東京大学大学院総合文化研究科教授（表象文化論）。主な著書に『「J演劇」の場所―トランスナショナルな移動性（モビリティ）へ』（東京大学出版会、2016年）など。

Photo by Takuya Matsumi

「すべての人々よ、団結せよ」
——タイのhiphopプロジェクト〈rad〉がアゲンストするものとは？

文＝福冨 渉

RAD「プラテート・クー・ミー（俺の国には）」のジャケット画

ギターのリフが鳴るのと同時に、画面の左からラッパー、リベレイト・P（Liberate P）が登場する。後景には、なにかに向かって快哉を叫ぶ群衆。リベレイト・Pが「このクソみたいな国になにがあるのか／俺たち全員で教えてやるよ」と煽る言葉に続いて、ラップが始まる。

タイのヒップホッププロジェクト〈Rap Against Dictatorship（RAD）〉が2018年10月22日に公開した、「プラテート・クー・ミー（俺の国には）」のミュージック・ビデオだ。BPM84のややゆったりとしたテンポで流れるトラックに乗せて、このプロジェクトのために集まった10人のラッパーが、8小節のヴァースを渡していく。2014年5月から続く軍事独裁政権下で起きたできごとを痛烈に批判するリリックが続き、それぞれのヴァースの最後には「プラテート・クー・ミー、プラテート・クー・ミー（俺の国には、俺の国には）」というリフレイン。

公開2日目には60万回再生と、ハイペースで再生数を伸ばしていたが、話はそこで終わらなかった。10月26日に、シーワラー国家警察副長官とタイ警察テクノロジー犯罪取締部が動く。アーティスト、MV制作者、さらにはSNS上でビデオをシェアした人間まで、コンピューター関連犯罪法に照らして、罪に問われる可能性があると述べたのだ。楽曲で歌われている内容は「国家の安定に損害を与えうる虚偽の情報」であるということらしい。あげく「裏で糸を引く人間がいるのではないか」と、謎の黒幕の存在までもが取り沙汰されることになった。

だがこうしてニュースなどで大きく取り上げられたことで、RADにとっては追い風になった。同日中にタイのiTunesチャートで1位を獲得し、Twitterではトレンド入り。もちろん市民のなかでも賛否は入り乱れていたが、その晩のうちに、再生回数は一気に数百万回増加した（金曜日の夜だったこともあり、飲食店やクラブがこぞって再生していた、という話もある）。10月29日には、公開から1週間で2000万回再生を突破した。

ここまで拡大してしまったものを、言いがかりにも近い脅しで禁止することは難しい。同日に、前述の警察副長官が再び登場し、「法に抵触する証拠はない、歌っても、聴いても、シェアしても罪には問われない」と、自身の発言を撤回した（一方RADのほうも、弁護士への相談をおこない、YouTubeのコメント欄を閉鎖するなどの措置をとった）。その後も再生数は伸び続け、11月9日現在、3000万回再生を超えている。

RADの楽曲は、近年のタイでも稀に見るソーシャル・ムーブメントになった。一体、「俺の国には」、なにがあるのだろうか？

そこには、腐敗した権力がある。以下では、「プラテート・クー・ミー」のリリックに描かれるタイ社会のできごとを辿っていく。

　「ライフルにやられたヒョウが崩れ落ちる国」、「野生のヒョウを刺し身みたいに食う力強い国」──富裕層の優遇。2018年2月、タイの最大手ゼネコンであるイタリアン・タイ・デベロップメントのCEO、プレームチャイ・カンナスートとその一派が、タイ西部カンチャナブリー県のトゥンヤイ・ナレースワン野生生物保護区で逮捕された。クロヒョウなどの野生動物の密漁に加え、猟銃や弾薬の違法所持などの容疑によるものだ。だが、逮捕の数日後に大量の保釈金を支払ってあっさりと保釈されたプレームチャイの事件は、その捜査も、裁判も、遅々として進まずにいる。

　「裁判官の宿舎が国立公園に建つ国」。2018年4月、北部チェンマイ県のドーイ・ステープ−プイ国立公園近くの森林を伐採し、10億バーツ（約35億円）の予算を投じて裁判官宿舎等を建設する計画が、同地区を上空から撮影した写真とともに話題となった。あくまで合法的に進められた建設計画である一方、環境保護を謳いながら大規模な自然林伐採を容認する軍事政権に対して、大きな批判が集まったのだ。最終的に軍事政権のプラユット首相は、ほとんど建設の完了していたこの計画の中止を命じた。しかしその後、計画が中止されたはずの宿舎に、裁判官たちが居住していることが判明し、再び批判が巻き起こっている。

　「大臣が死体の時計を身につける国」。2017年末から2018年頭にかけて、軍事政権のナンバー2であるプラウィット・ウォンスワン副首相兼国防相が、大量の超高級腕時計を身に着けているとの批判が高まった。その数は20本以上、総額にして1億円を超える。汚職追放を訴える軍事政権だが、このプラウィット副首相の腕時計は、資産報告書に記載されていなかった。プラウィット副首相は、腕時計はすべて「死んだ友人から借りたもの」であると主張している。汚職取締委員会による捜査は、もちろん、まったくと言っていいほど進んでいない。

　そして、「俺の国には」、民主政治の復活と選挙の実施を求めながら、軍政からの弾圧に抵抗する人々がいる。

　「議会が軍人の居間になった国」、「主権が悪人どもに奪われた国」、「4年経ったゼクソ野郎／まだ選挙のねえ国」。現在のタイにおける立法は、選挙で選出された議員で構成された国会ではなく、「国家立法議会」によって担われている。同議会のメンバー266名全員が、2014年5月22日にクーデターを引き起こした国家平和秩序維持評議会（コーソーチョー）──つまり現政権の中心となる軍人たち──によって選出されており、その6割近くが軍人だ。これまで選挙の実施を延期し続けてきたコーソーチョーは、2019年2月の選挙実施を発表したが、本当に実施されるのかどうか確証はない。

　「誰も政府を批判する勇気をもてない国」、「法律を言い訳に変える呪文を使える国」。2014年のクーデターから現在までに、コーソーチョーはさまざまな布告・命令を500通以上発行している。軍事政権は、これらの布告・命令によって、意見を異にする者に出頭命令を出したり、5人以上の政治的集会を事実上禁止したりすることができる。さらに、タイの刑法112条「王室不敬罪」や、116条の「煽動罪」、前述のコンピューター関連犯罪法などによって、市民の権利や自由が制限されている。タイの人権団体iLawによれば、軍政下の4年間で、不敬罪で最低94人、煽動罪で最低91人、政治的集会の禁止に反したことにより421人が告訴されている。

　RADのメンバーは、ニュースサイト、〈プラチャータイ〉のインタビューで、「これまで政治的なバックグラウンドがなかった一般の人びとでも、解釈の必要もなく、比喩を使いすぎずに理解できる」リリックを準備したと述べている。現にここまで引用したリリックは、たとえ軍事政権を支持していようと、支持していなかろうと、この4年を過ごしてきた人間ならばすぐに理解できることを語っている。

　だが、RADが本当に憂いているのは、権力の腐敗でも、軍政による弾圧でもなく、市民のなかに生まれる「分断」だ。

　再びミュージック・ビデオに戻ろう。よく見ると、ラッパーたちの後ろで叫ぶ群衆は、軍政に抑圧された自分たちを代弁してくれるアーティストたちに歓声を送っているわけではないらしい。だがこのMVの公開を待ちわびていたタイの人びと──10月14日にこの楽曲の音源だけが公開されたときから、Apple Music、Spotify、Fungjai、JOOX、SoundCloudなどで視聴を続けた、カルチャーにも

政治にも関心の高い人びと――の多くは、この群衆に見覚えがあったはずだ。

10人のうち8人のラップが終わると、ギターソロに入る。全編がモノクロのこのMVで、唯一色彩のあるシーンだ。それぞれ民族・宗教・国王を表す赤・白・青の三色旗、タイの国旗を模したギター。

ギターソロに続いて最後の2人がラップを始めると、これまで左から右に流れていた映像が、今度は左方向に振れていく。そこに映るのは、木に吊るされた死体と、椅子を振り上げて、その死体を必死に殴り続ける男性の姿だ。群衆はこの男性の行動に喝采していたのだ。ともすれば楽曲のリリックよりも衝撃的に見えるこの映像は、タイで実際に起きた事件をモチーフにしている。

1973年10月14日。時の軍事独裁政権に不満を抱いた大学生と一般市民によって構成され、40万人以上を動員した民主化運動は、治安部隊との衝突による流血の事態を招いた。しかし、国王ラーマ9世の仲裁を経て軍事政権の首脳は退陣し、タイの民主化が進展する。これを「1973年10月14日事件」と呼ぶ。

だがそれから3年、学生運動・労働運動は過激化していき、国内の混乱を招く。その結果、民衆からの支持を徐々に失っていった。さらにインドシナ半島の周辺国が軒並み共産化したことで、タイ国内でも共産主義への抵抗感が増していき、右派・軍部が左派勢力への攻撃を強めていくようになる。

そこに、国外へ逃亡していた、1973年当時の軍事首相が帰国し、左派の大学生たちが国立タマサート大学構内で抗議活動を始める。そこで上演された寸劇に登場する、虐殺された青年役の俳優の顔が、ワチラーロンコーン皇太子（現国王ラーマ10世）に似ているとして右派の市民が反発を始めた。大学を取り囲んだ右派市民に治安部隊が合流して、学生集会への襲撃が起きる。逃走を図る学生たちに対して、市民と治安部隊から容赦ない銃撃・暴行・陵辱が加えられた。

この事件を「1976年10月6日事件」と呼ぶ。死者は少なくとも41人、負傷者は145人。集会に参加していた学生たちだけで3000人以上が逮捕されたにも拘わらず、実際に殺害に関わった人間は誰ひとりとして罪に問われていないこの事件については、解明されていないことも多く、さながらタイ現代史における暗部として扱われている。

バンコク旧市街ラーチャダムヌーン・クラーン通りを訪れると、そびえ立つ民主記念塔のすぐ近くに「10月14日」を「学生運動による民主革命」として讃える大きな記念碑と展示スペースがある。一方の「10月6日」に関しては、そこからすぐ近くにあるタマサート大学構内の片隅に、ひっそりと記念碑が置かれるばかりだ。

この事件を象徴するのが、アメリカの写真家ニール・ユールビックの撮影した写真だ。右派市民によって殺害された学生の死体が木から吊るされて、椅子を掲げた市民がまさに死体に殴りかかろうとしている。周りを取り囲む人々の顔は興奮に満ちていて、中には満面の笑みを浮かべた子どもすらいる。

この写真こそ、「プラテート・クー・ミー」のMVのアイディアとなった写真だ。RADのMVを監督したティーラワット・ルチンタムは、この事件を調査する研究者たちとの議論を重ねた上で、撮影をおこなった。

ときには直接的な暴力を提示することで、人びとの感情を動かすことができるのかもしれない。40年もの月日を経て、いまだ明かされない謎の多いこの事件をきちんと見つめ直そう。そういう思いがあったと、彼はニュースサイトのインタビューに答えている。人びとが取り囲む輪のなかを、舐めるようなロングテイクで撮影することで、同じような分断と対立の歴史を繰り返すタイ社会を表現しようとしたのだ。

（YouTubeのMV下部に「Artist」10名のリストが記載されている。ここではすべて偽名が使われているが、よく見ると、多くが10月6日事件に関わる人物・団体の名前をもじったものだ。「Lady Thanom」は1973年当時の独裁首相タノーム・キッティカチョーン、「Gentle Prapas」はタノーム政権の内務省兼副首相であるプラパート・チャールサティアンから来たものだ。この2人の帰国が事件の引き金になった。「HomeBoy Scout」と「Kra-Ting Clan」はそれぞれ、ヴィレッジ・スカウト（村落自警団）と、クラティン・デーンという民間右派勢力の名称から来たものだろう。「Kitti Lamar Wuttoe」は、"左派や共産主義者を殺害することは罪になるか？"との問いに、「国家・宗教・国王を破壊する者は人ではなく悪魔だから、殺しても殺人にはならない。仏教徒であるタイ人はそうすべき（殺すべき）だ」と述べて、右派による左派殺害の思想的な正当化を手助けした僧侶、キッティウットーのことを指す。）

そう、「分断」は現代も続いている。

「政党が2極に分断されちまった国」「市民が2派に分断されちまった国」「2極のデモで人が死んだ 死んだ 死んだ国」。21世紀のタイ社会にも、大きな分断が生まれていた。

2001年に成立したタックシン・チンナワット政権は、ポピュリズム的な政策によって、タイ東北の農村部を中心に絶大な人気を得た。一方で、タックシン首相による政策の恩恵を受けず、その強権的かつ腐敗臭の漂う政治手法に反発を覚えた都市部中間層は、反タックシン・王制護持を訴えて「黄服」デモ隊を結成する。そこに軍部が加勢する形で2006年に軍事クーデターが発生し、タックシンが追放される。それに反発するタックシンの支持層が今度は「赤服」デモ隊を結成し、デモ活動を開始したことで、黄服と赤服の対立が激化する。

　選挙を実施しても勝利の公算が低い黄服派＝保守・王党派は、軍部や司法などの超法規的権力と結託する。一方の赤服派は、まず公正な選挙プロセスの履行を訴えていくようになる。両派の衝突はたびたび発生し、多くの血が流れる。

　もっとも大きな事件となったのは、2010年の4月および5月にバンコク中心部で発生した、治安部隊による赤服デモ隊の強制排除だ。数万の兵士、10万を超える実弾が投入され、100人近くの命が落とされた。多くの活動家やアーティストが、この事件を21世紀のタイにおける重要な転換点だとみなしている。

　この事件ののち、タックシンの妹であるインラックが首相に就任するが、2013年に黄服の流れを汲むデモ隊〈PDRC〉が大規模なデモ活動を始め、その混乱を収集するという名目で2014年のクーデターが発生する。

　この一連のできごとは、単なる分断だけでなく、タイ社会における格差・排除・不平等・不公正を正当化する社会的構造や思想を浮き彫りにしていった。

　道徳的な「善き人（コン・ディー）」が上に立ち、下にいる人間に（強権的な）慈愛を与えるべきだという温情主義的な思想——「本当の善き人々が アイドルとして称えられない国」、「人は言い続ける 善きことをせよ 善きことをせよ」。あるいは、国家を身体と比較し、社会の成員を身体の各器官と比較する有機的国家論——「希望を上半身に 貧乏を下半身にまとう国」。これらの思想は、上座部仏教のカルマや輪廻転生の思想とも結びつく。

　王室とそれを取り巻く軍部、上流階級の人間を頂点とする絶対的なヒエラルキーこそが「タイ社会」の正しいあり方なのだ。下層の人間は上に立つ善人から正しいものを与えられるのを待てばいい、お前たちがそうなったのは前世のおこないが悪いからだ、きちんと善行と徳を積め、足の分際で頭になろうとでも思ったか？下層にいる足には足の役割があるのだから、素直に従えばいい……。こんな考え方が、タイ社会の混乱を駆動している。

　そして、こういった状況のなかで、社会を支配する価値や思想を揺動して変革を生み出すはずのアーティストが、軍部や体制の傀儡と化していったことへの失望と怒り——「芸術家が反乱者のふりをする国」「反乱者がアリの群れみたいに政府に従う国」。

　たった80小節のラップのなかに、ひとつの国家の歴史、政治、社会、思想、感情といったさまざまなレイヤーを浮かび上がらせる、立体的な見取り図が描かれている。

　それが「プラテート・クー・ミー」なのだ。

　MVの最後に「ALL PEOPLE UNITE」の文字が浮かび上がる。この言葉こそ、RADのメンバーが真に訴えかけるものだ。この「UNITE＝団結」は、特定の思想への同調を訴えかけるものでも、どこかの派閥への合流を主張するものでもない。

　テレビ局Voice TVで公開されたインタビューで、メンバーのひとりであるジャコボーイ（Jacoboi）がこの言葉について述べている。「現実の民主主義社会で、人が本当にひとつに団結することなんかできない。すべての人間が、異なる、多様な考えをもっているからだ。ぼくたちの団結は、市民以外の権力に妨害されない場所を守るためのものだ」。

　介入を続ける権力と、市民の「分断」にアゲンストするアーティストたち。それがRap Against Dictatorshipだ。同じインタビューの終わりに、彼らはこう述べる。「芸術文化に携わる人間が表現の自由を守らなければ、いまはなにも考えず安全に表現できているものが、未来のあるときには不可能になるかもしれない。それこそ、すべての分野のアーティストたちが共有すべき足場なんだ」。

　「答えの代わりに椅子を配る」ようなことを、2度と起こさないために。

　失われた命、流された血、抑圧された心を解放するために。

　「準備はできたか？」

（補記）なお、11月3日には、軍政側からのアンサーソング（政権側はその意図を否定しているが）であるラップ「タイランド4.0ラップ：タイ人は頑張れる」が発表された。「タイランド4.0」とは、軍事政権が提案する「イノベーション」「生産性」「サービス貿易」を軸に据えた経済開発モデルのことだ。

　もはやこの曲について詳述する紙幅も気力もないが、一部だけリリックを訳出しておくので、興味がある方はYouTubeにアクセスしてもらうといいだろう（そして、そこにつけられているLikeとDislikeの数を見比べてみるといいかもしれない）。

　「朝のタイ おはよう／あくびばっかりしてないで 立って立って／座ってため息ばっかりついてないで／やりなおそう もっとWowにしよう（略）私たちが心と力を合わせるだけで／遠くまで行ける もっと遠くへ／私たちの地球は回り続ける／イノベーションで タイ人は頑張れる」。

　俺の国には、俺の国には……。

（『i-D Japan』2018年11月14日掲載記事より転載 https://i-d.vice.com/jp/article/439v3n/hiphop-project-rap-against-dictatorship）

タマサート大学構内にある、76年10月6日事件の記念碑　著者撮影

2014年クーデター直後のバンコク市内。著者撮影

媒介するコトバ
——共同制作の新しいバイオロジー

文＝マッタナー・チャトゥラセンパイロート

　2019年（仏暦2562年）3月24日、タイで約8年ぶりの総選挙が行われた。2019年2月8日にタックシン元首相派政党の一つ「タイ国家維持党」によるウボンラット王女の首相候補という衝撃の発表からおよそ半日。同じ日の夜、ワチラーロンコーン国王が「非常に不適切だ」と表明したことを受け、同党が王女の擁立を断念し、解党を命じられる結果となった。タイ社会に激震が走ったあの夜、岡田利規の言葉がふと思い出された。それは、2018年12月のパリ公演に向かう前にバンコクで岡田へのインタビューを行った際、今回の創作を経てタイと日本の共通点について語った言葉だった。人々は自分たちの力で世の中を変えられると思っていない、あきらめているところがタイと日本の社会では共通している。あきらめの感覚があの小説には流れているという。

　岡田の言う日本とタイの共通感覚としての「あきらめの感覚」はいったいどのようにして生まれたのだろうか。

『わたしたちに許された特別な時間の終わり』のタイ語翻訳と受容

　タイにおける日本文学の翻訳は今から65年前の1954年に、徳冨蘆花の『不如帰』によって開始された。2000年代以降、村上春樹をはじめ、吉本ばなな、江國香織といった1970年代後半から80年代に活躍をはじめた日本現代作家の作品が相次いで翻訳出版された。2010年代に入って、阿部和重の『IP/NN』(2014)、多和田葉子の『犬婿入り』(2014)、村田沙耶香の『コンビニ人間』(2018)等の現代小説から、太宰治、谷崎潤一郎といった近代作家の作品まで、より幅広い日本文学作品がこの時期に出版されている。近年では、ドリアン助川の『あん』(2018)、是枝裕和の『万引き家族』(2019)といった、映画化された原作小説や映画のノベライゼーション作品等が翻訳出版され、注目されている。また、森絵都の小説『カラフル』(2003)を原作としたタイ映画『ホームステイ』(2018)も昨年公開されている。2016年に刊行された岡田利規の小説集『わたしたちに許された特別な時間の終わり』も、こうした新しい知性の形を求めるタイ社会の雰囲気の中から誕生したものである。2016年8月韓国に始まり、同年11月タイに続いた後、2018年9月に英語版が刊行されたこの小説集は韓国語・タイ語・英語圏の読者に届けられている。[1]

　書評サイトGoodreadsでは「この小説集の登場人物が感じる疲労感や倦怠感、それに伴う逃避の欲

1　タイ語翻訳版の場合、タイのガムマイー出版社（Gamme Magie Edtions）の協力で、国際交流基金の翻訳出版助成プログラムを通じて実現することができた。

求は2000年代に生きる現代人の空気感をよく反映している。特に『三月の5日間』は物語内容も、人称の推移、視点の移動によって登場人物と語り手の境界線があいまいになっていく語りの形式も面白い。ダイアローグの特異性と不条理さはベケットの戯曲を思わせ、舞台版を思わず観たくなる」といったタイの読者の感想が見られる。その中で、2016年12月12日発行の英字新聞バンコク・ポストのThe Gift of Reading（新年の贈り物として各分野の著名人によるおすすめの一冊を紹介するコーナー）にて、『プラータナー』の原作小説の著者であるタイ現代文学の小説家ウティット・ヘーマムーンが『わたしたちに許された特別な時間の終わり』を挙げており、「作者はパフォーミングアーツと文学を絡み合わせる能力に長けている。物語の語り方の新境地を切り開く一冊だ」とコメントを寄せている。一般に小説と映画（あるいは言葉と映像）は小説作品の映画化という形で密接な関係を有しているが、それぞれ独立した媒体として平行に存在している。一方、岡田作品の場合、小説と演劇は互いに互いの影響によって新たな領域を広げている。前述したように、タイでは近年、日本で映画化された原作小説や映画のノベライゼーション作品等が次々と翻訳出版され、注目されている傾向が見られる。岡田作品は小説における言葉についてタイの読者が持っていた固定観念を覆すものとなる。それはウティットを含めタイの読者の言葉にも反映しているように思う。

『プラータナー：憑依のポートレート』における共同制作

2018年1月に脚本推敲のための合宿が熊本で行われた。岡田の書いた脚本の第1稿に対して、上演を想定して削ぎ落とす部分やフォーカスした方がよい部分など、演出助手であるウィチャヤ・アータマートからのフィードバックを基に、岡田の日本語台本とタイ語訳の台本を突き合わせながら、日本語・タイ語台本それぞれのニュアンスが合っているかということも推敲した。その後、第2稿を経て、第3稿からリハーサルをやりながら俳優が実際舞台上で台詞を発するときの感じ、台詞（タイ語的に違和感がないかなど）を、役者に意見を聞きながら変えていくという作業が続いた。

　原作小説の詩的な表現と、俳優が実際舞台上で発する台詞とを吟味するということによって、ある意味では、小説と演劇、タイ語と日本語という異言語間の意思疎通を緊密にしていたのである。テキストの中で視線は常に「双方向」であり、見る・見られる関係が実は「相互関係」だということが確認できるように、上演に向けた創作プロセスにおいてもそのような関係が実現されている。読み手であり書き手である岡田が、ウティットの作品を読み、それを基に上演台本を創造し、創造されたテクストがまた役者の手にわたり、観客に伝えられていくというプロセスが実行されている。言うまでもなく、その過程には、翻訳行為が介在している。それはすなわち、作者が物語を書くことによって自己表現するのではなく、他の作家の物語を読むことによって、他の世界と自分を接続していく、乗り換えていくという手法に岡田は関心を持っていたのではないだろうか。それは自ら異言語空間へ身を投じ、自由に往来すること。『プラータナー』では、覇権言語である英語ではなく、タイ語⇔日本語という言語体験を通して、自ら異質なものに触れ、媒介されることによって、定式化された物語の次元をはるかに超えたコトバの強度を獲得することになる。コトバの強度とは、強い言葉で自己主張を行うことではなく、そこに現れた葛藤やズレが重要であり、そこに耳を傾けることであろう。

　作中「ピー・アム」（金縛りの霊）の状態が繰り返し描かれ、「目に見えないものがあなたの肉を味わいにやってくるのを望んでいる。自分があらゆることをされるがままにしておく。もし縛り付けられていて、自分の力でなにもできない状態なら、自分の作った制限とか規則に罪悪感を感じずに済むからだ」というワーリーの言葉がカオシンのあきらめ状態を如実に物語っている。

　『プラータナー』を舞台化するにあたって、岡田は原作にない「あなた」（Khun）という語りかけを加えた。それによって観客はカオシンの世界に乗り換えていく、そのような空間の中に観客は自分の声を見出すのではないかと思う。舞台の終盤「あなたはもう感じない」という言葉が複数の声で繰り返され、響き渡る。その声は岡田の言う日本とタイの共通感覚としての「あきらめの感覚」を象徴していると私は考える。人々が自分の力で世の中を変えられないと思っていて、その倦怠感が今のタイにも日本にも通じている。その異質なコトバが発される空間を共有することによって、今まで気づかなかった（あるいは気づかないふりをした）あきらめの感覚や見えなかった自分の弱さと向き合うことができるのかもしれない。

戯曲
『プラータナー：憑依のポートレート』

作＝岡田利規　原作＝ウティット・ヘーマムーン

主な登場人物　カオシン
　　　　　　　ウェーラー・ワーリー
　　　　　　　教師
　　　　　　　女性詩人
　　　　　　　ラックチャオ
　　　　　　　ファー
　　　　　　　ナーム

　　　　　　NA　ナレーション

第1幕

第1場

スイミングプール／2016年

NA　真夜中のスイミングプール。水がバシャッと弾ける音。水沫が透明な弧を描く。地面に落下して砕けてポタポタ音を立てる。深夜の空気は蒸している。
　少年がプールサイドに腰かけている。

（ワーリー、カラヴァッジオの描いた《ナルキッソス》と同じポーズになっている。）

NA　少年は水面に映る自分の表情を、カメラに収めようとする。
　反射の中にいる瞬間の、自分の無為の像を捉えておきたい。意図的で、作られたものはすべて、不自然だ。ただのこわばりにすぎない。
　皮膚から、かすかな塩素の臭いが漂う。こもったような、愛と欲の液体に似た臭い。自分か誰かの腹に射精したときに、自らの人差し指を包むねばりのような。
　見つめる人間と、見つめられる人間。

川べりでのドローイング／1992年

NA　あなたも見つめられる側だったことがある。あなたは十七歳だった。
　あなたは川に潜り流れの中を泳いでは、岸に戻って身体を広げて、木々の葉の隙間から射すさまざまな形の光が、肌をほどよく温め、乾かすままにしていた。
　あなたは勃起していた。この年頃は、陽射しが太ももに温もりを撫でつけただけで、刺激に震えてしまう。
　そのときあなたは、川の向こう岸から男に見つめられていた。その男は、絵を描いていた。
　男はまだ若かった。国で随一の芸術教育機関を卒業して、卒業からあまり経たないうちに、地方の県で教員になることを決めた。
　屋外で写生したドローイング。その男が学生たちを連れ出して、絵を描かせていたあの日の午後。
　見つめる人間と、見つめられる人間。

後日、教室にて／1992年

教師　あのとき、他のみんなはちゃんとぼくが指示したように筆で描いていたよね。きみだけどうしたわけか、そのあたりで拾った木の枝を使って描いていた。インクと筆で、白い紙に描く。こんな簡単なルールに従わないのは、小さな反乱でも起こしてるつもりだった？　それとも逆に教師に褒めてもらえると思った？　芸術家は枠に囚われず、誰にも追従しないでいい。そう思ってるのかな？　でも、ルールを守らなければ、ぼくはきみに点数をつけてあげることはできない。わかるよね。

カオシン　先生が枝を使って描いてるのを見たんだよ。だからやってみたくて。

教師　知ってたよ。

カオシン　先生の絵はさ、ぱっと見、紙がインクで汚れてるだけに見えるんだけど、目を細めると飛び散ったインクが、はっきりした陽の光、濃い影、揺れる草の線、ってなるって、ぼくはわかるよ。技術がすごいと思います。その技術は天賦の才能とか、そんなんじゃないですよね、ものすごく訓練したんだきっと。
　先生はここでなにをしているの？

教師　ぼくは絵を描いている。ぼくはきみよりも若い頃から絵を描いていて、いままでそれをやめたことはない。

カオシン　どうして芸術家にならないのさ。どうして美術の先生なんかになっちゃったんだ。

教師　芸術家になりたくない人だっているかもしれないだろう。彼はただ教師になって、成長途中の若者たちと一緒に過ごして、彼らの変化を見ていたいだけなんだよ。彼は社交の場が好きじゃないのかもしれない。展覧会にいちいち顔を出さなきゃいけないようなことが。もしかすると彼は、この国の芸術家たちのような野心がないのかもしれない。（微笑む。）きみはあそこに進学するべきだ。あそこはきみみたいな人間に合っている。

カオシン　そうですか。

教師　ぼくが課外授業をしてあげよう。

第2場

詩人への想い／1992年

NA　課外授業が終わって日が暮れると、教師が夕食を食べに連れて行ってくれた。そのベジタリアンレストランを任されていた女性は、教師によれば、詩人だった。「彼女は詩人なんだ。雑誌に作品が掲載されているし、作品集も一冊出版されている」。

　彼女は活動家でもあった。自然環境と野生動物を慈しみ、ゴルフ場とダムの進出に抗議していた。三階建、二区画のタウンハウスの一室に、その事務所があった。

　あなたの欲求は、すぐに生まれた。あなたの欲求はあからさまで、シャイで、他の人間よりもこそこそしていて、すぐに彼女に見抜かれた。

詩人　日曜日わたしたちの事務所にこない？協力してほしいことがあるんだ。きみの学んでる芸術の、技術を使って、わたしの詩を布に書きつけてほしいんだ。きれいな文字を描けるでしょ？プラカードを、人々の目を引くようにしたいんだ。きみは、適任でしょ？

プラカード作り

（プラカード作りに従事するカオシン。）

NA　あなたは彼女の頼みをきいてデモのプラカードを描いた。あなたは彼女についていって、サンティアソーク教団の人々とも知り合った。あなたは彼女にしたがってモーホームを着た。

詩人の姿勢

（詩人、椅子に座っている。背中は背もたれに完全に寄りかかり、膝を曲げて両足を椅子の上に上げて、ノートを膝に置く。口には、右手にもったペンのキャップをくわえている。）

詩人　わたしたちはビジネスマンとも、富裕層とも、政治家とも、そのブランドファッションとも違う。工場と産業システムの複雑な工程を経てできている合成繊維の服は、わたしは身につけない。無垢な庶民を搾取したりしない。手を動かして労働に従事し、塩辛い汗を流し、団結から生まれる分有に喜びを覚える。生命と魂の価値について、本当の労働について、本当の教育について語る書物を手に取る。

NA　身体に密着したジーンズ。右脚と左脚を真ん中で繋ぐ縫い目。

　もし彼女に布を巻いて目隠しをすることができたなら、あなたはその縫い目に近づいて、それを見つめ、そこに息を吐きかけただろう。

　見つめる人間と、見つめられる人間。

　あなたは何度か意を決して、彼女を誘ったことがあった。今度一緒に映画行きませんか？

　だがいつも彼女は断った。そうか、彼女はシネマコンプレックスで恋愛とか、アクションとか、アドベンチャーを観るような人間ではないのだ。

　けれどもある日あなたがケビン・コスナーの『ロビン・フッド』を観終わり一人で劇場を出たとき、『愛の選択』の上演される別の劇場に入っていく人波の中に、その映画のジュリア・ロバーツみたいに、あなたの知らない若い男の背にしなだれかかっている彼女の姿を、あなたは見つけた。

部屋の鍵を返す／1992年

NA　後日、あなたが三階の部屋に向かうと、テーブルの上にメモ書きがあった。「しばらく部屋を離れるので、以前渡した部屋の鍵を返してほしい」。

　建物の入り口の梁に掲げられた看板の存在を、あなたはここから立ち去るこの期に及んで、はじめて知った。「パランタム党」事務所。それはあなたにとってどんな意味も持たなかった。

第3場

宴会／1992年

（カオシン、宴席の中心で「メコン［ウィスキー］」の瓶をつかんだ手を頭上に掲げながら、以下、愛への賛美を宣言する。宴席の人々は大声を上げて楽しそうに笑いながら聞いている。）

カオシン　愛とは見返りを求めず与えることだ！
　　愛とは所有しないことだ！
　　すなわち互いに自由を与えることだ！
　　すなわち愛を得た幸福、真実の愛とはすなわち、あらゆるものへの愛だ！
　　愛は欲望とは正反対のものだ！
　　愛は欲望なんかに汚されちゃいけない！
誰か　ヤリそびれたから負け惜しみ言ってるだけだろ！
カオシン　そうだよ！そうに決まってるだろ！ぼくは彼女に愛を返して欲しかった。愛が欲求と欲望に変わってしまうのは、どうしようもない。勃起するのもどうしようもない。なのに愛が、もっといい人にならなくてはいけない、野蛮な欲望を押し隠さなくてはいけない、って邪魔をしにやってくる。求めているということを示さずに、愛し、思いやり、気にかけているということを示しながら、自分の欲求と向き合わなければいけない。そういう演技を苦労なくできる人もいるかもしれない。でもぼくにはここに、ぼくの欲望を上に向かって引き上げていく、天国の風船がくくりつけられてるんだ。愛とはなにかなんて、わかってたまるか。愛なんて、欲望を心に閉じこめようとさせるだけ、ただ苛立たされるだけだ。だからぼくは、欲望のことを愛と呼ぶ！

（喝采。）

金縛りの霊との夜／1992年

（友人が肩を貸して、泥酔しているカオシンを寮まで送り届ける。）

NA　あなたは、部屋の前の廊下に座り込んで喋っているカトゥーイたちに出くわした。

カトゥーイ1　あらカッコいい、どこの学科かしら？
カトゥーイ2　あらぁ笑顔が素敵。
カトゥーイ3　キャァ獲物よ、咥えさせてぇ。
カトゥーイ1　あらぁお兄さんイライラしてるのね。溜まってるやつちゃんと出しなさいよ。
友人　あいつらの言うことに反応するんじゃない。
カトゥーイ2　お手伝いしてあげたいわぁ。
カトゥーイ3　そんなに酔ってたら一人でシャワー浴びられないでしょ？

カオシン　だからどうした？
カトゥーイ3　身体を拭いてあげられるじゃない。
カトゥーイ2　カギをかけちゃだめよ、拭きにいってあげるからね。キレーイに拭いてあげる。

（カトゥーイたちの笑い声。）

（カオシン、ソファに倒れ込むように突っ伏し、そのまま眠る。友人、カオシンに毛布をかけ、退場。少しして、金縛りの霊、カオシンの傍らに立つ。やがて、足元の毛布をめくりあげ、頭をその中にもぐりこませていく。）

NA　ズボンのジッパーが下ろされていくのにあなたは気がついた。
　あなたは目覚めていたが、目覚めていないふりをして、この下の影を幽霊だと、金縛りの霊［ピー・アム］だと見做した。
　霊は、あなたの中心部に息を吐きかけた。柔らかなものが包み込んできた。
　ゆっくりと、湿って、深いところまで下りてきて、それから上に向かって引き抜かれる。
　そして霊は、すべて平らげた。恥骨のあたりに肉の棒を寝かせると、下着を引いてそこを包み、ズボンのジッパーを上げ、ホックをかけた。証拠となるような汚れはなにも残さなかった。すぐに乾いて消えるわずかな湿りが残るだけだった。
　翌朝目覚めると、世界は元通りに回っていた。

あなたは気づいていただろうか？／1992年

NA　国内の状況がおかしくなっていることに、このときのあなたは気づいていただろうか？変化が起きて、良くなったり、悪くなったりしていることに？それがあなたにとってどう重要なことなのか？まったく。あなたは夜中に出歩くこともできたし、叫んで大騒ぎすることもできた。腹が減れば飯を食い、眠くなれば寝た。あなたは朝の陽射しを見つめて、去年のことを振り返る。国家治安維持評議会［ローソーチョー］のクーデターの影響など見えていない。それは真っ白なのだ。

第4場

特別な人物／1992年

NA あなたは教師に見抜かれていた。「最近、きみは心ここにあらずという感じだね。成績も下がってるし、夕方の課外授業にもあまり顔を出さない。技術は自分自身に備わるものだ。けれど、常に鍛え続けなければ、悪くなることもあるんだ。もし将来あの場所にたどり着きたいのなら、練習を続けないと。」
　教師があなたを、彼があなた同様見込みがあると思って目をかけている他の二、三人と一緒に、特別な人物に会わせてくれたことがあった。著名な芸術家で、思想家でもあり、命の意味を理解し、修行僧のような生活を送っている人物だった。

（特別な人物、結跏趺坐の姿勢で座る。）

特別な人物　芸術に携わるものは、自身を深く掘り下げて、内部に流れ巡る感情を見つめ、それを捉え、描き出す者でなくてはならない。自らを見つめ、呼吸と身体の動きを制御する。芸術的営みとは、仏法の修行にも似ている。左手への自覚。右手への自覚。自己のあらゆる部分が、いま、この瞬間、現在に、なにをしているのか自覚する。それゆえ芸術家は、哲学者たりうる。自分が芸術家と呼ばれようが、思想家と呼ばれようが、仏者と呼ばれようが、それは単に他人がわたしを呼ぶ言葉だ。他者の認識において、わたしという形を定義する言葉なのだ。わたしは言葉に囚われていない。わたしの為すことは、仕事なのだ。幸福で充足し続ける仕事になれるのであれば、言葉以上のものになれる。

NA 友人のひとりが質問をした。

友人　ぼくは芸術に身を捧げたいと思っているんです。でもそれをぼくの両親は理解してくれないんです。ぼくが芸術を志していることを認めてくれないんです。
特別な人物　きみの問題は、考えすぎることだ。思考にかかずらい、疲弊し、苦悩し、悲しんでいる。だがきみは、それでもここにいるのではないのか？ 芸術を学び、芸術に働き、芸術とともに日々目覚めている。そうだろう？ そうならば、どうして疲弊し、苦悩し、悲しんでまで考える必要があるのだ。きみはここにいるのだ、自由はここにいる。

第5場

詩人との再会／1992年

NA 一九九二年の五月が訪れた。彼女がふたたび、あなたの前に姿を見せた。
　そのときあなたは、夜半の歩道脇で、座って絵を描いていた。あなたの慣れ親しんだ三階建、二区画のタウンハウスの絵を。
　後景は漆黒。濃い青をした夜空よりも黒く、建物の一階に緑の光がちらちらと灯っているだけだった。閉じられた引き戸が、絵の左手の道路から射す黄色い光と対照になって、建物に重苦しさを与えている。
　タウンハウスのガラスルーバー窓の向こうは暗かった。だが突然、窓のところが暖かい黄色の光に充ちて、明るくなった。部屋の中で動き回る彼女の影が見えた。
　その影は窓のところにやってくると、ハンドルを回して窓を開けて、部屋に風を通した。
　影だったものが、窓際に静かに立つぼやけた身体に変わった。

（詩人、カオシンを手招きする。カオシン、詩人のほうへ近づいていく。詩人、カオシンを抱きしめる。）

詩人　一緒に来る？ バスに乗って。
カオシン　どこに？
詩人　バンコクに。行ったことある？
カオシン　ない。
詩人　党首の応援に、民衆の力を見せに、追放の叫び声を挙げに行くの。まず国会に行って、それから王宮前広場に行くの。きみが進学したいと思っている大学ととても近いよ。時間はあるはずだから、大学まで散歩に連れていってあげる。実際に通う前に雰囲気を見ておけるでしょ。タープラチャンの「ノーン」に連れて行ってあげる。
カオシン　なんですかそれ？
詩人　珍しくて、良いテープがたくさん売ってるのよ。アングラなやつとかも。「フェーム・ビデオ」にも行きましょ。アート映画とか変な映画だらけなの。
カオシン　僕も行きたい。

初めてのバンコク／1992年

NA　あなたは、非民選首相となったスチンダー・クラープラユーン陸軍大将の、辞職を求める抗議集会に身を投じた。首都で過ごすあいだ、あなたは朝から晩までデモ行進について移動していた。国会前から王宮前広場へ、そしてラーチャダムヌーン・クラーン通りへ。党首が、死を賭したハンガーストライキの実施を強く宣言していた。すでにチャラート・ウォーラチャット空軍少尉がおよそ二〇日間におよぶハンガーストライキをおこなって、ショック症状から意識を失い、病院に搬送されていた。あなたは、自分が歴史的瞬間の一部となっているように感じた。

第6場

詩人とのキス／1992年

NA　首都に来て四日目、彼女があなたをデモから連れ出してくれた。マハーラート通りへ向かい、マハータート寺院を通り過ぎ、あなたが進学を希望している大学の校門の前で立ち止まった。バスケットボールコートの横を過ぎ、小さな通路を通り抜けて、広場に出た。そして、かつてシン先生の仕事部屋だったと言われている建物に入った。

（詩人とカオシン、並んで立ち止まっている。詩人が先立って入っていく。）

NA　一糸まとわぬ姿の少女の像があった。サウェーン・ソンマンミーの《花開く》だ。乳房がつんと張り、頬骨が高く出ており、右手には蓮の花をもち、直立しているが、脚は鹿のように曲がっている。
　その後ろには、穏やかな色合いで描かれた、キュビズムふうの絵画があった。

（詩人、一枚の絵画の前に立ち止まり、そこに視線を留めている。）

NA　髪の長い女性の絵。右手を椅子の背もたれに置いており、首を傾げて、自身の二の腕に顔をつけている。（話しながらそのポーズを模倣する。）
　彼女の着ている黄色い服が、背景の壁の赤に映えている。
　バンコクに向かうバスの中で、彼女はあなたの隣で、ちょうどこんな風に首を傾けて、あなたの肩で眠っていた。
　見つめる人間と、見つめられる人間。

（ポンシット・カムピーの「ずっと」が口ずさまれる。）

（カオシン、詩人をつつく。彼女がこちらを向くと、彼は顔を寄せて、唇に唇を重ねた。詩人はすぐにそれを離す。詩人、その場を離れる。）

その日の夜／1992年

NA　その日の夜は、長く続いた。あなたは寝たり起きたりを繰り返していた。頭の中で、あのときの映像が何度も再生されていた。
　目覚めると、少し熱があった。だがその日も、外出しなければいけなかった。
　午後、それまで強い陽射しにずっとさらされ続けていたあなたは目眩がして、ふらふらと倒れ込んだ。道端のテントで休んでいるあいだ、一度も彼女の姿を目にしなかった。
　夕方になってようやく彼女が現れた。
　彼女はあなたを借家に連れて帰った。
　彼女は湿らせたタオルであなたの顔と首をふいてくれた。
　でも、してくれたのはそれだけだった。翌朝、あなたの体調は回復した。モーチットのバスターミナルから、あなたがもともといた県へ、バスに乗って戻った。

教師からの忠告／1992年

（ピンク・フロイド『狂気』）

教師　実家に帰ってるんだと思ってたよ。あ、それとも実家から戻ってきたところなのか？
カオシン　違います。
　先週バンコクに行って、あの大学のあたりを散歩してきました。シン先生の博物館にも行ってきました。
教師　きみはどの作品が気に入った？
カオシン　裸の少女の、手に蓮の花をもってるやつ。彫像です。
教師　サウェーン・ソンマンミー先生の《花開く》か。あの作品は細部まで美しいな。サウェーン先生の別の作品に、《ターントーン》というものがあるぞ。ゴヤの《裸のマハ》

の姿勢を真似た、裸婦の彫像だ。成熟した身体が富裕と豊穣を表していて、その身体はタイという国を体現してもいるんだ。彫像の英題は《ウェルス・オブ・タイランド》。この作品には逸話があってな、国家芸術展で展示されてるときに、一人の男性が作品にいかがわしいことをしたらしい。本物に似すぎていて、あまりに扇情的だったらしい。
　バンコクに行くにしても、一番行くべきでないときに行ったものだな。
カオシン　デモにも参加してきました。
教師　きみは自分の身を、もっとも危険な場所に投じていたんだぞ。わかっているのか。いまこの国の政治がどう危険なことになっているのか、知っているのか？　誰がきみを連れて行った。なんのためにそんなところにいたのか、自分で理解しているのか？
カオシン　わかってますよ。一人の軍人がクーデターを起こして権力を奪取した。そのあと、自分自身に権力を集中させて、民衆との約束を反故にした。自分の利益のために、権力を保っておきたかったんだ。ぼくは、あるべき姿への変化を目指す、大衆の一部になったんです。それこそ、正しい学生がなすべきことじゃないんですか。
教師　なにを言っているのかわからないな。これまで、軍が政権を運営しているのか、政治家が運営しているのかなんてことを、考えたことがあったのか？　きみみたいな年の子が、本当に変化を感じていたのか？　軍は、きみに勉強するなとか、絵を描くなとか言ったのか？　きみの義務はなんだ。いまを生きているきみの義務はなんなんだ。答えられるか？　きみには学ぶ義務がある。知を追求する義務がある。それこそが、きみの真の義務じゃないのか。未来の一日に向けた、準備をするべきなんじゃないのか。もしきみが姿を消したり、死んだりしたら、誰がきみのことを求めて、きみを思い出してくれると思う。両親、ぼく、そしてきみの親友なんじゃないのか？　あの場所はきみを忘れて、きみの姿を消し去るさ。だけど、言っておくぞ。きみは、きみ自身の命と未来のために必要で、そのために存在しているんだ。
カオシン　先生、怒ってるんですか？
教師　怒ってない。きみがあの場所から抜け出すのが間に合ってよかった。きみは芸術の世界に生きているんだ。不満があったり、理想を表明したいというのなら、この世界を使って表現してくれ。そのほうが、きみにとって意味がある。
カオシン　ほんと言うと、バンコクに行ったのは、あの女性詩人を追いかけてです。

教師　その感情は大事だよ。もしいつか、きみが芸術家の目をもってその感情に到達できれば、それはとても大事なものになる。

金縛りの霊との二度目の夜、そしてその翌朝／1992年

（ピンク・フロイド「あなたがここにいてほしい」）

NA　あなたは寝そべり、漂泊を始めた。眼前に広がった濃い青の湖面。貝殻と珊瑚の音。それからソナーの音。イルカが海の臍に向かって潜っていき、それから頭を持ち上げると、水面に急上昇していく。あなたは鳥のように飛び立つ。遠く離れた深い森に向かって降下する。秘密の植物。奇妙な野生動物。伝説の人虎と緊那羅。ちりのようにまたたく静寂。夜の黒い粒子が降り注ぎ、一粒、一粒、あなたの皮膚に積もっていく。

　あなたの耳は、なにかの音をはっきりと捉えていた。つま先で踏みしめながら、近づいてきて、ドアの前で止まる。息を吸って、吐く音がして、もう一度深く息を吸い込む音がして、ドアが開いて、入ってくる。

　最初に鍵をかけなかったのは偶然だったかもしれないが、二度目に鍵をかけなかったのは、食べさせたいという欲望がそこに働いているということだというのは、霊は理解していた。

　その身体は、以前のように足元のほうから這って入った。あなたはスポーツ用のショートパンツしか履いていなかった。両手が、脚の前側から、あなたの中心に向かって、いとも簡単に滑り込んできた。触れられて、撫でられて、引き出される。ショートパンツは脱がされた。その顔は股のところに埋められていて、匂いを吸い込んで、それから熱く濡れた舌が亀頭の形をなぞる。

　毛布がめくられて、あなたの胸のところに乗せられた。霊は自らのズボンのホックを外した。そしてあなたに跨った。あなたの棒をつかんだ霊は、それを擦りながら、自分の身体の中心にある穴にそれを向け、うめき声とともに身体を下ろしていった。ようやく棒の半分まで入ったところで、あなたは痛みと、引っかかるような感覚を覚えた。霊も同様のことを感じたようだ。大きく息を吸い込んで、喘いだ。あなたはわざと、寝返りを打つように腰を一度動かした。霊は、痛みのあまり鋭い声をあげた。あなたのほうにも、締め付けと窮屈さの快感が押し寄せた。霊は尻を動

かしてあなたの棒を引き抜いた。その瞬間に、あなたは達してしまった。液体が勢いをつけて噴き出し、霊の尻と脚にかかった。あなたの下腹部にも降ってきた。霊はズボンを元に戻すと、急いで部屋を出ていった。あらゆる痕跡が、あなたの身体に残されたままだった。性欲の残痕、血のあと、大便のかす。

　あなたは午後になって目覚めた。身体を洗ったあなたは、寮を出て食事に向かった。人々はみな、口を揃えて同じ話をしていた。すべての新聞の見出しと、同じ話を。軍が集会参加者に発砲したらしい。ラーチャダムヌーン通りの官公庁が燃やされたらしい。そしてその午後、チャムローン・シームアン陸軍少将が拘束された。一九九二年五月一八日の午後だった。そして、五月二〇日。この日にデモ隊のリーダー、チャムローン・シームアンと、軍最高司令官スチンダー・クラープラユーンとが、和解を促された。

第7場

フェイスブック／2016年

NA　あの夜のプールで出会った少年が、友達リクエストを送ってきた。「ウェーラー・ワーリー」というハンドルネームを使っている。

　友達リクエストを承認する瞬間、いつも興奮するし、不思議にも思う。もっと深いもうひとつの部屋に足を踏み入れて、親しみを感じる。さて、ワーリーの部屋に踏み入って、そこで目にした画像は？

　デモ隊の中で友人たちと楽しそうに笑う写真。みんなが同じ服を着て、手首に国旗を巻いて、首からホイッスルを提げている。

　あるとき、あなたは出頭させられた。あなたの投稿は安定を脅かし、対立を生むし、分断を起こす歪曲的な内容に抵触するから。

　他の場所のことなら、どんな光と暗闇があるという話をしても構わない。だが、ここにあるのか、ないのか、という話はしてはならない。なぜなら、ここは、こういう場所だからだ。ここ特有の、自然な姿なのだ。

　変化をただ受け入れるためだけに生きていく。それが現在のあなただった。投稿するとしたら、自分の描いた絵。それか、これまで味わった世界中のさまざまなビールの味について。

（メッセンジャーの画面。ワーリーが上げたビールの写真。シュナイダー・ヴァイス・TAP5・マイネ・ホッペンヴァイセ。続けてメッセージ。）

ワーリー　「あなたがいつ飲んでもいい気持ちになるって投稿してたから飲んでみました。」
カオシン　「それで、気に入った？」
ワーリー　「うーーーん、においが変な感じ。」
ワーリー　「お店の人は、ヒューガルデンが好きならこれも好きかもだよって言ってたんですよ。」
カオシン　「ヒューガルデンに似てるのは、どちらもウィートビアだからだ。」
カオシン　「でも、同じウィートビアでもたくさんの種類に分類できる。」
カオシン　「ヒューガルデンは、ベルジャンウィート。」
カオシン　「シュナイダーのTAP5はジャーマンウィートだ。」
カオシン　「正確にはヴァイツェンボック。普通のウィートビアより濃いし、アルコールも強い。」
ワーリー　［目を回してめまいを起こしている絵文字］
カオシン　「情報に酔った？」
ワーリー　［ニカッと笑う絵文字］
カオシン　「きみのいる店は、たぶん、ぼくもよく飲みに行く店だ、昼下がりに。」
カオシン　「だいたい午後二時から七時のあいだ。ぼくの好きな時間帯。」
カオシン　「陽光と熱風の麻酔薬。」
カオシン　「一日のうちのうら寂しく、蒸し暑い時間に、飲んだことのない新しいビールを飲む。」
カオシン　「そして毎日、夜十一時にもならないうちに床に入る。」
ワーリー　「あなたの描いた絵、好きですよ。フェイスブックに上げてるやつ。」
カオシン　「失業者の趣味だ。」
ワーリー　「モデルはどこで探すんですか。」
カオシン　「ふつうのエロサイトだよ。」
カオシン　「生身のモデルは難しい。」
カオシン　「姿勢とか、動きとか、身体をそういう格好にさせるのが。」
ワーリー　「ぼくのこと、描きたい？」

第8場

シン・ピーラシー像／1995年

NA　シン・ピーラシー教授。シラパコーン大学の創設者。タイ近代芸術の父。元の名前はコラード・フェローチ。イタリア、フィレンツェ生まれ。
　目標としていた芸術系の学部に入学したあなたは、シン・ピーラシー先生の子どもの一人になった。

実習風景／1995年

（カオシンと同級生が実習に取り組んでいる。）

「フレッシー」／1994年

NA　新入生は、先輩たちから「フレッシー」と呼ばれた。あなたたちフレッシーは、相互の協調を愛するように、先にいた人々や教師たちに敬意を向けるように強制された。「新入生歓迎」という無垢な名前の下で。

リーダー格の先輩　きみたちは、隣の人間のことを知っているか。
　なんという名前で、どんな性格なのか。
　きみたちは、自身の先輩たちのことを知っているか。
　ここではぼくたちは、兄弟として過ごす。
　これまでの人生に、友人と兄弟は存在しなかった。
　友人と兄弟はここにいるのだ。
　きみたちは新入りだ。ここのことについてなにも知らない。
　きみたちはこの学部の中を、なにもわからず、認められることなく、許可を得ることもなく歩き回ってはいけない。
　まず、過去を放棄しよう。ここで新たな個人の歴史を始めるのだ。
　自分の過去を捨てることで、みなが平等になれる。
　あなたの父は大学の創設者だ。失望させるわけにはいかない。

NA　あるときあなたたちフレッシーは、暗い部屋の中に並ばされる。真っ暗。そして目を閉じるよう言われる。

命名の儀式／1994年

（〈あなた〉より先に、新入生の女性が先輩たちから呼ばれる。脅すような叫び声が彼女に浴びせかけられる。「名前はなんだ！」「苗字はなんだ！」「どこ出身だ！どこの高校を卒業した！」両親のつけてくれたあだ名、生まれたときからずっと、友人知人が彼女を呼ぶときに使った名前を、彼女が伝える。「だめだ！いらない！」先輩たちの野蛮な怒号。彼女は驚いてしまう。なにを答えるにも、語尾にうっかり北の言葉の「チャオ」をつけてしまう。それを理由に、このときから使われる彼女の新たな名前「ラックチャオ」が与えられる。〈あなた〉の番がくる。引きずられ、目を開けるよう言われ、白くまばゆい光が顔じゅうに浴びせかけられたとき、〈あなた〉は一瞬目を白黒させて、痙攣し、倒れる。先輩たちが〈あなた〉を支えて、まっすぐに立たせた。誰かの声が響く。「おい、しっかりしろ。幽霊が取り憑いたのか！」おかしそうに笑う声。誰かが提案した〈あなた〉の新しい名前「カオシン」に、先輩たちが賛意を示す。命名の儀式の終わりが宣告される。）

NA　あなたより先に立たされたのは、女性の友人だった。
　彼女は恐怖のあまりあなたの手をとってすがりついていたが、やがて引き剝がされる。暗闇に響く先輩たちの大声が、全員に目を閉じるよう告げる。
　続いて、椅子の上に立つ彼女に、目を開けるよう言う声。そこに、あたりを包むまばゆい光が射しこむ。
　そして暗闇の中から、脅すような叫び声が彼女に浴びせかけられる。
　「名前はなんだ！」「苗字はなんだ！」「どこ出身だ！どこの高校を卒業した！」
　両親のつけてくれたあだ名、生まれたときからずっと、友人知人が彼女を呼ぶときに使った名前を、彼女が伝える。
　先輩たちの叫び声。「だめだ！いらない！」野蛮な怒号と、机や壁を叩く音。
　彼女は北部の人間で、柔らかな話しぶりをする。けれども、先輩たちから脅しつけられて、彼女は驚いてしまう。なにを答えるにも、語尾にうっかり北の言葉の「チャオ」をつけてしまう。
　それを理由に、このときから使われる彼女の新たな名前「ラックチャオ」が与えられる。
　あなたの場合も同じだった。
　引きずられ、怯えと震えとともに椅子の上に立たされ、目を開けるよう言われ、白くまばゆい光が顔じゅうに浴びせかけられたとき、彼は一瞬目を白黒させて、痙攣し、よ

ろめいて椅子から落ちそうになった。
　そこを先輩たちが支えて、まっすぐに立たせた。
　誰かの声が響く。「おい、しっかりしろ。幽霊が取り憑いたのか！」
　おかしそうに笑う声。誰かが提案した彼の新しい名前「カオシン(憑依)」に、先輩たちが賛意を示す。

リーダー　終わりだ。……後輩たち、よく聞きなさい。しっかりしろ！……終わりです！

NA　この名前で、一八歳以降のあなたは呼ばれることになった。「カオシン」、なんてブラックユーモアだ！あなたはもっとも秘匿された、個人的な時間を思い返していた。金縛りの霊が憑依するのに任せた、夜の時間のことを。

第9場

外の人間は口をだすな／1995年

NA　一九九五年初頭。あなたが二年生に進級した頃、『週刊マネージャー』紙が、一面のスクープ記事に見出しを打ったのだった。「タイ芸術黄金期、商業主義への道」。いわく、タイ芸術界にはバブルが起きていて、ビジネスとの関係が強くなっており、芸術作品の価格が急上昇している。タイの芸術家たちは資本家やビジネスマン、銀行員、新時代の富豪たちに魂を売り渡してしまっている。問題はそこに載った合成写真だった。シン・ピーラシー先生の像の台座に刻まれている名碑が「Sale 50%」の文字で隠されていた。
　あなたたちは隊列を組んで、マネージャー紙の編集部までデモ行進をした。その時期の数週間は、授業にならなかった。自身の学舎を侮辱した「外の人間」の行為に憤っていた。あるべき方向に向けて改善したり修正したりすることがあるとすれば、それは「ぼくたち」がすることで、外の人間が口を出していいことじゃない。

芸術評論家への制裁／1995年

NA　ある芸術評論家が、あなたたちの大学とその学派の人々が国の芸術を独占している現状に対する疑義を唱えた文章を発表した。これはマネージャー紙の一件に火に油を注ぐことになった。
　あなたの先輩が、この評論家の経歴を調べた。そして、彼がかつてあなたたちの学部に入学しようとして、失敗したということを調べてきた。つまりこういうことだろう。その失敗が、評論家の心の傷になったのだ、そしてそれが、この大学に対する敵意へと変わっていったのだ。そうに違いない。
　大学内の展示を見に来た評論家を、あなたたちは、丁寧な言葉遣いで誘った。ゆっくり話しましょう。取りかこみ、逃げ道を塞いだ。評論家が口を開こうとすれば、口をつぐむようお願いした。彼は文章の中で話しすぎたのだから。今度は彼が、あなたたちの声を聞く番だ。評論家は周りを取りかこんで迫る兄弟たちにいたぶられた。体当たりをされたり、肘で小突かれたり。この評論家は芸術活動もおこなっていた。野暮なシュールレアリスム。ひび割れた大地、水牛の角、鋭い鎌、そして歪められた労働者階級の身体。こんなに時代遅れなのに、よくも厚かましく教育批判ができたものだ。自身の作品作りに挫折して、他人の作品批判に転向したんだ。あなたの先輩が、評論家に飲ませようともってきたワインをわざとこぼして、評論家の身体を汚した。評論家は逃げようとしたが、肩を押さえつけられて動けなかった。
　評論家はしばらくして、ひとりきりで出ていった。赤ワインが彼の上衣と、ズボンの股のところにかかっていた。先輩たちは愉快そうに評論家をからかった。「生理がきたの？」「自分のおちんちんを切って遊ぶなんて、変なの」。
　あなたはそのとき、実は思っていた、これは恥ずべき行為だと。相手の人間性を、逃げ道も守る手段もなく貶める行為。でも、あなたが口にできたのは「先輩、この人の服、汚れちゃいましたよ」。それだけだった。

何年も経ってからあなたは気がついた

NA　何年も経ってからあなたは気がついた。あれが、他人を締め出して、自分たちはなにひとつ変化しないことを望む、単なる集団的自己防衛のメカニズムに過ぎなかったことを。
　だがそれは未来のことだ。
　今わたしたちは、未来を使って、過去を語っている。成熟を利用して、無垢について語っている。
　わたしたちの語る声は十分に成長している。人生の道のりで廃れ、死んでいったものごとを深く理解するほどには、長く生きている。

第10場

友人との対話／1996年

友人　この三年、職業高校の三年間も入れたら六年、ぼくらはひたすら技術的熟練のための訓練だけ繰り返した。でも考えること、批評することは、全然学んでない。たとえばさ、かつて西洋では、一枚の五線譜が飛んできて、芸術家がヴァイオリンを描いている、まだ色の乾いていないキャンバスに貼りついたことがあった。以来、絵画が立体的なミクストメディアの特徴をもち、やがて展示室の空気を支配するようになり、インスタレーションアートになった。作品が額縁の外へ、展示室の壁の外へ、美術館という場所の外にさえ、飛び出していった。それは、作品と美術館以外の空間との関係とか、作品とコミュニティーとの関係とか、あとは、その芸術家の属する政治体制への批判とか、そういうことが芸術作品を通して発表されたってことなんだ。芸術とそれが存在する社会との関係についての認識を欠いた状態で、いくら大胆な手法を作り出しても、そんなの、世界の現代芸術の舞台から落とされない程度にじたばたすることくらいにしか役立たない付け焼き刃にしかならない。作品の内容が変化することはほとんどない。ありきたりな道徳的観念。仏教思想から影響を受けたありきたりな真理。輪廻転生とか生老病死とか。

カオシン　確かに。先輩たちの卒業制作展示や、教師たちのグループ展、個展、年次展で繰り返し目にするよな。常に「輪廻転生」してる。

友人　タイの芸術は教育の終着点も、未来の芸術家像のゴールも、仏教的道程にのっとった善と美の真理を目指すことなんだよ。因果も、輪廻転生も、すべてが三蔵の宇宙に揃っている。

カオシン　なにもかもくだらないな。また新入生歓迎活動の時期がやってきたし。知ってるか？ ぼくらの同期から今年の脅し役が三人選ばれたんだよ。来年四年生になったら、彼らが新人訓練の方向性を決める、絶対的な権力の中枢になる。ぼくは関わり合いになりたくない。

友人　ぼくもだよ。ていうかここの価値観の中に染まってる暇はないよな。できるだけたくさんの選択肢を知って、できるだけたくさんの刺激を吸収したい。今のオルタナティヴ・ロックみたいにさ。映画だって、インディーズ映画や、海外の映画祭で上映された作品なんかが、文化センターや、アートハウス系の映画館や、海賊盤ビデオで、どんどん見れるようになってる。視覚芸術だって同様だ。うちの大学の〈偉大な〉芸術的権威を当てにしてたら、気づいたときは新しい大きな波に飲み込まれてるだろう。ダイナミックな動きは、大学の外で生まれてる。キュレーターがアーティストや作品を選定し、プロジェクトに参加させるんだ。タイのアーティストがヴェネツィア・ビエンナーレやアート・バーゼル、ドクメンタに参加するのも、もはや遠い夢じゃないだろう。でもそれは、そういう新しい動きが実現する夢だよ。この学校が実現することじゃない。

NA　あなたたちは、初めて展覧会に作品を出品することになった。ある新世代のキュレーターが選定した「注目すべき新時代のアーティストたち」として。あなたたちに大きな衝撃を与える経験だった。あまりにも違いすぎた。あなたたちの大学の、教員と先輩たちが参加する展覧会のオープニングでは、一年次の学生は彼らに付いてギャラリーの中をぞろぞろ歩かなければいけない、というしきたりとは。

カオシン　このまえ授業中、教員から皮肉を言われたよ。「おー、大芸術家の作品だ。もしかするとこの教室は、きみには小さすぎるのかもしれない。外の人間に作品を見てもらいなよ。ぼくたちにはさ、きみが成績をつけてほしいのかどうかわからないんだ」。

友人　ぼくも言われたよ。「きみみたいに頭でっかちのやつは、毎年いるんだよ。言っておくけど、きみが初めてじゃない。あんまり自分のことを偉いと思わないほうがいい」。

カオシン　このあいだ、つぎの新入生歓迎行事の計画と会議に参加して、ともに協議してくれっていう依頼が来たよ。蹴ってやったけど。

友人　むこうは不愉快になっただろう。

カオシン　うん。「おまえさ、ただ否定するだけじゃダメなんだよ。なにか解決策を出さないと」だって。

友人　やめちまえよあんな慣習、必要ない。

カオシン　ぼくもそう言ってやった。

友人　そしたら？

カオシン　「おまえ簡単に言いやがって。俺たちがやらなくたって、他の代はやるだろうが。俺たちの代がやらなくて、新歓が一年でさらっと消えるとでも思ってんのか」。ぼくは、フレッシー全員に新歓に参加するかしないか選ぶ権利を与えればいいって言った。上の代は参加したいってやつにだけ新歓をやってやればいいって。

友人　むこうがなんて言ったか当ててやるよ。「全員が同じように平等に扱われなきゃダメなんだ」。

カオシン　その通り。「同じ代のフレッシーのあいだで、訓練されたやつとされてないやつが一緒にいられるわけないだろ。ちゃんと考えろよ」だとさ。クソが。死ぬほど頭痛ぇ。

NA　あなたは四年生に進級した。あなたはバンハーン・シンラパアーチャーが首相を務めていたその年に施行された教育融資基金［コーヨーソー］に申請し、通った。最初の金が銀行口座に振りこまれると、寝床をこの学部から、安いアパートに移した。

第11場

ワーリーがカオシンの部屋に来る／2016年

NA　あなたの部屋にワーリーがやって来る。あなたの芸術の、モデルになるために。

美術史上の姿勢と身体

NA　美術史上の姿勢と身体。動きを通して命を表現すること。ギリシャまで遡る問題。静止状態を表現する絵画と彫刻において、身体の動きと歪みが、ひとつの行動からもうひとつの行動に移行するあいだが表現されているとき、それは命をもつ。

　この絵画、一〇〇×一四〇センチメートルの油彩画も同様だ。教師によって描かれたあなた自身。裸の身体は、背中を岩につけて寝転んでいる。片足が曲げられて、身体の芯棒を隠すかっこうになっている。上半身は歪み、絵の中で近くにいる凝視者のほうを向いている。片腕は上げられて、大小の木々の隙間をぬって射しこむ陽光を防いでいるようだ。ギリシャ的な身体の美をもった姿勢が、東南アジア的な場所、風景、環境の中に配置されている。

教師の絵の前で／1996年

（ラックチャオ、帳面を持っている。）

ラックチャオ　すっごいホモセクシュアル。

カオシン　描いた人がそうだとは思わないけどね。この作者は、ここに来る前にぼくの先生だった人なんだ。純粋で、シンプルで、流行に流されない思考のもちぬしだ。
ラックチャオ　だけど、流行に乗ってしまっている。あなたもさ、流行に乗って、ホモなんじゃないの。
カオシン　きみはどうなんだ、ラックチャオ。経験のある人間はさ。
ラックチャオ　性別はそんなに大事じゃないと思う。わたしはただ抱いて、抱かれるのが好き。
カオシン　きみの選んだ人とね。それは誰でもいいってわけじゃないんだろ？
ラックチャオ　あなたのそういうところ。反駁し続けて、世界中のあらゆるものに疑問を投げかけ、自分の感情をほじる。
カオシン　そういうところが、何？
ラックチャオ　時計を分解するのは好きだけど、好きで得意なのは分解することだけで、自分で時計を作ることはできない人間みたい。もしうちの学部が芸術理論の専攻を作ったら、あなたは絶対にトップの学生になるね。
カオシン　けど、どんな芸術的作業にも、その基礎として思考は必要なんじゃないのか。思考が先導して、創作の方向性を維持してくれる。目をつむって、感情のままに歩いていく。目を開けたら、見たこともない場所に立っている。歩くのに使った感情は、慣れと熟練でしかないのに。目を閉じたときのイメージの通り道を、きみはまっすぐなものだと信じている。もしかすると、円を描いてぐるぐる歩いているかもしれないのに。
ラックチャオ　理論専攻に入学しなって。

（このあたりからカオシンとラックチャオ、距離を徐々に縮めていく。）

カオシン　言わせてもらうが、触れることとか愛とか温もりを求めているのに、どうしてフレッシーには正反対のものを与えるんだ。なんで正反対のプロセスに参加しているんだ。
ラックチャオ　愛とか、温もりとか、触れあいに到達する方法にも、いろいろあるんじゃないの……。
カオシン　一番直接的な方法にすれば簡単で、ややこしいジグザグしたプロセスをあれこれ考える必要もないのに？
ラックチャオ　あなたはさ、複雑さや二項対立や言葉と行動の不一致を、世界にまったく残さないつもりなの？

（二人の距離はものすごく近い。）

ラックチャオ体験に身を投じれば、それそのものに変わる。詳しいことがわからないままそこに入って、そこから出てきてもまだ理解できていない。だからって、すべてを読み解かなければいけないの？ すべてを理解できるようにしようっていうの？

（カオシン、ラックチャオを強く抱きしめ、唇を押しつけあう。ラックチャオ、カオシンを軽く押しやる。）

ラックチャオ　いいわ。この出来事を理解できるように説明してよ。わかりやすく。あなたがよくやるみたいに。

（カオシン、ラックチャオの持っている帳面を取る。）

カオシン　これ何？
ラックチャオ　ノート。見ればわかるでしょ。
カオシン　中見ていい？
ラックチャオ　見たいの？

（ラックチャオ、帳面を取り返そうとする。カオシン、帳面を持っているほうの腕を後ろに高く伸ばして彼女が帳面に手が届かないようにする。）

カオシン　中見ていい？
ラックチャオ　好きにしたら。

ラックチャオのノートの中身／1996年

NA　煙草の吸殻、バスのチケット、レストランのレシート、ビールの蓋、コースター、小銭、一部だけ切り取られたポスター、血にも似た濃い茶色のシミがついたティッシュ。ラックチャオのノートには、こういったものがすべてセロテープでとめられていた。そして大部分は、絵の下書きだった。彼女の自画像。なんらかの動物が描かれているときもあった。鳥、黒猫、蛹や芋虫。あるいは、地下や深海のもっとも深くて暗い場所からのぞく、奇妙な形をした目。

ラックチャオを批判するカオシン／1996年

カオシン　また、あの、深海の奇妙な生き物を使うんだろう。
ラックチャオ　どうしてわかるの。

カオシン　絶対に使うとみた。ぐねぐねしてて、一〇〇対の目があって、一〇〇〇本足で、身体が伸び縮みする節に分かれてたり。柔らかくも醜い状態を、男性器と女性器と結びつけようとしている。どうして奇妙な顔形の動物にしなきゃならないんだ。
ラックチャオ　だから象徴なんだって。表象なの。
カオシン　なんの。
ラックチャオ　二項対立の。美と醜、愛と欲望、幸福と哀惜。
カオシン　それが海の生き物みたいな顔してんのか？ ははっ。
ラックチャオ　それぞれの人の想像上の生き物は一緒じゃない。
カオシン　どうして想像じゃなきゃいけないんだ。怪物を想像しているのは、中間的な記号にすぎない。当たり障りないように表現して、他人に理解させようとしているんだろう。たとえばある時代の芸術家の作品では、鳥が、死神とか、死とか、命を奪うことの象徴になっていた。その時代には伝染病が蔓延して、ぐるぐると空を飛んでいる鳥が、死骸をつついて食べようとしていたからだ。じゃあ、きみが現代に使用している死の象徴としての鳥、これはどんな関係があるんだ。きみと直接共有している記憶や経験があるのか。もしないのなら、それはただ他の芸術家、ルイーズ・ブルジョワや、フランチェスコ・クレメンテの作品から、二次体験を借用してそれを再利用しているだけじゃないか。
ラックチャオ　お説教は終わった？ 自分の作業をしなよ。
カオシン　きみは、自分の作品の中にある身体とか表情にもっと時間を割いたほうがいいと思う。きみときみの身体がキャンバス上にあるだけで、十分じゃないか。

（カオシン、そこを立ち去る。）

第12場

ポケットベル／1996年

（スエード「ワイルド・ワンズ」）

NA　夜、いつもあなたのポケットベルが鳴った。

　「何度眠ってもいいけど　わたしの夢を見るのは忘れないで／ラックチャオ」

「スエードのワイルド・ワンズ 寝る前と起きたときに聞いてね／ラックチャオ」
「一日どこ行ってたの 会いに来なかったね 電話してね／ラックチャオ」
「部屋の前になにかあるみたい ドアを開けてみて／ラックチャオ」

（カオシン、プレゼント箱を見つけて、手に取る。開けると、中にはポラロイドカメラが入っている。）

「カメラだ。ポラロイドカメラだ。でも……なんのために？」
「にぶいおじいちゃんだこと！ わたしを撮ってくれればいいじゃない。あなたの誕生日プレゼントよ。」
「もうひとつあるのよ。ドアを開けてみなよ、おじいちゃん」

（ドアの前にはラックチャオが立っている。カオシンとラックチャオは立ったまま、強く抱き合い、キスする。）

再燃／1996年

NA 汗の塩味がする。髪からは合成香料の香りがする。彼女があなたのもとにやってくるのに乗ったタクシーの中で使われていたオレンジの芳香剤。

（二人の行為は激しさをましていく。やがて床に横たわる。ラックチャオとカオシン、さまざまなポーズをとってポラロイドカメラで互いを撮影し合う。）

NA ぼくたちは狂ったように交わった。どんな場所でも交わった。
　休息期間も当然あった。彼女に生理が来ているあいだ、彼女の体調が悪い期間。過度に交わったせいで性器が腫れたこともあった。彼女からヘルペスをもらったこともあった。ごめんなさい、あなたに移してしまって。彼女の声は悲しんでいた。どうして謝るのさ。ぼくは言った。なるなら一緒になればいい。
　ぼくたちはかなり長いあいだともに過ごした。四年生を終えて、五年生に進級した。大学生活のあいだ、総理大臣が、あまりに短い期間のうちに変わっていった。チュワン・リークハパイから、バンハーン・シンラパアーチャー。そ

してチャワリット・ヨンチャイユット陸軍大将に。それからチュワン・リークパイの二期目。その時期に、トムヤムクン経済危機が発生した。仏暦二五四〇年タイ王国憲法が発布された。そしてぼくたちに終わりが訪れた。

愛の終わり／1997年

（カオシン、ラックチャオを背後から抱きしめる。）

カオシン この一年で、きみの作品はだいぶ遠いところまで行ったな。「わたしは触れるのが好きなの。わたしはただ抱いて、抱かれるのが好き」。ああいう感情はどこに消えたんだ。
ラックチャオ 人間は成長しなきゃいけないの。時間は限られてる。人生の次のステップに進んでいかなければいけない。
カオシン ぼくが疑問なのは、きみの絵の中にあった、自身への明らかな満足、自分自身への夢中に偏向した美を、きみが作品の中で責めるようになってきてることなんだ。仏教の影響を強く受けたからだ。その宗教的な視点からすれば、幸福は罪になるし、生は満ち足りないものになる。色彩が減らされ、白、黒、灰、赤だけになってる。その身体は罪で、密着とか接触から生まれる幸福は続かないものだと、性欲のサイクルだと、きみは本当に考えているのか？ もっと大きい声から、もっと強い権力から言われたからそうしてるだけじゃないのか？ きみはそういう権力に支配されて、抑圧されることを認めたということなのか。
ラックチャオ シン、いつまでもそんな考えをもってるわけにはいかないの。どこかに行きたいと思ってるときに、どこにも行かずにそうやってぐるぐると回っているわけには。あなたみたいに。
カオシン どういうことだ。
ラックチャオ わたしは卒業しなきゃいけない。指導教員が、このアイディアがわたしにとって良いと言うのなら、それはつまり、わたしが卒業できるという保証なの。どうしてあなたは、一語一句に反論して、議論して、時間を引き延ばそうとするの。そこから誰かがなにかを得られるの？

（ラックチャオ、背後から抱きしめられている体勢をいったん解き、カオシンに正対して、今度は彼女から、彼を抱きしめる。）

ラックチャオ もし別れても、シンはわたしの友達でいてくれる？ あなたは、わたしの人生の絵の中にずっといた。だけ

どわたしたちは、いつか結婚して、子どもを持って、家族を作ろうなんてことを考えてはいない。そうでしょ？わたしたちが一緒にいたのは、ある時間のあいだだった。その時間の中では、真実だった。だけど他の時間では、違う。

NA　関係をもった二人がずっと一緒にいるつもりか、父親になる覚悟はあるか、家族を一緒に持つということは、はじめから聞かれなかった。もし実際にそう聞かれていたら、あなたは彼女と関係をもとうとしただろうか？けれどもそう聞かれなかったということは、はじめから、彼女の未来にあなたの姿はおける、そういう存在ではなかったということだ。だが、しばらく関係をもってからそう聞くこと、それは軽蔑だった。あなたにはそういう能力がない、と伝えることだった。あなたは、はじめからあなたがもたず、そうなろうとも考えなかったものに見下されていると感じた。
　そして、今もそう感じている。
　彼女には新しい恋人ができた。カリキュラム通りに大学を卒業した。
　この先、彼女は人の母になる。年齢に合わせて肉付きがよくなって、口うるさくなる。海外からなにかを輸入して、それを売る。あるいは夫の安定した事業のおかげで、裕福な主婦になる。かわいらしい子どもたちの写真をフェイスブックで自慢する。結婚記念日にローマに、プラハに、パリに行った写真をアップする。政治の話はしない。けれども、昔みたいに平穏な国に戻ることを望んでいる。そういう人生。

第13場

きみの人生の話はするな／2016年

カオシン　ぼくが卒業してまもなく、彼女からの封筒が届いた。何枚かの領収書が入ってた。棺桶と供養の代金の領収書だった。「ぼくたち」の子どもがいたんだ。
ワーリー　それ、何年のことですか。
カオシン　一、九、九、八年だ。苦難の年だった。
ワーリー　ぼくが生まれた年だ。お母さんは、ぼくをひとりで育ててくれたんだ。お父さんは、ぼくが生まれる前にお母さんと離婚した。ぼくはそうやって育ってきた。お母さんがこのコンドミニアムの部屋を買ってくれて、二人で住んでる……。

カオシン　きみの人生の話をぼくが知っておく必要はない。そういうぼくの態度が受け容れ難ければいますぐこの部屋から出て行ってくれていい。きみはぼくに身体を捧げる単なるモデル。ぼくは単なる画家。互いの結びつきとか関心とか思いやりはなくていい。きみの家族とか恋人とか友人とか、きみの人生のそういう部分にはぼくは立ち入らない。アダルトビデオの設定みたいなものだ。ひとりの人間が、もうひとりに偶然出会う。互いの欲求が燃え上がる。やりおわった後は、互いになにも執着しない。

（カオシンはビールを取り出し、グラスに注ぐ。）

カオシン　アジア通貨危機の頃に日本のAVがあっという間にVCDで普及した。野蛮で荒々しい、男性性の世界観に応えた視点しか持たない西洋のアダルトビデオとはまったく異なる日本のAVは、ぼくらの性的な思考を変化させてくれた。ぼくが見ていてとても嫌なのは、射精しそうな男が慌ててものを引き抜いて、女性の顔に精液をかけるシーン。射精を終えた男は、自分の肉棒を振って汁をはらう。精液がそいつの手も汚す。その瞬間に、そいつが自分の精液すら嫌っているのがわかるんだ、手を開いて指と指のあいだを離して、人差し指に付いてる精液で中指が汚れるのを嫌がるみたいに。
ワーリー　自分の精液を嫌う人間には魅力がない。
カオシン　だから、日本のAVを見たときはすごく満足した。精液を飲み込んだあとで、女性が男性にキスする。男性に口を開けるよう命令して、残ったその汚れを男性の方に吐き出す。あなたは自分の性欲の味に、幸福の頂点の味に、責任をとらなくちゃいけない。それが彼女が言おうとしていたことだと思う。

（カオシン、飲んでいたビールをワーリーに渡し、半強制的に、一口飲ませる。）

AV

NA　あなたはSMのビデオを見るのが好きだった。男性が縛られて、全身に透明なテープが巻きつけられる。女性側は黒いレザーのスーツを身につけている。男性を鞭で打ち、撫でさすり、痛みと悦楽を与える。だがそうしたことは、もっと一般的な状況で起こるべきものだ。男がお願いし、男がいじめられる。プチンと切れた道徳。日本のAVは、

この部分に応えてくれた。あなたにとっても親しみやすい物語が用意されていた。恥ずかしがり屋で身体の細い女性が、抑えていた感情をベッドの上で爆発させる。それは「アジア的な美」だった。

　はじめの頃、あなたは日本のAVでも、無修正のものを見ていた。だがやがて、無修正のものはスタイルが決まりきっており、単に性欲を満たし、女性の身体をコントロールしたいという男性世界の欲求に応えたものであるということを発見していった。スカイハイ、ドリームルーム、東京熱、カリビアンコム。どのレーベルのものであっても、女性は相手の性欲の単なる操り人形でしかなかった。モザイクありのAVは違う。多様なスタイルのさまざまな物語がある。美味しそうな女教師、こっそり嫁を襲う義父、AV女優と素人男性が森の中で交わるもの。アイデアポケット、ソフトオンデマンド、イーボディ、マキシングといったレーベル。

　男性がすべてを統制し、あらゆる規則を生み出す社会において、性的な場所はもっとも脆い。忠誠と裏切りが同居する棒が一度悦楽を知り、享楽に依存してしまえば、周りを分厚く包んでいた規則も、伝統も、さまざまな習慣も、軟化しうる。自らが建てた威風堂々たる規律の塀を、爬虫類の身振りですり抜けることすらできてしまう。「ぼくたち」の性器。男性器。あるいはもっともはっきり表現するなら、チンコ。禁じられたものごとに反応して立ち上がり、繁殖の責務よりも享楽を求める。ときには脳や心の言うことも聞かず、本能の場所にあって、いまこの瞬間に手に入れようと猛る。未来がどうなろうと興味はない。歴史からなにかを学ぶこともない。

　道徳のチンコが女たちの中に挿し入れられる。女性はこの場所の道徳によって、国家性によって、この文化の男性性によって聖別を受けている。道徳のチンコがすべてを満たし、それが攻め入ったものすべてに印がつけられて、彼女には子どもができる。その子らは、同じひとりの父から生まれたことを知り、恩義を覚える。男性のさまざまなチンコとは、ひとつの道徳のチンコに憑依された身体なのだ。

銀河の外へ／1992年頃

NA　職業高校時代のあなたは、欲望を他人から隠さなければいけなかった。寮生活だし、ビデオデッキももっていなかった。あなたは、自分自身のために欲望を足し与えていった。

　静かに蒸して、欲がたかまる午後。あなたの小さな部屋は、宇宙から放り出された立方体だった。

　午後の陽射しと蒸し暑さ。自分から発するかすかな汗の臭い。全身の関節からの臭い。腕、脇、股のあいだからの臭い。あなたは、それらの臭いに感情をかき立てられた。指先で睾丸と足のあいだを撫でていき、その温かく湿った臭いを嗅いだ。

　あなたは、固く立ち上がった身体の芯に触れて、それをつかんだ。

　宇宙があなたの部屋を放り出して、銀河から遠くに抜け出していくところだった。

　シロップのような透明の雫が性器の口先から漏れ出てきて、人差し指でそれに触れ、男根の先にまんべんなくそれを伸ばした。

　透明な雫に触れた指を舌のあいだに差し込んで包み、その無味を味わった。

　あなたはさらに身体を傾けて、身体の芯にますます近づいた。

　背中を少しずつ壁に寄りかからせていき、姿勢を置き直した。

　身体を限界まで伸ばすと、脚を宙に向けて上げていき、足先が頭と同じ側に来るようにした。

　背中が代わりに宙に浮き上がる。

　首が曲がって、顎が胸に触れる。

　深呼吸して、左と右、両の腕を伸ばして広げ頭を下にすると、宙に浮く身体が揺れないように、バランスを保つ三脚のように使った。

　深呼吸を続けているうちに、あなたは身体の柔軟性が増してきたことに気づく。

　下半身を上半身のほうにもっと近づけることができるようになる。

　あなたの舌が自分の男根に触れる。

　男根の先端から、刺すような快感が会陰に向かって走り、肛門を通って背骨の方に向かう。

　終わりなき円環になってあなたの身体を走る、閃光のような流れ。

　深い快楽が睾丸から肉柱のほうに移動してきて、あなたはそれが目の前で噴出するのを目にする。

　それが自分の顔を汚す。

　いまこのとき、あなたは自分ひとりで与える側と受け入れる側になっていた。

　あなたは銀河の外に飛ばされて、自身の幸福と痛みの味を知った。

　文化的世界と、社会的道徳と倫理の外に飛ばされた。

野蛮で、裸で、醜い、非難されて当然のこと。美しさも、美学も欠いたおこない。
　だがこういった時間と瞬間は、いまだに人々と社会の中に存在して、消え去ったこともなければ、敗北したこともない。大胆で挑戦的に、言行相反の人々、道徳を口に手に槌をもつ人々を、大声で笑いながら叩き潰すその時を待っている。

（第一幕おわり）

第2幕

第1場

2001年のあなた

NA 二〇〇一年のあなたがどんなだったかおぼえてるか？ タックシン・チンナワット首相が誕生し、この国の新たな養父となった頃のあなたが。政権がIMFからの支援融資を繰り上げ完済し、国民皆健康保険制度、三〇バーツ医療制度を誕生させた頃のあなたが。

　その頃のあなたには、野蛮が取り憑いていた。

　あなたは映画のスクリプターを務めるようになっていた。撮影現場においてシーンとシーンのつながりを確認する、監督のもうひとつの目。演出助手の座は、ニューヨークの映画学校を卒業したばかりの女性に遮られた。

　「帰国子女」。みんなが彼女のことをファーと呼んだ。プロームポン近辺の小道に建つコンドミニアムに、部屋を持っていた。彼女はあなたに「お菓子」を与えていた。彼女がコカインを呼ぶときに使う言葉。国民身分証の縁に沿って二列の線を作り、ストローを使って片方の鼻で吸い込む。

ファーの部屋／2001年

（ファーとカオシン、コカインでとろんとしている。）

カオシン　二、三年前の話だけど、カルフールの駐車場で開催されるフリーマーケットを歩くのが好きだった。持ち主が売りに出したCDを見て、洋服や、航空会社の職員が特別価格で売り出した香水の小瓶を見た。それから、ツタヤに寄るんだ。B級映画やこれまで見逃してきた変な映画を探しては、部屋でそれを鑑賞する。レビューを書いて、現代カルチャー誌に掲載してもらってた。そのツタヤで青年店員と顔見知りになったんだ。はじめはあたりさわりのない、キャンペーン中なんですが、もう一本どうですか？ みたいなやりとり。でも少しずつ、ちょっと突っ込んだ会話になってきた。「どうして古くて変な映画ばっかり観てるんですか？」とか。

（ファー、コカインをやっている状態の、異常な笑い。）

カオシン　ぼくは彼の映画を撮りたいって思った。フードコートで飯を奢って、それからカメラを向けたんだ。

　どうしてレンタルビデオ屋で働いてるんだ？　ある程度映画が好きってことだよね。つまり、フルタイムの仕事より、安定した仕事や収入より、映画に関係する興味とか夢があるってことだよね。

ナーム　全然。ぼくはただ、生活のための仕事を探しただけです。バイクのローンを払わなきゃいけなかったし。バイクが、唯一の趣味で。なにも高いものは望んでないんです。

カオシン　きみの能力があればさ。名前はなんていうの？

ナーム　ナーム、ナームです。

カオシン　ナームの能力があれば、もっと遠くまで行ける。ぼくはナームについての映画を撮りたいんだ。

　ナームは、ラーマ九世通り近く、線路沿いのスラムにアパートを借りていた。けたたましい騒音。だがドアと窓を閉めてしまうと、その湿って冷えた世界が、ひとりの人間にとってちょうどよい世界に変わった。彼がぼくの部屋にやってくる夜もあった。寝転がって、長く退屈なヨーロッパ映画を観て眠ってしまったり、生々しく情欲的な映画を観て、アダルトビデオとアート映画の違いはなにか話したりした。

　ナームのバイクの後ろに乗って、荒地、私有地、うち捨てられた廃墟などに行って、それを撮影した。アンドレイ・タルコフスキーみたいのが撮りたくて。ナームが運転するバイクは、おののくほどに速かった。怖かったけど、その速度のおかげで、ナームともっと近づくことができた。

（ファー、バイクの二人乗りのときの状況を真似するように、尻をカオシンの股間に密着させる。）

ファー　こういう感じ？
カオシン　そう。

（カオシン、ファーに抱きつき、彼女の匂いをかぐ。）

カオシン　その頃ぼくはときどき広告現場のアートディレクターを請け負うこともあって、割りの良い仕事だったからそれをやると銀行口座に大きな金額が振り込まれて、それで新しいパソコンを手に入れて映像編集ソフトをインストールして、自分のハンディカムで記録した映像をパソコンで編集するようになった。そのパソコンは、ぼくたちを

さまざまなジャンルのアダルト画像サイトに導いていった。際どい盗撮画像を見ていたら、ぼくたちはインスパイアされた。それで、ぼくらは郊外のデパートに行くようになった。人目につかないトイレで同性愛者が密会するのを知ったんだ。見知らぬ二人の男性がトイレの個室に入っていくと、ぼくらも隣の個室に身を潜めて、カメラを回す。ぼくが便器に足を載せ、少しずつ、こっそりとカメラを挿し入れていく。そういうことを繰り返してたら、あるとき、死にかけたんだ。秘密の目的に使われるトイレは個室の壁に穴が開いてることがあるんだよ。屹立した肉の棒が穴に挿し込まれてくる。ぼくは、それをつかむよう、こするように、手を使ってナームに指示を出した。そしたらナームが厭な顔をした。せっかくいい絵が撮れるチャンスなのに。結局、ぼくが手を伸ばしてその奇妙な肉の棒に触れながら、それを撮った。その帰り、ナームはいつもよりさらにバイクのスピードを出した。彼は激怒していて、振り返り、叫んだ。「いま撮ってるやつは、なんのためにやってやがんだよ！なんであいつのチンコなんか触ったんだ」。その瞬間、バイクがバランスを崩した。ぼくは弾き飛ばされて、道路に叩きつけられて、その勢いのまま道路上を滑っていった。そこに他の車のヘッドライトが近づいてくるのが見えた。ぼくの腹を真ん中から引き裂くことができそうだと思った。だがその車が急ブレーキを踏み、ぼくの呼吸は続いた。そして生きていることが、ぼくにだんだんと痛みを与え始めた。ナームが道路脇までぼくの身体を引きずった。ナームはわずかな擦り傷を負っただけだった。バイクにも大事はなかった。でもぼくは身体じゅうを打っていた。腕、足、脇腹が擦れて腫れ上がった以外にも、皮膚が大きくめくれ、血液とリンパが染み出していた。
ファー　この話さ、脚本にしなよ。
カオシン　この話は、まだ先があるよ。

自室で療養中のカオシン／2001年

（カオシン、自室で仰向けになる。）

カオシン　ぼくは部屋でひとり、療養を続けていた。身体に残ったありったけの力を使ってなんとかはい回り、日常生活をこなしながら、日中はEメールで仕事の連絡をし、コラムを送信した。夜には寝転がり、炎症して痛むさまざまな場所を流れる血の音を聞きながら、眠りに落ちた。そんなとき、おかしな音を耳にした。子どもが泣きわめく声。それがやがて、猫がにゃあと鳴く声に変化していった。夜が深くなると、その音はさらに近寄ってきた。そういったことが続き、ある深夜、ぼくはその猫の鳴き声を耳元で聞いた。横を向こうとするのだが、麻痺したみたいに身体が動かせない。そしてその声の主が、姿を見せる。頭は猫で、身体は赤ん坊。ぼくの胸にぺたりと横たわっている。抵抗しようとしたが、無駄だった。ぼくはこの年齢になってはじめて、金縛りの霊というのがどんなものなのか知った。

（ナーム、カオシンに寄り添う。）

ナーム　なんの夢を見てたの。眠ってるとき、すごく苦しんでた。
カオシン　ナームの夢を見てた。一緒にバイクに乗ってた。いい夢だったよ。
ナーム　夢でも……ここはおんなじように固かった？
カオシン　ナーム、薬やってるのか？
　薬と言っても、今のぼくたちみたいにお菓子じゃない。「ヤー・バー」だ。肉体労働者、チンピラ、不良少年と不良少女たちの気付け薬。知ってる？
ファー　聞いたことはある。いまの政権が嫌ってて、厳罰化を進めてるやつ。
カオシン　お菓子のせいだな。顔の毛穴がはっきり見える。目は、鼻よりも深く窪んだところにある。耳は、目よりももっと深く離れたところにある。

（カオシン、ファーの顔に触れる。首を捉えて唇を押しつけようとする。だが彼女のほうが先に彼に飛びかかって口づけしてきた。）

ファー　あなたが誰かとやりたいと思うとき、男とでも、女とでも、そのときは性格とか、思想とか、趣味とか理想はどんなでもいいの？
カオシン　どんなでもいいよ。セックスは身体でたくさんのことが伝えられる。身体だけで互いを信頼する。
ファー　わたしもそう思ってる。もしその人がわたしと一緒にいれるのか知りたかったら、まずやってみないと。わたしは両親の世代と同じことはしない。結婚して子どもをつくってそれが当たり前、みたいな価値観からは抜け出さないと。

（カオシン、ファーを椅子のところに連れていき、座らせて、彼女のショートパンツを脱がす。）

カオシン　ナームとやるとき、正常位がいちばん難しいんだ。

たがいのチンコが邪魔し合って。互いの魂が、身体における接続点を見つけられていないような。

ぼくが受け入れる側になることで、ナームをもっと近くに引き寄せることができると考えたことがあったんだ。そのつもりで、スラムの彼のアパートに行った。

ぼくはマットに仰向けになり、足を開いて膝を曲げ、両手で自分の手首をしっかりと握った。できるだけ力を抜いた。ナームの肉芯がぼくの中に押し込まれた。

外の音がかえって感情をかき立てた。鶏が地面に落ちたものを突いて食べる音も、子どもが泣きわめきながら走る音も。部屋の外でぼそぼそと話す音が聞こえる。捜索だ。とある集団について尋ねる声。

ぼくはナームを強く抱き締めて、「来い」と言った。「来い。警察に、ぼくたちがやってるところを見せてやろう。ハメてるところを見せつけてやるんだ」。ナームが腰を速く、強く動かした。そのとき、ぼくたちはパン、パン、パンという大きな音を聞いた。なにも驚きはなかった。拳銃の音だ。本物の拳銃。子どもが遊ぶ火薬銃ではない。パン、パン、パン、パン。外では、薬の売人をする子どもが警察に殺されていた。ナームはぼくの中に吐精した。精液の命は短く、すぐ死んでしまう。ぼくは肛門の力が抜けて、排便を終えたときのように感じた。

ファー　映画にしなきゃ。その話を。

第2場

3Pの撮影／2005年

（ファーの部屋。ファー、ナーム、カオシン。ファーがハンディカムを持っていて、ナームを撮っている。カオシンはナームを「主演男優」と呼んでおだてる。ナームはきまり悪そうにしている。ファーは固くなっているナームを、丸太みたいだ、とからかう。ファーの状態は、あきらかに異様である。ぼくはぜんぜんカメラに好かれないんだ、と言い訳するナーム。ファーは、カメラの前で萎縮しないで戦う勇気があなたにあるかどうかだと、ナームを挑発する。今したいことは何？　とナームを挑発し続けるファー。ナームはファーにキスする。あなたたちはどうやってキスするの？　カメラの前でやってみてよ、とファー。カオシンとナーム、キスする。欲望をカメラの前でさらけ出すように要求するファー。そして3Pへと突入していく。）

NA　四年前に現れた白馬の王子、タックシンは、今や権力に狂った悪魔に姿を変えていた。資産隠し、利益誘導、汚職。政権に批判的なテレビ番組の放送中止。

四年の任期を全うすると、選挙になった。タイ愛国党は一九〇〇万票を獲得し、タックシン首相の二期目が訪れた。

それからわずか一年。二〇〇六年二月、タックシン・チンナワットが議会の解散を宣言した。路上では、タックシンを追放するための政治的デモが起こっていた。汚職、国営事業の私営化と同胞への利益供与、スワンナプーム国際空港に関する不正について、毎週、議論されていた。タックシンにとって民主主義は、議会における独裁を意味した。タックシンの邪悪な魔力を暴かなければいけない。民主主義の形式のひとつである選挙というシステムを抑止しなければならない。

二〇〇六年九月十九日、ソンティ・ブンヤラットカリン陸軍大将が、「民主主義統治改革評議会」のリーダーとして、クーデターを実行し、タックシンを追放した。人々は街に出て、兵士たちの銃口に花を挿して、悪魔を追い出してくれた軍への情愛を示した。

当時のあなたはこういった政治的状況を認識していただろうか？　いや、まったく。そもそもあなたは政治家という人種が好きではなかった。芸術家としての人生において、政治家という人種は、避けておくのが一番だ。

だがもし政治家やビジネスマンがこちらを尊重しながら近づいてきて、作品の購入を申し出てきたら、それはまた別の話だ。小切手を差し出してきて好きな数字で埋めていいと言われたり、個人的なパトロンになってあげようとか、そういうことであれば、会って話してもいい。

だがそんなできごとは、あなたの身に起こりようがなかった。三〇歳になっても、なにひとつまともな作品を残していなかったのだから。

第3場

未来の幸福の前借り／2005年

NA　深夜にファーが下着姿でベランダにぼんやり立っていたことがあった。彼女はベランダから顔を突き出して、視線を下の地面に向けながら、言った。こんな風にできるなんて、すごいね。そういう決心をした人たちのこと、いつ

も尊敬する。ファーの身体から、その皮膚から、蒸発する薬の臭いがした。お菓子を使って「未来の幸福を前借りする」影響が表れはじめていた。

別のある日、彼女はシャワールームに入っていた。あまりにも長いあいだ。

あなたが押し破って中に入ると、彼女は座り込んで呆然としていた。片方の腕からは血が流れて、水流に薄まっていた。ぱっくりと開いた傷。そこから白い肉がのぞいていた。もう片方の手には多機能ナイフが握られていた。お菓子を鼻に入れるのに使っているせいで刃先の錆びついているナイフ。

動画の流出

NA あなたがデパートのトイレで盗撮した動画ファイルが、地下コミュニティサイトに流出した。あっという間に世界で共有された。アジアン、アマチュア、あるいはヴォイヤーというカテゴリーに入れられて、タイ、グローリーホール、ハンドジョブというタグがつけられた。

ナーム 最初、知らない男がレンタルビデオ店にふらりと現れた。いやらしい視線と合図を送ってきた。そしてこの前、トイレの中でひとりの男が話しかけてきた。あの動画に出てるやつか? 男はリュックからノートパソコンを取り出して、保存してあった動画を見せてきた。性器を触らせてくれたら、動画を消してもいいと提案してきた。

カオシン ぼくのパソコンがウィルスに感染したんだ。だから、ITモールで修理に出した。そしたらこんなことに。

ナーム おれひとりだけ恥ずかしい思いをして、ちっともフェアじゃない。

カオシン あれはぼくたちの映画の一部、芸術の構成要素として存在すべきだった。それが盗まれたんだ。本来あるべき場所じゃないところに存在させられて、価値のないもの、恥ずべきもの、堕落したものに変えられてしまった。だけどナームは、ナーム自身は無価値なものでも、恥ずかしいものでもない。

ナーム おれはおまえの言葉に騙されて、利用されたんだ。

カオシン 誰かが誰かを利用することなんて、できはしない。

ナーム 動画を、あの汚いサイトから消すんだ! 削除されなかったら、ぼくは死ぬまで恨むよ。

カオシン 換気してないのか。ヤー・バーの匂いがこもってるじゃないか。

ナーム ぼくはもう大事じゃないんだ。

カオシン そういうことを言うんじゃない。

ナーム ぼくのを飲める?

カオシン (頷く。)

ナーム ビデオ撮ってもいい?

カオシン 薬をやめるんだ。使えば使うほど、自分を傷つけたいという気持ちに沈んでいく。きみはきみ自身の人生を生きなきゃ、わかるかい?

(ナーム、部屋を出る。)

カオシンの部屋を荒らすナーム/2006年

(ナーム、カオシンの部屋へ。机、本棚、ビデオテープの収納棚、CDに焼いておいた画像ファイルなどを漁り、破壊し、手当たり次第に部屋を散らかしていく。)

第4場

PADのデモ/2006年

NA あなたはファーに誘われて集会に行った。彼女の友人が一〇〇〇人クラスの会場で演奏するから、応援に行こう。ブア・チーウィットや、ルーク・トゥン、タイ・サーコンの演奏もあれば、DJも登場する。演劇や政治京劇も披露される。ソンティ・リムトーンクンがタックシンの凶悪さについて長時間の演説をする予定もあった。映画業界、音楽業界、俳優の友人たち。みなそこに集まっていた。王宮前広場で開催される民主主義市民連合、PAD、のデモだった。

カオシン 今日の集会に参加したっていうことは、ぼくたち二人は、タックシン体制に反対する運動の一部なんだよな。

ファー そう、わたしたちは。

カオシン じゃあぼくたちはPADの一部か?

ファー 違う。

カオシン どういう風に? ここに参加して追放を叫んで、Tシャツもスカーフも買ってるのに。

ファー わたしたちは友達の応援にいった。わたしたちがそういうものを買ったのは、友人たちがデザインしたものを

応援したかったから。

（ファーとカオシン、キスする。）

NA　暗い小道でキスすること。あなたは以前、誰かと同じことをしたことがあった。

　あなたは会場で、あの女性詩人を遠くから見かけた。警備員が出入りを管理しているバリケードの中に彼女がいた。首には「救国」と印字された黄色いスカーフを巻き、手首には黄色いリストバンドをはめていた。姿形は変わっていた。身体は太り、頬と顎の下が大きくなった。変化しない人間はいない。あなた自身の姿形だって、元のままではないのだ。

　後日あなたはインターネット上の、彼女が書いたさまざまな論考を読んだ。「タックシンは阿修羅の後継を作り出し、だんだんと勢力を拡大している。光を見つめる戦士たちよ、やつらの目から光を奪い、ひとり残らず地獄に堕として燃やし尽くすのだ」。かつてのような美しい詩はもう存在しなかった。だが、彼女は賞賛されていた。

カオシン　ねえ。部屋に戻って続きをしよう。家の中で、柔らかに黄色い光の中で、めちゃくちゃになろう。

傷ついた？／２００６年

（カオシンとファー、カオシンの部屋に戻ってくる。すっかり散らかった部屋と、そこにいるナーム。）

ナーム　ぼくがやったんだ。傷ついた？
ファー　どうしたの。なんでそんなに酔ってるの（ナームの肩に触れる）。
ナーム　（身体をよじって逃れ）ぼくに優しくしてくれなくたっていいよ。
カオシン　そういう言い方をするな、ナーム。
ナーム　あの人に会ってきたよ。動画を消してくれるって言ってた人。
カオシン　どうしてそんなことをした！
ナーム　あなたがやってくれないんだから、やってくれる人を探さなきゃ。
カオシン　それは正しくないぞ。
ナーム　正しいっていうのを言えるのは、あなただけなんだよね？　愛するように、待つように言って、落ち着け、新しい人生を歩め、薬をやめろって言う。だけどそっちはどうなのさ。まだやってるじゃないか、いままで通り。ぼくは行き詰まって、酔っ払って、あいつのところに行ったよ。あいつにやるように、動画を消すように言った。欲しいものがあれば全部もっていけって。好きなだけ。ぼくのしたことに傷ついてくれる？　あの動画は削除された。あいつが目の前で消してくれたよ。それから何日もしないうちに、新しい動画がアップされたんだ。あいつとぼくがやってるところを盗撮した動画だった。どうだよ、傷ついたかよ！
カオシン　傷ついたよ、ナーム。すごく残念だ。
ナーム　まだぼくのこと、愛してくれてるの。

ナームの死／２００６年

NA　ぼくがきみを愛してるか、だと？　ハンドルを切って、バイクのバランスを崩してみればいい。宙に飛ばしてみればいい。行こう。どこでもいいから。

NA　それから青年は、あなたを乗せて、バイクのハンドルを握り、スピードを出して、強く、バイクを駆った。暗く濃いチャオプラヤー川の上まで。吊り橋の中ほどに立って、あなたたちは手をつないだ。抱きしめあって、キスした。あなたは言った。どこにも逃げてはいけない。人生で直面しなければいけないことを、一緒に解決していこう。その瞬間だった。青年が向こう側に飛び出した。手すりを越えた。あなたに満足げなほほ笑みを送った。命がドンッと鳴る、大きな音がした。

（カオシンがナームにインタビューしながら撮った映像が投影される。）

NA　記録された映像を通して見ると、実際以上に重要な人物に見える。

第５場

ナームが死んだあと／２００６年

カオシン　そのあとぼくとファーがどうなったか話そう。

ある日、ぼくらはあるコンドミニアムでのパーティーに参加していた。その会場が、突然停電になった。そして警察が部屋の捜索に入ってきた。クラブや、スラムでこっそり服用していたわけじゃないのに。いくら一晩中パーティーで大騒ぎをしても、誰にも訴えられないはずだったのに。名門家系の居宅や有名人のコンドミニアムで、アートやエンターテイメント業界でトップクラスの人々に囲まれて、最上の庇護を受けて、見えない鎧で守られているはずだったのに。スラムの小道で簡単に撃ち殺される命とは違って。

警察署に身柄を移送されてしまったファーは、諦めて家に電話をかけた。彼女の父が友人や、かつて助けてやった後輩に電話をかけた。電話のリレーは、地元警察署長にまで辿り着く。そして、盛り上がりすぎたパーティーが、他人に迷惑をかけたという話に解釈された。ファーは実家に戻って両親の庇護下に置かれることになった。

ファーが実家で過ごしていたあいだ、彼女は父の言いつけにしたがって薬物依存の治療に行ったり、母と一緒に厄払いの読経に参加したりしていた。ぼくが電話すると、彼女は言った。「口惜しそうにお経を唱えてる声がね、がんがん鳴り響いてるの。そんな中で、おかしくならないように耐えてなんていられない。そんな状態でわたしたちは生きていけない。もし、希望というのが単なる慰めの言葉に過ぎないのなら」。ぼくがきみを連れ出すよ。

「シン、パスポート作った?」作りに行くよ。翌週になってパスポートが届いた。そのことを彼女に伝えようとしたが、連絡がつかなかった。しばらくして、ファーが電話をかけてきた。夜の十一時に。午前十一時のセントラルパークからだった。こっちに来なよシン。一緒に住もう。MOMAとグッゲンハイムに連れてってあげる。

わたし、多分もう帰らないと思う。自分が自分でなくなってしまうような場所には。常に、自分に持ち主があるような場所には。わたしは自分を責めたりしない……自分のために良いものを選ぶ機会があることを、責めたりしない。

きみの遺体は実家に送られ、寺で三日間の葬儀が執りおこなわれた。それから火の中で燃やされて、煙となって、空に消えていった。けれどももうひとつのきみの形象は、まだ飛び舞っている。性的感情を喚起する剥き出しの世界のアーカイブの中で。世界の誰かが再生ボタンを押すたびに。

第6場

炎上／2011年

NA あの女性詩人の書いた、ニュースサイトの記事。
「クーデターを起こしてタックシンを追い払い、新憲法の起草をして、司法の権力を使って党幹部の公民権を停止したのにもかかわらず、あの政党は、復活を遂げてしまった。選挙によって。悪の民主主義によって。議会独裁によって。陰謀によって。教育を受けておらず、頑迷で、無知で、頭が弱く、すぐ買収されてしまうイーサーンや北部の人々によって。下層階級の人間どもによって。タックシンの愚代を何度も追い払った。サマック・スントラウェートも、ソムチャーイ・ウォンサワットも。空港も封鎖した。それでもまた戻ってきたのだ。インラック・チンナワットという女性首相とともに。光が闇に浸食されようとしている。互いに目となり耳となり、やつらを捕らえて投獄しよう、私刑を加えよう、やつらを殲滅しよう」。
その記事に寄せられたたくさんの賛同のコメント。
あなたは思いだしていた。少年だった頃のあなたが求めていたこの姿勢。あのときの女性詩人の身体の中心にぴたりと貼り付いていた、右脚と左脚を真ん中でつなぐジーンズの縫い目。

あなたはそこに、こういうコメントを書き込んだ。
「もし、あれがあらゆるものを越えたところに存在すると主張するなら、あれにぶら下がるのが正しい方法だとは思わないな」。
まもなくそのコメントの意図が、詮索されはじめた。
「あなたの言う『あれ』とはなんのことですか。もう少し詳しく説明してもらえませんか」。
あなたのアカウントが調べられた。あなたの実名が晒された。

冷徹なオンラインの世界で、わたしたちは黒く乾き、燃やし焦がされる。散らばったわたしたちの残骸は、世界中のどんな場所にも送られる。物質的世界でも、精神的世界でも、オンラインの世界でも。そして他人に不快感を与える。あなたの感情もそれにつられて分別と理性を失っていった。バイクがバランスを崩して道路上でぎゅるぎゅると回転するように。あなたの血が流れることが望まれていた。
こういったことが、かつても起きた。
草地を引きずられて、タマリンドの木に吊るされる。

魂の抜けたあなたの身体、その口に靴が突っ込まれる。

（大勢がカオシンを取り囲む。樹に首を吊られた男とその周りを囲みながら笑って見ている人々の写る1976年10月の例の写真を彷彿とさせる構図。）

NA　あなたは口を閉じられて、語ることを許されない。
　　それがふたたび起きるのだ。
　　……にぶら下がり……を利用し……のために。さまざまな制限に逆らってすべてがおかしな形になった身体が美しいものだとして見つめられる、醜悪な曲芸の詐術。無理強いの美学。特定の人々の欲望を叶えるために、不可能が歪曲されて可能となる。

（俳優たち、それぞれ奇妙な体勢、歪んだ体勢で床に横たわっていっている。死体を演じているのだ。）

NA　オックスフォード大学出身の若々しく洒落たハンサムな男、アピシット・ウェーチャーチーワが首相の座に就き、新たな政権を樹立し、軍の庇護下にある国家を運営し始めた時期。旧政権と連立していた政党が離反して、これまで長いあいだ嫌悪しあっていたくせに恥ずかしげもなく新政権に同調した。

美には政治がない

NA　美には政治がない。あなたはそう考えていたのかもしれない。だが美には、人の心を奪い、魅了し、呆然とさせ、わたしたちを変えてしまうほどの力があった。
　　あなたは赤の思想も、黄の思想も憎み嫌っているかもしれない。だがそれでもあなたは反対側に存在する美しいフェイスブックやインスタグラムをフォローする。

第7場

縛られたい欲望／2016年

NA　少年があなたに言ったことがあった。「あなたはぼくに触ってすらくれない。ただ見る以上の経験をモデルと共有しないままで、芸術家がどうやってそれを完全に描き出すことができるのさ」。でも、触れることは、終わりのはじまりだ。もしあなたが彼に手で触れたら、次は口になる、そしてあなたたちはやってしまう。そうすると今度はためらうような、ぎこちない感情が生まれる。あなたたちは元のような視線で互いを見れなくなってしまう。」

（ワーリー、白いTシャツと下着だけ身につけた姿。黒縁の眼鏡をかけている。カオシン、ワーリーの両手を引っ張って開き、その頭にまたがるようなかっこうになる。）

カオシン　血流のいい顔だ。ぼくもかつてはそんな顔をしていた。いまでは、すべてに無関心なだけの人間になってしまった。ぼくの顔はがさがさと荒れて、肌はくすんでいる。皮膚は地球の引力に合わせて弛んでいる。かつては真っ白だった目が、紫煙のように暗くくすんでいる。だんだんと白内障になっていくのだろう。老人の写真を見たときに、その目が白濁しているように。
ワーリー　あなたは他人を押さえつけて礎にして、その人の欲望通りのことをさせずにいる。
カオシン　きみだってそうやって他人を扱う権利はある。誰だってそうさ。
ワーリー　だけどあなたにはできない。禁じられた身体。
カオシン　病と衰退の身体。
ワーリー　味見させてくれたっていいじゃない。あなたが自分のことをそう思ってる通りなのかどうか。
カオシン　（首を横に振る。）
ワーリー　あなたは望むままにぼくのすべてを手に入れた。ぼくが絵のモデルとしてやってくることもそうだ。あなたの欲望に落ちたんだよ。
カオシン　すべてじゃないさ。
ワーリー　よく考えたらあなたは道徳家とか宦官と変わりないんだ。ただなにかについて話すばかりで、実際に行動しようとはしない。
カオシン　ぼくはこれまでにそういうことをしてきたんだ。
ワーリー　だからなんだよ？　思い出すだけで満足して、触れようとはしない。あなたは、縛りつけられることを欲望してるんだ。目を閉じられて、身体も動かせなくなることを。目に見えないものがあなたの肉を味わいにやってくるのを望んでいる。あらゆることをされるがままにしておく。縛りつけられて、自分の力でなにもできない状態なら、自分の作った制限とか規則に罪悪感を感じずに済むからだ。
カオシン　おもしろいことを言うじゃないか。

ワーリー　ただぼくは、そこまではやらない。それであなたは、その縛られたいっていう深い欲望を、他人の管理と統制、他人への命令に移し替えていく。でも深いところでは、あなたは単に自分に命令してるだけなんだ。
カオシン　（少年を押さえていた手を緩め）きみのほうからぼくに近づいてきたんだろう。
ワーリー　ぼくがあなたに近づいているようなふりをさせて、あなたがぼくに近づいたんだ。

（ワーリー、カオシンの腕関節にある傷痕に触れる。それから舌をそこに向けて下ろして、軽く吸いつく。カオシンはワーリーのなすままにさせている。）

肉体における徐々の崩壊

（カオシン、ワーリーの腕を優しくつかみ、ソファーから逆さまにぶら下がるような姿勢にその身体を置く。ワーリーのもう片方の腕を持ち上げて、それを額に被せて陽光を遮ろうとしているような格好にする。かつて川沿いの岩の上で欲望を満たした午後にとっていたのと同じ姿勢。カオシン、身体をワーリーの脚のあいだに挿し入れていく。膝を立てて座り上体を起こす。人差し指で鎖骨から胸板までを軽く撫でていき、乳首で止める。それから、顔をワーリーの胸に押しつける。）

NA　あなたは、少年の胃が収縮して酸を分泌し、自らの胃壁を蝕む音を聞いた。このまま放っておいたらワーリーは胃潰瘍になるのではないか？
　あるものを手に入れたいと望むあまりにストレスを感じ、精神にまで影響し、望み通りにそれを手に入れた頃には、あなたの人生は崩壊している。
　あなたはこのまま横になって、この胸に顔を押しつけて、盛年の胸で老いの呼吸を燃やそう。肉体における徐々の崩壊。毎日、毎日、あなたは塩水で鼻を洗っていた。呼吸の音を小さくしてくれる助けになるのではないかと願って。
　欲望を身体に入れる。愛は欠落している。満腹になれば終わりが来て、止める。ただ渇きを満たすためだけにそうしたのだということを他者に対しても伝える。
　あなたはそういうものを望んでいた。

マッサージ／2016年＝足たち／2010年

（カオシン、ワーリーの胸から顔を離す。大きく開かれたワーリーの脚のあいだに正座する。）

（カオシン、ワーリーの片方の脚をつかんで両手で持ち上げる。膝を曲げて、ワーリーの方に近づけていく。足の裏を手で包む。）

（カオシン、ワーリーの足を持ち上げる。両方の親指を使って、足裏を押しこんでいく。）

カオシン　気持ちいいか？
ワーリー　どうしてマッサージできるの？
カオシン　できるように見えるだけだ。
　緊張し、こわばった状態は、足にとって避けられないものだ。

NA　足は、汚いもの、嫌らしいものに触れる。
　足は、大切にしていないということを示す行為に用いられる。
　あなたが吸って地面に捨てた煙草の吸殻も、足で踏んですり潰され、それから蹴られて排水溝に落ちていく。
　あなたの憎む誰かの顔を踏みつける。
　病原菌、土埃が爪のあいだ、指のあいだに蓄積されていく。
　くりかえされる圧力によって、頑固になり、慣れを覚えていく。
　強靭で頑丈な器官。粗さの美しさ。強い忍耐と、その忍耐が尽きたときの爆発力。

カオシン　解剖学の授業で、人間の足の大きさは、その人間の顔とちょうど同じくらいだと習った。ぼくたちが人の身体を描くときは、それを用いて自分の絵の正しさを測る。

（カオシン、ワーリーの足裏を、自分の頬に触れさせる。）

カオシン　だが足が顔に変化することはないし、顔の代わりを果たすこともない。頭と足をすげ替えることもできない。そうだろう？
　足は、忍耐とともに生計を立てている。腕、手、顔に幸福を享受させるために。
　足は、高くそびえ立つ塔の土台になっている。灯台の上から注ぐ思いやりの光を求めることだってあるだろう。体重をかけて押しこむみたいに、喜びを注いでほしいと。そ

の場所と役割に応じた圧力をかけられるだけではなく。そうだろう？

（カオシン、ワーリーの両足を揃えてぴんと伸ばし、足先を天井に向ける。ワーリーの脚の裏側全体の筋が伸ばされて、張っている。）

（しばらくしてカオシン、ワーリーの身体を折り曲げて、足が頭を挟むかっこうにする。ワーリーの尻が、カオシンの顔面近くに浮いている。）

（カオシン、ワーリーの背中に自分の身体を寄せて、ワーリーがその体勢のままでいられるように支える。）

カオシン　恥ずかしいか？
ワーリー　ちょっとね。
カオシン　これはひとりでいるときに、こっそりとする姿勢だから？
ワーリー　他人がぼくにこんなかっこうをさせているということが、少し恥ずかしい。しかも自分でどうすることもできない姿勢にさせられている。
カオシン　ぼくがこれからきみになにをさせるか、わかってるか。
ワーリー　自分で、自分のをくわえさせるんでしょ。

（カオシン、ワーリーの両足をまっすぐに戻して、身体を傾けて、両腕をワーリーの脇の下に差しこんで、ワーリーを抱きしめる。）

NA　死角から銃弾が飛び出す。M79の弾丸、手榴弾が新聞社に、高圧電線に、さまざまなところに落ちる。狙撃される足たち。抑圧され、いたぶられ、その志を何度も何度もくじかれてきた足たちは、口を閉じられて、語ることを許されない。必死に地面を這いながら、生き延びようと逃げ続ける。死ぬわけにはいかない。家に帰って妻と子どもに会うんだ。夕飯を買って帰ると約束してるんだ。家に帰ってバレたときの言葉も用意していた。「デモの様子をちょっとのぞいてきたんだ」。まだ夕飯を買ってない。急いで行かなきゃ。そのとき、突然、ひゅうっと消える。夕飯を買う必要もなくなった。生活のためにあくせく働く必要もなくなった。身体を身体として解放する。魂を解き放ち、悲しみもない。

その社会は、誰がやってきて誰が消えるのか、関心を払わない。

その社会が興味をもつのは、そこにいる人間にだけだ。
そしていつも、去っていく人間にその社会が与える意味がある。
その社会自体は汚されもせず、責任をとることもしない意味。

ビッグ・クリーニング・デイ／2010年

カオシン　きみはビッグ・クリーニング・デイに参加したか？
ワーリー　なんでそんなこと訊くの。ぼくの服の洗濯洗剤の匂いから連想した？あなたもPADのステージ前にいたんでしょ？
カオシン　そうだな。
ワーリー　国が燃やされて壊されて、損害を受けて、ゴミが散らばってる。なんにもしないでそのまま放っておくの？ぼくは誰のことも攻撃してないし、誰も殺してない。ぼくはただ街の掃除をしただけだ。

（ワーリー、服を素早く身につけて、立ち去る。自室に戻る。）

第8場

同情を誘う身体／2016年

NA　あなたの身体。若かったときと同じようなあっという間のスピードでは燃やしきれない残留物が、積もる身体。腹にガスが溜まり、胃酸が分泌され続け、げっぷをしようと思ってもできない身体。

これまで、寝るときに楽だった姿勢は、両腕を頭の上に置くというものだった。それがいまでは、肩と腕が締めつけられているような姿勢になっていた。この姿勢になると、いつも金縛りが起きる。あなたの身体は固まって、動かすことはできない。首すら動かせない。もしあなたの無意識が四方を壁に囲まれた部屋のようなもので、そこに耳と目がついているとしたら、その耳目はあなたの身体を見下ろして、あなたの意識が試みていることと真っ向から対立するものがすっかり見えてしまっただろう。あなたはその手足を全力でふりまわしていたわけではなく、わずかにびくびくと痙攣しているだけだ。

悲しげで、同情を誘う身体。

第9場

オンライン通話／2016年

(ワーリー、自分の部屋のディスプレイの前に座る。ラインのビデオ通話をかける。カオシンが受ける。ワーリーが手を振る。人差し指を口元に当てる。近距離に顔を映す。口の端でほほ笑んで、ウィンクを送る。カオシン、自分の服をつかむと、脱ぐ仕草をする。ワーリー、腕を交差して、Tシャツの裾を少しずつ持ち上げていく。)

カオシン　この黄土色の肌が見えるか？　腹筋なんてあるわけがない。脂肪の塊が腹の周りを包んでいるだけだ。

(カオシン、少しだけ腹を引っ込める。手を使って、薄く広がる毛並みに沿って肌を撫でる。下腹部からへその位置まで。)

カオシン　汚らしいな。きみのほうの腹は平べったくて、清潔で、毛も生えてない。

(カオシンとワーリー、しばらく画面越しに見つめ合う。やがてワーリー、スマートフォンを立て、その前に性器を突き出す。カオシン、それをじっと見ている。)

NA　教師の言葉が、二四年前からあなたにずっと突き刺さっている。「なにを言っているのかわからないな。これまで、軍が政権を運営しているのか、政治家が運営しているのかなんてことを、考えたことがあったのか？　きみみたいな年の子が、変化を本当に感じていたのか？」

だがそれらの言葉が、国家の平穏と秩序を求め、軍こそが答えだと考える人々の口から出てしまったのだ。すべての人間が、支配されることを、庇護を受けることを欲望していると考える人々から。

もしあなたが、それらの言葉をワーリーにかけてやることができたらどうだ？

どうしてきみが彼らと一緒にホイッスルを吹かなきゃいけないんだ。きみのいまの人生と、なんの関係もないじゃないか……。

あなたもその場所に一緒にいたかった。両手で首を絞め、少年の頭を押さえつけ、少年自身のものを根元まで呑みこませる。投票所を取り囲む人の壁を押し破ろうとした男性が、別の男性から首を押さえつけられたみたいに。

PDRCのデモ／2013-2014年

NA　あなたは思いだしていた。2013年から2014年にかけて続いた、PDRCのデモの日々を。ほとんどすべてのテレビ放送、タイPBSのような公共放送でさえ、ステージ前に張りついて、毎時間のようにその動静をレポートしている。興奮とともに。ドローンを打ち上げて。軍隊は遠くで見つめていて、状況をコントロールしに現れるタイミングをうかがっている。一〇万の、一〇〇万の人々。コメディアン、俳優、美男美女たちがステージに立ち、イベントに花を添える。

「あのどアホでクソったれの女性首相をどんなふうに罵ったって構わない。なぜならあいつは馬鹿だからだ。発言もころころ変わる。あいつは原稿を暗記してるだけなんだ。あいつは洪水の対策に失敗した。あいつはフォーシーズンズにいた。あいつはやってた。シャム国史上に残る大馬鹿、不名誉だ。」

もちぬしに支配された精神を賞賛するアーティストたち、作家たち、詩人たちが集まって祝福のホイッスルを鳴り響かせた。

「この国のあらゆるところに自由があるせいで、人間は内面的な精神を失ってしまった。了見、道徳と善、年功序列の精神は、人間は平等だという思想に挑まれて、破壊されてしまった。平等なわけがないだろう。農民は米を植えていればいいじゃないか。汗の塩味を感じて、朝も夕も太陽に照らされて、祖先が残してくれた土地に思いを馳せればいいじゃないか。ほどほどで生きろよ！」

ビッグCのラーチャダムリ支店に設置された爆弾が爆発する。死者のひとりは、初めて目を開けて、この世界をはじめて見てからまだたった四年しか経っていなかった。

レストランの駐車場で銃声が鳴る。詩人マーイヌン・コー・クンティーが、白昼堂々暗殺された。

麻痺した国家の身体

NA　インラック政権が議会の解散を宣言し、選挙の実施を発表しても、軍にふたたびクーデターを起こしてほしいという欲望が、いろいろな条件を次々と押しつける。いますぐに政治活動を止めなければいけない。選挙の前に改革をしなければいけない。国を封鎖するのだ。カラーコーンを置いて、道路を封鎖するのだ。まるでこの身体に次々と、カビ、白癬、口、舌、性器の白濁といった厄介事が押し寄

せてくるように。

　麻痺した国家の身体。操り人形に変えられてしまっている身体。命をもつべきではないとされている身体。さまざまな場所、さまざまな部分から集うダイナミクスなどもつべきではないとされている身体。もちぬしはたったひとりでなくてはならない身体。誰が命令を下し、操っているのか、今度は隠す必要もない。後ろにいるのがはっきりと見える。手足と目につながった糸を動かしている。たったひとりのもちぬしがこの身体を動かして、人間性と自由の欲望から離れさせていく。この麻痺した国家の身体を嘲笑しようじゃないか。

デモにおける流血／AVにおけるぶっかけ

NA　あなたは見たことがあった。デモ集会で衝突が起きたときの動画を。

　ひとりの人間が、建物の外から追い立てるように撃ちこまれる謎の銃弾を避けるために、よろよろと映像の中に入ってきて、そこにいる四、五人の集団に合流しようとする。

　そしてカメラが揺れる。次の瞬間、真紅の血があふれ出し、二、三段あるコンクリートの階段いっぱいに広がる光景が映る。

　カメラが下方向にチルトされると、さっきの人間が足元でうつぶせに倒れている。両腕で地面を押して、なんとか身体を支えようとしている。血が、まるで水のように、とどまることなく流れていく。あなたが映画の撮影チームにいた頃、美術の人々は、演技で使用する血を濃くて粘り気のあるものに作る傾向があった。だがそれは、何時間も経ったあとの血の特徴なのだ。血が身体から流れ出した瞬間は、まるで真水のように流れ出すのだ。蛇口から水が出るように流れるのだ。

　そして、その人間は動かなくなる。だが血だけは止まることなく流れ続ける。呼吸ができなくなって、その瞬間に眠くなる。

NA　あなたは見たことがあった。AVの大人数での性交や、ぶっかけのシーンを。大抵の場合は、二組か三組の人目を引くペアがいる。他の人々は、遠くで単なる風景になる。カメラが移動していくと、ものが勃たない脇役の男優が映る。自分自身で刺激して、威風堂々と戦いに赴こうとしている。だがどう見ても、勃ち上がりそうにないのだ。それでもまだ演じ続けなければならない。でも、やがてカメラに愛想を尽かされる。カメラは主役たちのほうに向かい、脇役は画面から外れていく。物語も、感情も、主役のところにある。あなたのところにではない。見ている人間も、主役を追っている。あなたではない。あなたは隅に身を潜め、孤独に自分を助けるのだ。

　カメラに映らないところで自分の傷を舐める、主役たちのような勝利の味を味わうことはできない、脇役たち。主役たちは、トンロー周辺の有名レストランで、迷彩服を着てパーティーを開き、万歳を声高に叫ぶのだ。二〇一四年五月二二日。

　サンドイッチを食べること、公共の場所でジョージ・オーウェルの『一九八四年』を読むこと。そういったシンボルを用いた反対運動をおこなった若者たちや学生たちでさえ、軍人に拘束され、連行されていった。

　その身体は過去の意志に操られて動く。その身体は憑依から再起して、動き出す。

第10場

あなたはもう感じない

NA　あなたは、宿題用のノートにはじめて線を引いて絵を描いたときのことを覚えていた。それから、引かれた線が写実と出会う。何世紀も昔の芸術家が描き残した表現が、あなたが必ず到達しなければいけない最終目標になる。鉛筆からペンに、インクに、絵具に持ち替えていくうちに、あなたは美術史の中を歩いていき、自分の能力の限界を知る。

　ポール・セザンヌだったか？ 風と陽光に動きを与えたのは。木々の枝葉が揺れ動き、丘陵ですら、山ですら小さな地震のように動く。目に鮮やかな幾何学模様の線によって。動きをもった線が、人間の身体の、乱れながらも継続する動きのリズムを伝える。時間が接続される。過去、現在、未来。階段を降りてきて、マルセル・デュシャンの《階段を降りる裸体No.2》になる。

　あのときはどうだった？ 遠く西洋の芸術界からやってきた噂話。「絵画は死んだ」。クリストが、王宮や海に浮かぶ島全体を梱包した。ヨーゼフ・ボイスは、展示室で狼と寝食をともにして、それを懐かせた。ナムジュン・パイクは仏像を配置して、テレビに映る仏像を凝視させた。マーク・クインは、自分の血液を採取してそれを冷やして固め、顔の彫刻を作った。それは西洋の思想だ、それはきみの精

神じゃない、ぼくたち東洋の人間が、タイ人が生きるときに用いる方法ではない。それだよ、きみが見つけなければいけないのは。

若かった頃、あなたはもっと遠くに行きたかったのだろう？いま自分が立っている場所から、少なくとも一歩半か二歩は遠くへ。その熱意が消えていったのだ。あなたはもう感じない。熱意と尊大、芸術界の認識を完全に変えてしまいたいという欲望は、大学を卒業し、自身を養うために奮闘し、安定を生み出し、心身の健康を保とうとする必要性のうちに溶け消えていった。あなたはもう感じない。

キュレーターが進出し、編纂し、オーガナイズし、グループ展と個展のコンセプトを決めるようになった芸術業界においては、展覧会のパンフレットに、写真や作品の代わりに論文が掲載されるようになった。あなたはもう感じない。特定の場所でしか通用しない学問的な言葉がそこを監督し、管理し、作品に到達できる人間、触れることのできる人間を選ぶ。あなたが芸術界に見合うほどに明晰にも、賢くもなれず、かといって厚顔無恥に他人を皮肉ることもできずに、家に帰って痛々しく眠り、部屋でひとり自分を哀れんだ日。あなたはもう感じない。そしてあなたは、意味の複雑さをもたない芸術の世界に帰っていった。

エドガー・ドガが、バレエのレッスン室を描いた絵画。あなたはもう感じない。手足を伸ばして動かす少女がその姿勢のままで固定されている。柔らかくて美しい光が射しこんで、首元に、顎の下に、平たい胸に、細長い足に浴びせられる。あなたはもう感じない。そしてピエール・ボナールの作品。隣の部屋から、風呂に入る裸婦を窃視する目。新鮮で美しい色鮮やかさと平穏が、美しくも平凡な行為における、平和な陽光と影の中に表れている。あなたはもう感じない。

世界は永遠に美しい。絵画の中に閉じこめられた時間がそこにいて、あなたを待っていて、あなたに時間と、理解を与えてくれる。あなたはもう感じない。それを見るために、作品の目の前に立つために、これまでの人生を引き換えにするだけの価値をもつ。あなたはもう感じない。形をもたない感情が、身体、身体器官の姿勢を通じて形をもつ。グスタフ・クリムトの作品における、エゴン・シーレの作品における、ルシアン・フロイドの、フランシス・ベーコンの作品における、このような感情的な経験。あなたはもう感じない。たったひと突きで人の身体と心に刺さり、影響を与えることのできる、剣のようなもの。あなたはそういうもの探し求めていた。画家として。いつかは……。

あなたはもう感じない。

あなたはひとりでパリに旅し、オルセー美術館でギュスターヴ・クールベの《世界の起源》の前に立った。あまりに単純な女性器の絵。あなたはもう感じない。

そのときファーもパリに来ていた。恋人の若い男性写真家と一緒に。あなたはもう感じない。

彼女はあなたを美術館に連れていきたがった。ニューヨークのMOMAでこそないが。あなたはもう感じない。あなたたちは翌日会って、愛と美の街を一緒に歩いた。あなたはもう感じない。革命と死もここで起きた。あなたはもう感じない。デモと、広場での処刑も。あなたはもう感じない。

ポンピドゥーセンターの五階には、二〇世紀初頭の作品が展示されていた。フォーヴィスムに始まり、表現主義、未来派、キュビズム、そしてダダ。あなたはもう感じない。四階に降りると、一九六〇年代以降の作品が配置されていた。抽象芸術、フルクサス、ミニマルアート、ポップアート。あなたはもう感じない。

歩けば歩くほど、あなたは芸術から離れていった。作品が語っていることにどんどん到達できなくなっていた。あなたはアンドレ・ブルトンが、『アンドレ・ブルトンのアトリエ』を通してあなたになにを語りかけているのか、わからなかった。アンディ・ウォーホルの手による、エリザベス・テイラーの白黒肖像画の前に立ったときすらそう感じていた。粉々に破壊されたピアノの残骸が目の前に展示されている作品が、理解できなかった。

別れ際、あなたは彼女にほほ笑み、こう言った。「本物の作品が観れてよかった。本で観てるだけのとは、ぜんぜん違うね」。

あなたはもう感じない。（手を前に伸ばす。）じゃあ、こういうのは感じる？

第11場

２０１６年１０月１３日

NA　チャオプラヤー川は、静かに、だが深く流れ、街を二つの岸に分けている。トンブリー側と、プラナコーン側。

ワーリーとあなたはこの川沿いの飲み屋にいる。

少年がテーブルの上に両腕を伸ばし、その手をあなたの手に重ねて握り、そしてあなたの顔を見た。

誰かがこの行為を見ていないだろうかとあなたは店じゅうを振り返る。

実のところ、他の人間はそれぞれ、首相がなにかを発表しているテレビ画面を、呪文をかけられたみたいに凝視していた。

夜の十時頃。あなたたちは店を出て歩いていた。建物の陰になって光の届かない場所に来ると、ワーリーは足を止め、あなたの口にキスをした。

少年はあなたから離れて、言った。こういうのは感じる？
あなたたちは歩いて、ラーマ八世橋に上ったのだった。
トンブリー側と、プラナコーン側の、ふたつの岸の真ん中であなたたちは足を止める。ワーリーが道路に背を向けて、川と遠くの景色を向いていた。

過去が奇妙な形に自らを歪めている。不自然な形のまま固定され続けていた輪ゴムのように。
だがあなたは、それを元からの形だと理解していた。そしてそれが緩み、固定されていない形に戻ろうとするとき、あなたはそれを見ていることしかできないのだ。茫然自失と、驚きとともに。
ワーリーは欄干の外側に出ていた。

ワーリー　いまこの瞬間、ぼくはあなたのために死ぬ覚悟ができてるよ。

「きみであるべきじゃない。ここまで来たら、死ぬべきなのはぼくのほうだ。」

ワーリー　あなたはそうしない。

「ぼくはきみの代わりに死ぬことができる。」

ワーリー　ダメだよ。あなたがそういうものを示す時間はもう過ぎちゃったんだ。あなたがぼくの代わりに本当に死ぬことなんてない。あなたはこれからも長く生き続けるんだ。記憶の鞭と、現在という名のくりかえされる状況に何回も打たれて、全身も、心もかたくなになる。あなたはモデルが命をもつことを求めていない。モデルの背景とか素性も知りたくない。はじめから、モデルにはモデル以上のものになってほしくない。あなたは、ぼくたちがカチッとはまって、話が通じて、どんなリズムもぴったりだと感じてるかもしれない。彼がなにも要求せず、描き手である芸術家の前では感情と思考のコントロールが上手で、自分自身の立場に合わせた表現もできるから。

そういう時間はさ、限りがあるんだよ。ある時が来たら、時間切れなんだ。
死んだらどうしようってあなたが不安になって、心配してるのは、ぼくじゃないんだ。あなたの感情なんだよ。ごめんなさい。こんな嫌な言葉を使って。

NA　いまの言葉はすべて、あなたが言うべきことだ。

ワーリー　そうだね。ぼくはあなただから。ぼくがなにものかっていう事実を認めてくれた？ぼくの手を離して。

NA　あなたはこのまま引き留める。腕が痺れて、痛むまで。そして、もはや身体が耐えていられなくなる。

（ワーリー、ここまでずっと前に伸ばしていた両腕をおろし、床に倒れ、仰向けに横たわる。）

NA　2559年10月13日。

（「プラータナー」終わり）

英語版の戯曲、論考は、以下のウェブサイトでご覧いただけます。
For the English translations of the script and essays,
please visit the website below.

www.pratthana.info/en/

『プラータナー：憑依のポートレート』 創作記録

2014年
9月9日　　　　　東南アジア現代文学のリサーチ始動（東京／日本）

2015年
7月14日　　　　 岡田利規、ウティット・ヘーマムーン初めての出会い（ウティット・ヘーマムーン×アイダー・
　　　　　　　　アルンウォン×福冨渉　トークイベントにて）＠ゲンロンカフェ（東京／日本）

2016年
7月13日―23日　　バンコク視察　有識者ヒアリング等

11月13日―17日　 国際共同製作パートナーリサーチ ＠インドネシア
11月17日―25日　 バンコク視察　有識者ヒアリング等
11月18日　　　　ウティット・ヘーマムーン×岡田利規　創作についての対話始動
11月19日　　　　ウティット・ヘーマムーン×岡田利規「私たちに許された時間」タイ語出版記念
　　　　　　　　トークイベント＠Candide Book&Café/Jam Factory（バンコク／タイ）
11月24日　　　　リサーチ報告会　＠バンコク芸術文化センター（BACC）（バンコク／タイ）

2017年
3月7日―12日　　 チェルフィッチュ「スーパープレミアムソフトWバニラリッチ」＠チュラロンコーン大学
　　　　　　　　文学部演劇学科 ソッサイパントゥムコーモン劇場（バンコク／タイ）
3月13日―25日　　バンコク・チェンマイ視察　有識者ヒアリング
3月18日　　　　 俳優ワークショップ＠バンコク芸術文化センター（BACC）（バンコク／タイ）
3月20日　　　　 ワークショップ＆プレゼンテーション＠B-Floorスタジオ（バンコク／タイ）
3月21日　　　　 ワークショップ＆ディスカッション＠Democrazy Theatre Studio（バンコク／タイ）
4月21日―22日　　俳優オーディション 第一次審査　＠Thonglor Art Space（バンコク／タイ）
4月23日―26日　　俳優オーディション 第二次、第三次審査　＠Bangkok CityCity Gallery（バンコク／タイ）
4月25日―26日　　演出助手、アシスタントプロデューサー　オーディション
　　　　　　　　 ＠Bangkok CityCity Gallery（バンコク／タイ）
6月　　　　　　 ウティット・ヘーマムーン　小説「プラータナー：憑依のポートレート」
　　　　　　　　（タイ語「Rang Khong Pratthana」）出版（タイ）
6月18日―22日　　日本視察　創作チームブレスト始動
6月19日　　　　 チェルフィッチュ「部屋に流れる時間の旅」東京公演鑑賞＠シアタートラム（東京／日本）
6月20日　　　　 アーティスト・トーク＠国際交流基金アジアセンター（東京／日本）
6月21日　　　　 岡田利規＋ウティット・ヘーマムーン　トークイベント＠金沢21世紀美術館（金沢／日本）
9月―　　　　　 国際共同製作パートナー・ツアー先リサーチ　＠シンガポール、ソウル（韓国）、
　　　　　　　　ブリュッセル（ベルギー）、パリ（フランス）、フランクフルト（ドイツ）
9月4日　　　　　脚本素案上がる
9月5日―15日　　 リハーサル（10日間）　＠Democrazy Theatre Studio、
　　　　　　　　ARTIST+RUN GALLERY（バンコク／タイ）
12月25日　　　　脚本第1稿上がる

2018年
1月5日―7日　　　脚本推敲集中合宿（3日間）　＠スミツグハウス／熊本（日本）
4月1日　　　　　脚本第2稿上がる
6月5日　　　　　脚本第3稿上がる
6月12日―7月1日　リハーサル　＠Democrazy Theatre Studio（バンコク／タイ）
6月25日　　　　 脚本第4稿上がる
7月2日―31日　　 リハーサル　＠シーナカリンウィロート大学（バンコク／タイ）
7月21日　　　　 岡田利規×ウティット・ヘーマムーン トークイベント＠Candide Book&Café/
　　　　　　　　The Jam Factory
8月1日―21日　　 リハーサル　＠チュラロンコーン大学文学部演劇学科 ソッサイパントゥムコーモン劇場
　　　　　　　　（バンコク／タイ）
8月2日　　　　　脚本第5稿上がる

8月22日―26日　　世界初演　＠チュラロンコーン大学文学部演劇学科 ソッサイパントゥムコーモン劇場
　　　　　　　　（バンコク／タイ）

欲望するインディペンデンスと、希望のアソシエーション

統括プロデューサー
中村茜

この書物に収められているのは、およそ4年間に及ぶ舞台作品のリサーチ→創作→発表→ツアーのプロセスと、そこから派生した思考の軌跡である。この期間に得られた経験や気づきは、風に流されるシャボン玉のように、ある角度から見ればキラキラと輝いているけれど、別の角度から眺めれば実は陰影に富んでいて、刻々とその形や色を変えていく。バンコクでの世界初演を終えてからも、次々に発見や展開が続いているが、これまでの制作体験を振り返りながら、おわりの言葉としたい。

バンコクや東京、大阪などの大都市を拠点にするメンバーとの協働作業では、次々と生まれては消える泡のように無数の出来事に飲み込まれる経験の連続だった。大都市における変化のスピードは想像以上に速く、本プロジェクトに参加する多くのメンバーと出会ったB-Floorのスタジオも、2018年に稽古をしていたDemocrazy Theatre Studioもすでに無くなってしまった。

両者はこの数年バンコクの舞台芸術シーンを牽引していた重要な「空間」であったが、あっという間に消失してしまったのだ（ただし、スタジオがなくなった後も両者の劇団としての活動は続いており、新スペースを準備中）。バンコクでは珍しいことではない。B-FloorやDemocrazyのような独立系オルタナティブスペースが次々に生まれては、消えていく。ほとんどの場合、これらの「空間」は多様な側面を持ち合わせ、ライブハウスや劇場として発表の場を提供することもあれば、稽古場、シェアオフィス、ときにカフェやバーにもなり、寝泊まりできるレジデンス施設として機能することもある。このように目まぐるしく誕生しては消失する「空間」の多様でフレキシブルな様態は、急速に都市化が進むメガシティーにおける宿命と言えるかもしれない。おそらく変幻自在な「場所」の生産と再生産は、バンコクに集結したクリエーターたちが経済との折り合いをつけながら創造環境を維持するための苦悩と知恵の産物であり、当局に目をつけられないための手段なのだろう。

「プロデューサー」と言われる「職業・職能」についても同様であった。バンコクで活動する「プロデューサー」たちは、同時に演出家や俳優であったり、通訳、照明家、ケータリング料理人、出版社経営者などしばしば二足どころではない複数の草鞋を履いて闊歩している。「空間」のみならず「人」の役割も流動的だ。

本プロジェクトはこのように、協働する人たちの創造環境と生態系を紐解きながら、無数の差異に出会い、当惑しながら個々人の必然性の在りかを探ることからスタートした。言い換えれば、劇場や劇団単位の組織間のコラボレーションは前提としなかったということである。創作初期のアイデア出しや稽古中に、社会的抑圧と不安から生まれてしまう表現の自主規制に陥らずに議論を継続できたのは国際共同制作（コラボレーション）ならではの出来事だった。宗教・政治、文化、伝統、家族、ジェンダーや性的規範、恣意的な検閲などからくる生きづらさだけでなく、より良い未来を創造したいという強い意志についてお互いに調整・理解するために対話を繰り返した。バンコクを拠点にしたのは、私がアジアン・カルチュラル・カウンシルの助成を得て1年半にわたり滞在できることが決まっていたことや、福冨渉さんというタイ現代文学の研究者・通訳・翻訳者の存在があったことも大きい。

ここに挙げたB-FloorやDemocrazyのような活動体が本プロジェクトにとって重要だったのは、それぞれのもっていた「空間」よりも、それらを支えていた人々との出会いを提供してくれたからだ。B-FloorやDemocrazyのメンバーは、組織に頼らず自律した意識をもち、なおかつ一緒に創作を続けている個人たちだった。「目的を共有する個々人の繋がり」のことを「アソシエーション」と呼ぶが、『プラータナー』でもまさにインディペンデントな表現者たち30名余が「アソシエーション」を生み出し、国際共同制作をおこなった。メンバー同士の協働の意識が高まることによって、個々のエネルギーの単純な足し算ではありえない輝きが生まれたのである。

『プラータナー』の原作において、「光」は権威の象徴として描かれているが、それは同時に希望のシンボルでもある。本作品の輝きがタイや日本という国の境界やその他のハードルを越え、新たな協働の原動力となり、国際的な創作活動がよりいっそう豊かに展開されていくことを切に願う。最後になったが、リサーチ、バンコクでの滞在制作から、世界ツアー、東京公演における観客創出プログラム、原作翻訳本や本書の出版と数々の挑戦を共に歩んでくださった皆様にこの場をかりて深く感謝申し上げたい。

国際共同制作プロジェクト『プラータナー:憑依のポートレート』について

国際交流基金アジアセンター

国際交流基金アジアセンターに、岡田利規さんとタイのアーティストとの国際共同制作の案が持ち上がったのは2016年の春でした。演劇カンパニー「チェルフィッチュ」の作品が国際的に高く評価されているだけでなく、劇作家・演出家として韓国やドイツの俳優等との創作を手掛け結果も出している岡田さんとタイのアーティストとの協働は、未知の部分の多い新しい挑戦としてとても魅力的でした。彼らだからこそ、今の時代だからこそ可能な、新しい国際共同制作のあり方があるはずだと考えました。さらにはこの特別なプロジェクトの創作のプロセスを多くの人と共有したい、この機会を利用して舞台芸術の分野で国際的に活躍する人を育てたい、国際共同制作(コラボレーション、後述)にとどまらず国際共同製作(コプロダクション、後述)として成立させられないかなど、あれもこれもと欲を張り、プロデューサーの中村茜さんらと話し合いを重ねました。

舞台芸術の創造を支える環境や条件、文脈、母語の異なる作り手が国境を越えて集まり、互いに共通する「(芸術的)言語」を見いだしながら、作品を創造し上演するのが国際共同制作です。作品上演を前提とするので一定のリスクを内包し、あらゆるレベルで翻訳という課題がつきまとい、複雑でかつ非常に手間のかかるプロセスを必要とします。魅力的でありながらチャレンジングでもあり、慎重かつ丁寧に向き合わねばならぬものです。

バンコクでの『プラータナー』世界初演は、十全な協働の結果、新しい価値を創出することができたかもしれないと感じさせるものでした。未知の表現や創作環境・プロセスに強い好奇心を抱く優れたアーティストとスタッフが結集したことが、結果的に、協働の事実以上の「何か」への到達を可能にしたように思います。日本とタイのアーティストの国際共同制作という「公」的な枠の彼方に、「個」としての各アーティスト・スタッフによる必然的でかつヒエラルキーに拠らない協働が有機的に成立し、強度のある作品に結実し、観る側にも伝わりました。こうして生まれた作品はその後、国境を越え異なる文脈の中で観客の眼差しにさらされ、観る側にも演じる側にも新たな思考を促しながら、再演される度に強度を増し育っていくことでしょう。

本プロジェクトでは当初多くの目論見がありましたが、同時代の舞台芸術をめぐる状況や前提が異なることから、全てが順調に進んだわけではありません。たとえば前述の、国際共同製作のアジアでのパートナー獲得は実現しませんでした。

複数の劇場やフェスティバルが、才能を評価するアーティストの作品の制作段階から共同でコミットする国際共同製作も、『プラータナー』のような国際共同制作も、舞台芸術における国際協働です。国境を越えた多様な協働を支える創造環境がアジア域内に整備され、制作に関わる人々のネットワークが一層拡充し、協働のあらゆる場面でコミュニケーションを担う不可欠な存在である翻訳者・通訳者・制作者・ドラマトゥルクといった人材層が充実することを切に望んでいます。さらに、製作・制作過程で得られた経験を広く有効に持続的に共有できれば、国際協働の活性化につながります。

この度の東京公演にあわせ、再び新しいチャレンジとして、創作と公演までのプロセスの記録集を作ることになりました。これまでのプロセスを振り返り、作品の内容理解をより深め、創作の過程で何が起きどのような思考と議論がなされたのかを伝えるものです。私たちがその中で得た経験の積み重ねや知見が、多様方法で可視化され、相対化され、さらに様々な方々と共有されることとなれば、そして今後新たな創作や国際協働に踏み出すために参照されれば望外の喜びです。

相互理解・交流を深め、経験や知識を共有し、協働の結果新しい価値を創造しアジア内外に還元するというアジアセンターの理念を、このプロジェクトを通して実現することができました。本プロジェクトにいろいろな形で関わり、また応援してくださった個人・団体各位に深く御礼申し上げます。そして本プロジェクトのアーティストとスタッフ全員に心より感謝するとともに、一人ひとりの今後の更なる飛躍と活躍を期待しています。

プラータナー：憑依のポートレート　プロフィール

――原作
ウティット・ヘーマムーン
Uthis Haemamool／モン
小説家／編集者／画家。1975年タイ中央部サラブリー県ケンコーイ生まれ。シラパコーン芸術大学絵画彫刻版画学部卒業。2009年3作目の長編小説『ラップレー、ケンコーイ』を発表し、東南アジア文学賞受賞。14年から15年までタイの文芸誌『Writer Magazine』『Prakod』編集長。17年『プラータナー』を発表、バンコクにて展覧会開催。18年タイ文化省よりSilpathorn Award文学部門受賞。日本での著作に『プラータナー：憑依のポートレート』（翻訳＝福冨渉、河出書房新社、2019年）、『残り香を秘めた京都』（翻訳＝宇戸清治、京都市立芸術大学、2014年）。

――脚本・演出
岡田利規
Toshiki Okada
演劇作家／小説家／チェルフィッチュ主宰。1973年横浜生まれ、熊本在住。2005年『三月の5日間』で第49回岸田國士戯曲賞受賞。07年、小説『わたしたちに許された特別な時間の終わり』（新潮社）を発表し、08年、第二回大江健三郎賞受賞。12年より岸田戯曲賞審査員。13年に演劇論『遡行』、14年に戯曲『現在地』を河出書房新社より刊行。16年より3シーズンにわたってミュンヘン・カンマーシュピーレでレパートリー作品を演出。

――セノグラフィー・振付
塚原悠也
Yuya Tsukahara
contact Gonzoメンバー。1979年京都生まれ、大阪在住。2004年関西学院大学文学研究科美学専攻修了。06年にダンサーの垣尾優とcontact Gonzoを結成。パフォーマンス作品だけでなく映像、写真、インスタレーションなど活動は多岐にわたる。個人名義では丸亀市猪熊弦一郎現代美術館にて14年より3年連続『ヌカムリ・ジャミポス3部作』を発表。アートエリアB1、KYOTO EXPERIMENT（2020年より）の共同プログラム・ディレクター。

――演出助手
ウィチャヤ・アータマート
Wichaya Artamat／ベスト
For What Theatre共同創設者。1985年バンコク生まれ。タマサート大学映画専攻卒業。2009年にNew Theatre Societyに参加。15年、For What Theatreを共同創設。19年5月、クンステン・フェスティバル・デザール（ブリュッセル）、ウィーン芸術週間にて『This Song Father used to Sing/Three Days in May』を上演。

――出演
ジャールナン・パンタチャート
Jarunun Phantachat／ジャー
B-Floor Theatre共同創設者、共同芸術監督。チェンマイ大学マス・コミュニケーション学部卒業。国際共同製作作品にも多数関わり、「タイで最も素晴らしい女優」と評される。2014年、Silpathorn Award受賞。16年、『Ferris Wheels』での演技によりショートショート映画祭＆アジア2016にて映画最優秀俳優賞を受賞した。

ケーマチャット・スームスックチャルーンチャイ
Kemmachat Sermsukchareonchai／タック
Democrazy Theatre Studioメンバー。1988年生まれ。チュラロンコーン大学工学部出身。同劇団で俳優、テクニカルマネージャー、照明デザインを務める。俳優としては、B-Floor Theatreの『Fundamental』、New Theatre Societyの『ap Rok – imaginary Invali』などに出演している。

クワンケーオ・コンニサイ
Kwankaew Kongnisai／ルッケオ
女優、パフォーマー、歌手、声優。バンコク大学にてパフォーミングアーツの学士号、オーストラリアン・インスティチュート・オブ・ミュージックにてポストグラデュエート・ディプロマ取得。ミュージカル、映画への出演、アニメの声優のほか、New Theatre Societyの『The Trail after Kafka's』など小劇場作品にも参加。

パーウィニー・サマッカブット
Pavinee Samakkabutr／エー
Democrazy Theatre Studio共同創設者。タマサート大学演劇学科、チュラロンコーン大学スピーチ・コミュニケーション＆パフォーミング・アーツ学科卒業。同劇団で俳優、照明デザイン、プロデュース。平田オリザ、矢内原美邦などの作品にも俳優として参加している。「バンコク国際児童演劇祭2016」「同2018」のオーガナイズを担当。

ササピン・シリワーニット
Sasapin Siriwanij／ブーペ
俳優、演出家、プロデューサー、B-Floor Theatre所属。チュラロンコーン大学で英文学の学士号及び修士号取得。2013年より演出家として自身の作品を発表。『OH! ODE』でIATC Awards*2017最優秀女優賞。「バンコク国際舞台芸術ミーティング（BIPAM）」アーティスティック・ディレクター。

タップアナン・タナードゥンヤワット
Tap-a-nan Tandulyawat／ノート
チュラロンコーン大学コミュニケーション・アーツ学部を卒業後、アート学部で演劇を学ぶ。仏教の生き方や哲学を、演技や演出、物語の手法に融合させるタイの劇団「Moradokmai」で研修した。現在は、フリーの俳優として舞台やテレビに出演するほか、自ら演出やテレビ番組の脚本も手掛ける。

ティーラワット・ムンウィライ
Teerawat Milvilai／カゲ
B-Floor Theatre共同創設者、共同芸術監督。現代タイにおける最もクリティカルかつ社会性の高い演出家と評されている。2012年 Piti Silp Santhi Dhamma Awards を受賞。18年 Silpathorn Award受賞。ソウルのMomggolシアターとのコラボレーションは、IATC Awards*2019で3部門を受賞。

タナポン・アッカワタンユー
Thanaphon Accawatanyu／ファースト
Splashing Theatre Company共同創設者。1992年生まれ。タマサート大学ジャーナリズム・マスコミュニケーション学部卒業。2014年設立以来ほぼ全作にて作・演出を務め、映画をモチーフに現代社会の人間像を描くことが多い。『The Disappearance of the Boy on a Sunday afternoon』ではIATC Awards*2016の2部門受賞。

トンチャイ・ビマーパンシー
Thongchai Pimapunsri／マック
Splashing Theatre Company共同創設者、俳優。タマサート大学政治学部在学中、演劇クラブで演技経験を積む。ダンス、フィジカル・シアター、ミュージカルなど多様なジャンルにわたる舞台作品に参加、B-Floor TheatreやAnatta Theatre Troupeの作品にも出演。IATC Awards*2016にて最優秀男優賞を受賞。

ウェーウィリー・イッティアナンクン
Waywiree Ittianunkul／ウェイ
パフォーマー。チュラロンコーン大学芸術学部卒業。2014年にバンコク、仙台、東京で上演された子供向け作品『yoo-dee』出演。15年、B-Floor Theatre『Manoland』出演。16年、Democrazy Theatre Studioの『Happy Hunting Ground』（タイとドイツのコラボレーション作品）のバンコク、ドイツ、スイス公演に出演。

ウィットウィシット・ヒランウォンクン
Witwisit Hiranyawongkul／ピッチ
パフォーマー、俳優、歌手、ソングライター、文筆家。タイ映画『Love of Siam』主役として注目を集め、「PCHY」名義でタイや中国でアルバムをリリース。オリジナルミュージカル『Cocktails』でIATC Awards*2016の2部門受賞。一人芝居『{private conversation} : A Farewell To Love Of Siam』でIATC Awards 2018 最優秀脚色賞。

*IATC Awards =
IATC Thailand Dance and Theatre Awards

―― 衣裳
藤谷香子
Kyoko Fujitani
衣裳家、これまでのFAIFAI作品全ての衣裳担当。国内外作家の舞台作品だけでなく、音楽、美術等多分野の作家と作品制作し、衣裳を担当する。子ども向けや市民参加型のWSを行い、衣裳の観点から作品を制作。近年では柴幸男、木ノ下歌舞伎、範宙遊泳、岡田利規、金氏徹平、近藤良平×永積崇（ハナレグミ）による作品に参加。

―― 照明
ポーンパン・アーラヤウィーラシット
Pornpan Arayaveerasid / チン
シアターデザイナー、リサーチャー。チュラロンコーン大学のシアターデザインの修士号を取得。バンコクのデザインスタジオ「DuckUnit」のディレクターも務めている。映画監督アビチャッポン・ウィーラセタクンの初の舞台作品『フィーバー・ルーム』の照明デザインを担当。劇場デザインのレクチャーも実施している。

―― 音響
荒木優光
Masamitsu Araki
音響作家、音楽家。1981年生まれ、京都在住。京都造形芸術大学 映像・舞台芸術学科卒。音楽を起点とした作品を劇場的空間や展示形式などで発表する。他、記録にまつわる作業集団 ARCHIVES PAY（アーカイブスペイ）、音楽グループ NEW MANUKE としても活動している。

―― セノグラフィーアシスタント・映像
松見拓也
Takuya Matsumi
写真家。1986年生まれ。京都精華大学グラフィックデザインコース卒業。2010年よりパフォーマンスグループ、contact Gonzo に加入。同年、NAZE と共に「犯罪ボーイズを結成」。紙片「bonna nezze kaartz」を毎月刊行している。

―― 舞台監督
大田和司
Kazushi Ota
舞台監督／技術監督。巨大な野外劇場の設営で知られる大阪の劇団「維新派」の舞台監督として、1992年より2017年の解散までほぼすべての公演に携わり、野外公演では劇場プランも担当。フリーランスで、ダンス、演劇、イベントなど多数。17年より京都造形芸術大学舞台芸術研究センター／京都芸術劇場の技術監督を担当。

―― 原作翻訳・日本語字幕制作
福冨渉
Sho Fukutomi
タイ文学研究者、タイ語翻訳・通訳者、鹿児島大学グローバルセンター特任講師。1986年東京生まれ。著書に『タイ現代文学覚書』（風響社）。共著書に『タイを知るための72章』（明石書店）や『アピチャッポン・ウィーラセタクン：光と記憶のアーティスト』（フィルムアート社）。またゲンロンカフェなどで、多面的な日タイ交流を促進している。

―― 脚本翻訳
ムティター・パーニッチ
Muthita Panich
タイ―日本語の翻訳家、通訳。大阪大学工学部電子情報工学科で学位を取得後、米ハーバード大学情報工学科にて修士号を取得。ソフトウェア開発の翻訳を経て、ドキュメンタリーから文学作品まで多岐にわたる翻訳活動を展開。村上春樹、阿部和重、伊坂幸太郎、多和田葉子、松浦理英子など、日本文学をタイ語へ翻訳している。

―― 翻訳協力・通訳
パタラソーン・クーピパット
Patarasorn Koopipat / イム
チュラロンコーン大学文学部東洋言語学科日本語講座を第一級優等学位で卒業。2015年、文部科学省の奨学金により日本語・日本文化研修留学生として大阪大学へ1年間留学。大学在学時より様々なマンガ、ライトノベルの翻訳を手がける。

―― 翻訳協力
マッタナー・チャトゥラセンパイロート
Matana Jaturasangpairoj
日本文学研究者、翻訳家。バンコク出身。チュラロンコーン大学文学部東洋言語学科日本語講座講師。大阪大学大学院文学研究科博士後期課程単位修得退学。2014年早稲田大学教育・総合科学学術院国語国文学科外来研究員。岡田利規『わたしたちに許された特別な時間の終わり』の他、村上春樹、川上弘美作品をタイ語へ翻訳。

―― 統括プロデューサー
中村茜
Akane Nakamura
株式会社precog代表取締役。(一社)ドリフターズ・インターナショナル、NPO法人舞台制作者オープンネットワークON-PAM理事。1979年東京生まれ。チェルフィッチュ・岡田利規、ニブロール・矢内原美邦、飴屋法水、神里雄大などの国内外の活動をプロデュース、海外ツアーや国際共同製作の実績は30カ国70都市に及ぶ。スペクタクル・イン・ザ・ファーム那須（09–10年）、国東半島芸術祭（12–14年）パフォーマンスプログラム・ディレクター等歴任。

―― プロダクション・マネージャー
川崎陽子
Yoko Kawasaki
舞台芸術プロデューサー。1982年三重生まれ。京都芸術センター アートコーディネーターを経て2014–15年、文化庁新進芸術家海外研修制度によりHAU Hebbel am Ufer劇場（ベルリン）にて研修。「The Instrument Builders Project Kyoto – Circulating Echo」共同キュレーター（2018年）。2011年よりKYOTO EXPERIMENT制作スタッフ、2020年より共同プログラムディレクター。

―― プロデューサー
黄木多美子
Tamiko Ouki
プロデューサー。1982年東京生まれ。2008年株式会社precog入社。2011年より、ヨーロッパ・アジア・北米・南米などチェルフィッチュの海外ツアーに多数携わり、以降カンパニーおよび岡田利規の創作や国際展開のプロデュースを務める。

―― アシスタント・プロデューサー
水野恵美
Megumi Mizuno
プロデューサー。1992年神奈川生まれ。立教大学現代心理学部映像身体学科に在籍時より、株式会社precogにて国東半島芸術祭2014、ニブロール、篠田千明の制作アシスタント、16年より矢内原美邦や岡崎藝術座／神里雄大などの国内外での舞台公演のプロデュースに携わる。個人活動として2014-16年に劇団 贅沢貧乏の制作を担当。

―― アシスタント・プロダクション・マネージャー
タナノップ・カーンジャナウティシット
Tananop Kanjanawutisit / ゲーム
ドラマトゥルク、プロデューサー。2012年-19年、Democrazy Theatre Studioメンバー。「バンコク国際児童演劇祭」プロデュースチーム、タイ現代演劇戯曲の翻訳プロジェクト「Collective Thai Scripts」創設メンバー。2018年国際交流基金アジアセンター「Next Generation: Producing Performing Arts」に選出された。

プラータナー：憑依のポートレート　クレジット

原作：ウティット・ヘーマムーン
脚本・演出：岡田利規
セノグラフィー・振付：塚原悠也
演出助手：ウィチャヤ・アータマート
原作翻訳：福冨渉

出演：ジャールナン・パンタチャート／ケーマチャット・スームスックチャルーンチャイ
　　　クワンケーオ・コンニサイ／パーウィニー・サマッカブット
　　　ササピン・シリワーニット／タップアナン・タナードゥンヤワット
　　　ティーラワット・ムンウィライ／タナポン・アッカワタンユー
　　　トンチャイ・ビマーパンシー／ウェーウィリー・イッティアナンクン
　　　ウィットウィシット・ヒランウォンクン

衣裳：藤谷香子
照明：ポーンパン・アーラヤウィーラシット
音響：荒木優光
セノグラフィーアシスタント・映像：松見拓也
舞台監督：大田和司
脚本翻訳：ムティター・パーニッチ
翻訳協力：パタラソーン・クーピパット、マッタナー・チャトゥラセンパイロート
日本語字幕制作：福冨渉
英語字幕翻訳：オガワアヤ
通訳：パタラソーン・クーピパット
統括プロデューサー：中村茜（precog）
プロダクション・マネージャー：川崎陽子
プロデューサー：黄木多美子（precog）
アシスタント・プロデューサー：水野恵美（precog）
アシスタント・プロダクション・マネージャー：タナノップ・カーンジャナウティシット

製作：国際交流基金アジアセンター／株式会社precog／一般社団法人チェルフィッチュ
助成：アーツカウンシル東京（公益財団法人東京都歴史文化財団）／公益財団法人セゾン文化財団
協力：チュラロンコーン大学文学部演劇学科／シーナカリンウィロート大学College of Social Communication Innovation／
　　　Democrazy Theatre Studio／contact Gonzo／B-Floor Theatre／DuckUnit／FAIFAI／For What Theatre／Splashing Theatre Company

「プラータナー：憑依のポートレート」製作チーム：
古屋昌人／正野圭治／山口真樹子／武田英和／川口晃／山下陽子／
下山雅也／稲見和己／中島豊／乗附京子　以上国際交流基金アジアセンター
中村茜／黄木多美子／兵藤茉衣／水野恵美／崎山貴文／平岡久美／森田結香／加藤奈紬／平井清美／
齊藤浩子／岩井美菜子／美和咲妃／渡辺元紀／佐藤瞳／谷津有佳／安達佐矢子／寺田凛／髙橋健太郎／
河村美帆香／グンナレ更／岡本縁／神戸みなみ／神川美優／渡辺奈都　以上株式会社precog

上演記録

──バンコク公演(世界初演)
会期:2018年8月22日(水)― 26日(日)
会場:チュラロンコーン大学文学部演劇学科 ソッサイパントゥムコーモン劇場
主催:国際交流基金アジアセンター/株式会社precog/一般社団法人チェルフィッチュ
助成:アーツカウンシル東京(公益財団法人東京都歴史文化財団)/公益財団法人セゾン文化財団
会場協力:チュラロンコーン大学文学部演劇学科/
シーナカリンウィロート大学 College of Social Communication Innovation/
Democrazy Theatre Studio
協力:all (zone)/ARTIST+RUN GALLERY/Bangkok CityCity Gallery/Candide Books & Café/
バンコク芸術文化センター(BACC)/Thong Lor Art Space
後援:タイ国日本人会

──パリ公演(フェスティバル・ドートンヌ・パリ/ジャポニスム2018 公式企画)
会期:2018年12月13日(木)― 16日(日)
会場:ポンピドゥ・センター
主催:国際交流基金/ポンピドゥ・センター
共催:東京芸術劇場(公益財団法人東京都歴史文化財団)/フェスティバル・ドートンヌ・パリ
助成:公益財団法人セゾン文化財団/笹川日仏財団/フランス芸術振興会(ONDA)

──東京公演(響きあうアジア2019)
会期:2019年6月27日(木)― 7月7日(日)
会場:東京芸術劇場シアターイースト
主催:国際交流基金アジアセンター
共催:東京芸術劇場(公益財団法人東京都歴史文化財団)
企画制作:株式会社precog

謝辞 | Special Thanks

本公演と本書の製作にあたり、多大なご協力をいただきました下記の方々に、感謝の意を表します。

チュラロンコーン大学文学部演劇学科／シーナカリンウィロート大学 College of Social Communication Innovation／Democrazy Theatre Studio
contact Gonzo／B-Floor Theatre／DuckUnit／FAIFAI／For What Theatre／Splashing Theatre Company
all(zone)／ARTIST+RUN GALLERY／Bangkok CityCity Gallery／Candide Books & Café／Bangkok Arts & Culture Centre／Thong Lor Art Space
Artch Bunnag／Rachaporn Choochuey／Asrin Sanguanwongwan／Pock Pornchai
Asian Cultural Council／Miho Walsh／Cecily D. Cook／吉野律／城戸久瑠実
Pawit Mahasarinand／Suradech Chotiudompant／Pavinee Samakkabutr／Piyawat Thamkulangkool
Thachaporn Jirasakkee／Jirach Eaimsa-ard／Sammiti Sukbunjhong
Porawan Pattayanon／Duangruthai Esanasatang／Angkrit Ajchariyasophon
Eric Bunnag Booth／Kittima Chareeprasit／Santiphap Inkong-ngam
Supamas Phahulo／Op Sudasna／Wayla Amatathammachad／黒澤浩美
Pornjittra Vongsrisawat／Cholatep Nabangchang／Thitirat Thipsamritkul／Paiboon Patjareesakul
宮村ヤスヲ／武山忠司／株式会社机／Napisa Leelasuphapong／西谷枝里子／Relay Relay
江原由桂／Teeraphan Ngowjeenanan／Kwin Bhichitkul／Chanida Punyaneramitdee
Sarayut Phetsamrit／Parnniti Seyayongka／Anantachai Toovichean／Jaturachai Srichanwanpe
Napak Tricharoendej／Ladda Kongdach／Chavatvit Muangkeo／ShouldBe
平岩壮悟／慶應義塾大学アートセンター
Serge Laurent／Marie Collin／Malena Suburu／Pierre Gendronneau／播磨愛子／Bénédicte Dréher
ジャポニスム事務局／小林康博／篠原由香里／横山優／嶋根智章／小堤明日香
吉岡憲彦／鈴木一絵／桑原輝／富田千草／澤野唯／Siree Riewpaiboon／Thanakorn Thanomwate
藤末萌／臼井隆志／石黒宇宙／AWRD／株式会社ロフトワーク／金森香／添田奈那／清水淳子／あかしゆか
関川航平／コズフィッシュ／藤井瑶／加藤甫／増崎真帆／原口さとみ／浦谷晃代／Memee Dantavornjaroen／山吹ファクトリー
シティライツ法律事務所／水野祐／倉崎伸一朗／下平実加
公認会計士山内真理事務所／山内真理／藤井祥子／森靖弘
税理士法人オーケーパートナー／吉岡篤／稲川翔太／芝高翠子
社会保険労務士法人ウィルワークス／榊原浩／畠中絵璃／野田絵里／大場美紀
宇戸清治／徳永京子／佐々木敦／藤井慎太郎
石戸谷聡子／北川陽子／久野敦子／堤治菜
Atikom Mukdaprakorn／Chanan Yordhong／Chiranan Pitpreecha
Chrisada Chiaravanond／Henry Tan／Kornkarn Rungsawang／Lakkana Punwichai
Monthatip Suksopha／Narawan Pathomvat／Pakavadi Veerapasapong
Panu Sombatyanuchit／Parichat Jungwiwattanaporn
Piyaporn Bhongse-tong／Pornwilai Karr／Rodjaraeg Wattanapanit
Silawat Romyanontha／Somchai Songwatana／Thanapol Virulhakul
Thasnai Sethaseree／Thepsiri Suksopha／Wasurachat Unaporm／Helly Minarti／Lim How Ngean
The Jam Factory／Gamme Magie Editions／The Reading Room／FLYNOW／タマサート大学 The Faculty of Fine and Applied Arts
MAIIAM Contemporary Art Museum／Book Re:public／Yon Yang／チェンマイ大学 Media Arts and Design Center／Asian Culture Station
CAC - Chiang Mai Art Conversation／Wandering Moon Performing Group and Endless Journey／Cho Why／Tentacles／金沢21世紀美術館

参考文献
高橋徹『タイ 混迷からの脱出 繰り返すクーデター・迫る中進国の罠』（日本経済新聞出版社、2015年）
末廣昭『タイ 中進国の模索』（岩波新書、2009年）
柿崎一郎『物語 タイの歴史 微笑みの国の真実』（中公新書、2007年）
ニック・ノスティック 大野浩＝訳『赤VS黄 第2部 政治に目覚めたタイ』（めこん、2014年）
日本タイ学会編『タイ事典』（めこん、2009年）
日本タイ協会編『現代タイ動向』（めこん、2008年）
『地球の歩き方D17 タイ 2016〜17年版』（ダイヤモンド社、2016年）
トンチャイ・ウィニッチャクン 石井米雄＝訳『地図がつくったタイ 国民国家誕生の歴史』（明石ライブラリー、2003年）
宇戸清治『パスポート初級タイ語辞典』（白水社、2018年）

『プラータナー 憑依のポートレート』
ウティット・ヘーマムーン 著
福冨渉 訳
（河出書房新社）

「憑依のバンコク　オレンジブック」制作チーム

企画・製作
国際交流基金アジアセンター、株式会社precog

企画・ディレクション
中村茜（precog）

アートディレクション
松見拓也

デザイン
仲村健太郎、小林加代子

執筆・構成
島貫泰介

写真
松見拓也、森栄喜

翻訳
福冨渉、山口真樹子、並河咲耶、田村かの子、
パタラソーン・クービパット、宇戸優美子

編集
川崎陽子、鈴木真子、福冨渉、和久田頼男（白水社）

地図制作
地図屋もりそん

憑依のバンコク　オレンジブック

2019年6月20日印刷
2019年7月10日発行

著者　©ウティット・ヘーマムーン＆岡田利規

発行者　及川直志
発行所　株式会社白水社
　　　　〒101-0052 東京都千代田区神田小川町3の24
　　　　電話：営業部03（3291）7811　編集部03（3291）7821
　　　　www.hakusuisha.co.jp
　　　　振替 00190-5-33228
　　　　乱丁・落丁本は、送料小社負担にてお取り替えいたします。

印刷・製本　株式会社大伸社

ISBN 978-4-560-09423-5
Printed Japan